Inhalt

KU-024-629

Vorwort

Ein Gespenst geht um im Herzen Europas und wird *Überfremdung* genannt. Die dieses Gespenst an die Wand gemalt haben, wollten wohl nur ein wenig ablenken von den wirklichen Problemen und dem Zorn ihrer Wähler einen – historisch erprobten – Blitzableiter bieten: die Fremden.

In dreister Mißachtung der historischen Fakten behauptete Bundeskanzler Kohl: *Deutschland ist kein Einwanderungsland!* Dabei hat er 18 Semester Geschichte studiert und müßte es besser wissen. Christlich-soziale Minister warnen vor multikultureller *Durchrassung* – was immer das sein mag – und wecken so Erinnerungen an die »Reinerhaltung des deutschen Blutes« und ähnlichen von den Nazis propagierten Unsinn. Andere Spitzenpolitiker stellen scheinbar ganz sachlich fest: *Das Boot ist voll.* Sie schüren damit die Angst vor einer *Asylantenflut* mit *bis zu 400 000 Zuwanderern pro Jahr* (was, wenn es stimmte, einen Bevölkerungszuwachs um 0,5 Prozent bedeuten würde. 1945 ff. hatte Westdeutschland Jahr für Jahr mehr als das Zwanzigfache zu verkraften ...).

Nun, wer Wind sät, wird Sturm ernten! Wer die Fakten verfälscht und Schamschwellen abbaut, wie es rechte Politiker jeder Couleur seit geraumer Zeit tun, trägt die Verantwortung für die bösen Folgen: die zunehmende brutale Gewalt gegen ausländische Männer, Frauen und Kinder, ausgeübt von Jugendlichen, die den Halt und die Perspektive verloren haben und von älteren Ultrarechten aufgehetzt und »angeleitet« werden, wobei – was fast noch schlimmer ist – breite Kreise wohlanständiger Bürger stumm und tatenlos zuschauen, einige gar Beifall spenden. Die große Mehrheit der Deutschen aber spricht ihre gefühlsmäßige Mißbilligung nicht aus, weil ihr die Argumente fehlen. Dieses Buch soll sie den Gutwilligen liefern und sie davon überzeugen, daß Toleranz gegenüber Fremden nicht nur ein Gebot des Anstands und der Menschlichkeit ist, sondern – wie zumeist in Fragen der Moral und Humanität – für beide Seiten von großem Nutzen.

Bernt Engelmann

Bernt Engelmann

Du deutsch?

Geschichte der Ausländer
in Deutschland

Steidl

Bitte bestellen Sie unser kostenloses Gesamtverzeichnis.

1. Auflage Oktober 1991
2. Auflage Oktober 1991
3. Auflage Oktober 1991
4. Auflage November 1991
5. Auflage Dezember 1991
6. Auflage Januar 1992
7. Auflage September 1992
8. Auflage November 1992
9. Auflage Mai 1994
© Copyright: Steidl Verlag, Göttingen 1991, 1992, 1994
Alle Rechte vorbehalten.
Umschlag: Klaus Detjen/Foto Dirk Reinartz
Satz, Lithographie, Druck: Steidl Göttingen
Gedruckt auf Pegasus Book Paper der
Steinbeis Temming Papier GmbH, Glückstadt
Printed in Germany
ISBN 3-88243-185-7

1. Professor Koyos Wiedersehen mit der Bundesrepublik Deutschland im Sommer 1990

AUSLÄNDER RAUS! steht in großen, etwas ungelenken Buchstaben an der grauen Granitmauer. Die rote Farbe ist nicht mehr ganz frisch, aber die Worte sind deutlich lesbar. Professor Korekiyo Koyo, erst vor zwanzig Minuten mit einem Lufthansa-Linienflugzeug aus Tokio in Düsseldorf gelandet und nun auf der Fahrt vom Flughafen Lohausen in die Stadt, liest die böse Aufschrift, und sein Lächeln gefriert.

Er blickt sich um und stellt mit Erleichterung fest, daß die anderen Passagiere im Bus die feindselige Parole nicht bemerkt haben. Sie schauen alle nach der anderen Seite, zum Rhein hin, an dessen Ufer der Lufthansa-Bus gerade entlangfährt. Die meisten seiner Mitreisenden sind Ausländer, jedenfalls für die Deutschen: eine größere Reisegruppe japanischer Damen und Herren, alle mit teuren Kameras ausgestattet, mehrere amerikanische Ehepaare, offenbar wohlhabende Ruheständler auf Weltreise, zwei elegante Inderinnen, drei vornehme Araber im Burnus mit europäisch gekleideten Sekretären und Leibwächtern, eine Gruppe fröhlicher Sportler von den Philippinen.

Professor Koyo, ein großer Bewunderer der deutschen Kultur und Zivilisation, hätte sich vor den anderen Passagieren, zumal vor seinen Landsleuten, sehr für die Deutschen geschämt, wäre die Aufschrift auf der Mauer von den Mitreisenden gesehen und verstanden worden.

Aber Professor Koyo fühlt sich auch selbst beschämt, nicht nur zu Unrecht angegriffen und in seinen Gefühlen verletzt, sondern auch in seiner Ehre gekränkt. Er fürchtet eine Minderung seines Ansehens, einen Gesichtsverlust. Er hat schließlich in der Bundesrepublik lange studiert, ist promovierter Germanist, gilt in seinem Heimatland als einer der besten Deutschland-Experten. Seine Landsleute vertrauen auf sein Urteil, und er, der sich nach mehr als zwei Jahrzehnten heute zum erstenmal wieder auf deutschem Boden befindet, hat nichts gewußt von dieser schroff ablehnenden Haltung der Deutschen gegenüber Angehörigen anderer Nationen.

Schon keimt in ihm die Hoffnung auf, daß es sich bei der Wandmalerei vielleicht nur um eine einmalige Entgleisung, um einen höchst ärgerlichen Lausbubenstreich gehandelt haben könnte. Doch da sieht er im Vorüberfahren, diesmal an einem Bauzaun, nochmals die Parole: AUSLÄNDER RAUS! DEUTSCHLAND DEN DEUTSCHEN!

Professor Koyo fühlt, wie ihm das Blut zu Kopf schießt. Er blickt verwirrt und beschämt zu Boden. Dann faßt er sich und überlegt, was hinter dieser offenen Provokation stecken könnte. Um eine gewollte und von den Behörden zumindest geduldete Herausforderung muß es sich ja wohl handeln. Andernfalls wäre solche unerhörte Beleidigung von gerade eingetroffenen Gästen aus befreundeten Ländern zweifellos sofort entfernt worden. Es war auch sicherlich kein Zufall, daß die Parolen an einer Straße aufgemalt worden waren, die zwischen dem Flughafen und der Innenstadt täglich von vielen hundert ankommenden oder abreisenden ausländischen Besuchern passiert wurde.

Professor Koyo weiß, wie wachsam und allgegenwärtig die deutsche Polizei und die anderen Sicherheitsdienste, wie gründlich die Verwaltungsbehörden sind und wie tüchtig und rasch die Stadtreinigung hierzulande arbeitet. Er hat es selbst beobachtet, erst als Student in Köln, später in Tübingen und in München. Er ist deshalb sicher, daß die Kränkungen, die er eben erfahren hat, offiziell geduldet, wenn nicht gar veranlaßt sind.

Dies wiederum ist von erheblicher Bedeutung für seine Aufgabe. Er ist ja nicht nur zum Vergnügen in die Bundesrepublik gereist. Vielmehr soll er im Auftrage eines großen japanischen Konzerns dessen Planungsgruppe, die in einigen Tagen in Düsseldorf eintreffen wird, auf ihrer Rundreise durch die Bundesrepublik begleiten und als Deutschland-Experte beraten. Es geht dabei nicht nur um Marktforschung, sondern auch um größere Investitionsvorhaben. Um alles gut vorzubereiten, ist er vorausgereist.

Was werden die anderen Herren aus Tokio denken, überlegt Professor Koyo, wenn sie, wie er eben, schon zur Begrüßung lesen müssen: AUSLÄNDER RAUS! Einige der Manager verstehen ganz gut Deutsch . . .

Und wie soll er ihnen diese offene Feindseligkeit erklären? Er findet keine vernünftige Begründung dafür.

Er hat sich auf diese Reise sorgfältig vorbereitet und kennt sich in der Volkswirtschaft der Bundesrepublik aus. Er hat auch die neuesten Statistiken studiert, und daher weiß er, daß der Fremdenverkehr für die Außenhandelsbilanz des Landes von erheblicher Bedeutung ist. Jährlich kommen über fünfzig Millionen Ausländer zu Besuch nach Westdeutschland, und sie zahlen mit Devisen für mindestens zweihundert Millionen Übernachtungen in jedem Jahr, auch für rund fünfhundert Millionen Mahlzeiten, ganz zu schweigen von ihren Einkäufen und sonstigen Ausgaben.

Unter den ausländischen Gästen der Bundesrepublik nehmen die aus Holland und Belgien den ersten Platz ein. An zweiter Stelle stehen die jährlich mehr als eine Million Touristen aus den USA. Auch dreihunderttausend Japaner kommen in jedem Jahr nach Deutschland – will man sie nicht mehr?

Insgesamt bringen die ausländischen Gäste jährlich viele Milliarden Mark Devisen ins Land, was wiederum den Bundesbürgern, die so gern in fremde Länder reisen, ihren üppigen Auslandstourismus erst ermöglicht. Außerdem leben einige hunderttausend Arbeitskräfte im westdeutschen Hotel-, Gaststätten- und Dienstleistungsgewerbe zu einem sehr beträchtlichen Teil von den ausländischen Besuchern.

Professor Koyo kann sich nicht vorstellen, wie und warum die Bundesrepublik auf ihre ausländischen Gäste verzichten will. Im Hotel angekommen, grübelt er weiter über die ebenso feindseligen und kränkenden wie völlig rätselhaften Aufforderungen zum Verlassen des Landes, die ihm eben, gleich nach seiner Ankunft, entgegengeschleudert worden sind: AUSLÄNDER RAUS ...! Er sieht darin ein böses Omen für die großen Vorhaben seiner Auftraggeber und für sein eigenes Ansehen, um so mehr, als er keine Erklärung für die grobe Unhöflichkeit finden kann. Dann beschließt er, sich erst einmal in der Stadt umzusehen und umzuhören – vielleicht löst sich dann das Rätsel –, und da er hungrig ist, will er nun zu Mittag essen. Er zieht den Reiseführer zu Rate, denn sein modernes Hotel garni am Nordrand des Hofgartens serviert seinen Gästen nur das Frühstück, allenfalls noch Getränke.

Es ist ein schöner, warmer Julitag, und Professor Koyo beschließt, ein Restaurant herauszusuchen, das er zu Fuß erreichen kann. Er wird durch den Hofgarten in die Innenstadt gehen, sich dort die Auslagen der Geschäfte ansehen, die allerdings alle geschlossen haben, denn es ist ein Sonntag. Das fällt ihm gerade noch rechtzeitig ein, als ihn ein zweiter Blick in den Reiseführer belehrt, daß auch das Restaurant, das er sich gerade ausgesucht hat, sonn- und feiertags nicht geöffnet ist.

Von den insgesamt siebzehn Lokalen der verschiedenen Preisklassen, die vom Führer empfohlen werden, haben nicht weniger als zehn am Sonntag geschlossen! Zwei weitere Restaurants scheiden aus, weil sie im Juli Betriebsferien machen, und ein Lokal ist nur abends geöffnet.

So bleiben ihm neben dem »San Francisco« im amerikanischen Stil und in der obersten Preisklasse, was Professor Koyo beides nicht behagt, nur noch drei Lokale zur Auswahl: Die japanischen Restaurants »Nippon Kan« und »Daitokai« sowie ein chinesisches, das »Mandarin«. Professor Koyo, der eigentlich nach deutscher Art hatte speisen wollen, wundert sich sehr.

Er nimmt sein Mittagsmahl aber dann doch nicht bei einem der beiden Japaner oder dem Chinesen ein. In der Innenstadt stellt er fest, daß es noch eine ganze Menge Lokale gibt, die sein Reiseführer nicht erwähnt, die auch geöffnet sind und einen vertrauenerweckenden Eindruck machen: zwei jugoslawische, zwei griechische sowie drei weitere mit »Balkan-Spezialitäten«, mehrere chinesische Lokale, auch ein spanisches Restaurant und nicht weniger als sieben italienische Gaststätten, an denen er vorüberkommt.

Er entscheidet sich schließlich für das »Ristorante Palermo«, wo man im Garten sitzen kann und wo er im Kreis zahlreicher deutscher Familien mit und ohne Kinder, denen es allen vorzüglich zu schmecken scheint, seine Mahlzeit einnimmt.

Nach dem Essen, bei einem Espresso, fällt ihm ein: Was würden die Deutschen eigentlich machen, wenn sie, zumal sonn- oder feiertags, mal auswärts essen wollten und zuvor ihre Parole, AUSLÄNDER RAUS!, wahrgemacht hätten? Gewiß, auf seinem Spaziergang durch die Stadt war er auch an einigen deutschen Speiselokalen vorbeigekommen; eins war sogar geöffnet. Aber es hatte ihm nicht gefallen, und auch bei den Deutschen schien es keinen Anklang zu finden, denn, wie man von der Straße aus sehen konnte, war es fast leer.

Beim Zahlen der Rechnung wendet sich Professor Koyo an den Kellner mit der Frage, ob es noch mehr so gute italienische

Restaurants in Düsseldorf gebe. In fließendem, akzentfreiem, nur etwas rheinisch gefärbtem Deutsch erhält er die Antwort: »Gewiß, mein Herr! Aber die meisten anderen, zum Beispiel das ›Riccione‹, das ›Grand' Italia‹ und das ›Amalfi‹, sind sonntags geschlossen. Auch das ›Lignano‹ und das ›De Medici‹ haben zu. Nur wir armen Sizilianer, wir arbeiten und arbeiten, haben keinen Ruhetag und keinen richtigen Urlaub... Immer nur Arbeit – wir müssen verrückt sein!«

Er sagt es ganz fröhlich und lacht sogar.

Professor Koyo bedankt sich höflich lächelnd für die Auskunft und denkt dabei an seine japanischen Landsleute, die ebenso unermüdlich arbeiten und kaum mehr als drei, vier Tage im Jahr Urlaub nehmen.

Der italienische Kellner will sich wieder entfernen, doch Professor Koyo hält ihn mit einer weiteren Frage zurück: »Bitte sehr«, sagt er, »Sie sprechen so vorzüglich deutsch. Sie sind gewiß schon lange hier?«

»Ich bin hier geboren, in Wanne-Eickel im Ruhrgebiet, und später in Duisburg zur Schule gegangen. Mein Vater ist vor etwa fünfundzwanzig Jahren aus Sizilien hierhergekommen. Wenn ich eben gesagt habe: ›Wir Sizilianer...‹, dann stimmt das eigentlich gar nicht mehr. Ich habe einen deutschen Paß... Und wenn ich dieses Restaurant in ein paar Jahren von meinen Eltern übernehmen werde«, fügt er augenzwinkernd hinzu, »dann wird es hier anders! Dann werden wir nicht immer nur arbeiten, sondern das Lokal samstags *und* sonntags zumachen!«

»Sie haben sich mächtig herausgemacht, diese Italiener«, denkt Professor Koyo, als er nun das Restaurant verläßt und sich auf den Rückweg in sein Hotel macht. Er erinnert sich noch deutlich an die ersten italienischen »Gastarbeiter«, die zu Beginn seiner Studienzeit in Deutschland eingetroffen waren. Damals erlebte die Bundesrepublik ihr großes »Wirtschaftswunder«, und die Italiener wurden herbeigeholt, um den starken Arbeitskräftemangel in Industrie, Bauhandwerk und Landwirtschaft zu beheben. Offiziell begrüßte man sie sehr freundlich, und den Fünfzigtausendsten, so fällt ihm ein, feierte man sogar mit einem Festakt und zeigte ihn im Fernsehen.

Der junge Student Korekiyo Koyo war darüber sehr verwundert gewesen, und es hatte sein Weltbild erst wieder in Ordnung gebracht, als ihm von seinen Studienfreunden versichert worden war, die deutsche Bevölkerung hätte in Wahrheit für diese primitiven, oft des Lesens und Schreibens unkundigen Handarbeiter aus dem tiefsten Süden Italiens wenig übrig. Aber man brauchte sie eben dringend, diese »blöden Itaker«.

Für diese Geringschätzung hatte Professor Koyo, Sproß einer adelsstolzen Samurai-Familie, schon als Student – und hat noch heute – volles Verständnis. Armut, findet er, verdient kein Mitleid. Denn die Ursachen der Armut und des Elends sind Disziplinlosigkeit, ungenügender Fleiß und mangelnde Ehrerbietung gegenüber Höhergestellten. So hat er es in seiner Jugend gelernt, und er ist noch heute überzeugt von der Richtigkeit dieser Thesen.

Kurz vor seinem Weggang aus Deutschland, so erinnert er sich, hatte er als gerade promovierter Doktor der Philosophie ein kleines Fest gegeben. Einer seiner Studienkollegen, ein angehender Lehrer, hatte ihm als Abschiedsgeschenk eine Langspielplatte mit Liedern des Bänkelsängers Franz Josef Degenhardt mitgebracht. Eines der Lieder handelte von einem italienischen Gastarbeiter namens Tonio Schiavo, einem armen Tagelöhner aus dem Mezzogiorno, der ins Ruhrgebiet, »... nach Herne, ins Paradies«, wie er meinte, gekommen war, auf dem Bau arbeitete und das dort verdiente Geld nach Hause schickte. Beim Richtfest waren die deutschen Bauarbeiter alle betrunken gewesen, und einer, der Vorgesetzte, hatte den Tonio Schiavo wohl etwas derb beschimpft, wie es bei Leuten sehr niedrigen Standes üblich ist. »Itaker-Sau« oder so ähnlich hatte er ihn genannt, woraufhin ihn der Tonio mit dem Messer erstochen hatte und dafür von den deutschen Arbeitern vom Gerüst hinunter auf die Straße geworfen worden war – vor die Füße von zehn mageren und zerlumpten Neuankömmlingen aus dem Mezzogiorno, die noch hofften, in Herne das Paradies zu finden.

Professor Koyo, konservativ erzogen und nur in konzernpolitischen Fragen recht liberal eingestellt, hatte die soziale Anklage dieses Lieds schon damals für maßlos übertrieben gehalten. Daß seine deutschen Freunde davon sogar ergriffen gewesen waren, hatte ihn sehr verwundert. Vielleicht, hatte er sich gesagt, lag das mehr am Vortrag des wirklich sehr guten Bänkelsängers und an der eingängigen Melodie.

Während er sich daran erinnert, denkt Professor Koyo auch für einen Augenblick an die Möglichkeit, daß die Parole AUS-

LÄNDER RAUS!, die ihn vorhin so schockiert hat, am Ende weniger oder gar nicht den zahlungskräftigen Besuchern aus aller Welt, den Touristen und Geschäftsleuten, gegolten haben könnte als vielmehr den fremden Kulis, die sich die Westdeutschen in beträchtlicher Anzahl ins Land geholt hatten. Aber schon nach kurzem Überlegen verwirft er diesen Gedanken.

Gewiß, nach den ersten, vorwiegend italienischen Gastarbeitern, von denen offenbar inzwischen nicht wenige zu Vermögen und Ansehen gelangt waren, wie ihm der Kellner eben erst vor Augen geführt hatte, waren noch viele andere Ausländer nach Deutschland gekommen: Jugoslawen, Spanier, Griechen, Portugiesen, Nordafrikaner, Koreaner, Pakistanis und im letzten Jahrzehnt vor allem Türken, vorwiegend aus dem rückständigen Anatolien.

Sicherlich hatten sich nicht alle von ihnen so rasch den deutschen Verhältnissen angepaßt und emporgearbeitet, wie es bei den Italienern der Fall zu sein schien. Aber, so findet Professor Koyo, die Vorstellung ist ganz absurd, daß die Deutschen mit der Forderung AUSLÄNDER RAUS! ihre eigenen Kulis meinen könnten! Sie haben sie doch selbst – und sicherlich nicht ohne Not, sondern aus triftigem Grund – angeworben und herbeigeholt, und diese Ausländer werden auch weiterhin dringend gebraucht, trotz der erheblichen Arbeitslosigkeit, die derzeit in Westdeutschland herrscht und über die Professor Koyo gut unterrichtet ist.

Er weiß aus den Fachzeitschriften, daß die ausländischen Arbeitskräfte in der Bundesrepublik ganz überwiegend in Bereichen eingesetzt sind, für die sich nur in den seltensten Fällen deutsche Arbeiter finden lassen. Es handelt sich bei den Tätigkeiten der importierten Kulis fast nur um niedere, gefährliche, ungesunde, besonders anstrengende oder schmutzige, ausschließlich körperliche Arbeiten, die zudem geringer entlohnt werden und die – das ist das wichtigste – keinerlei Ansehen bringen.

Für solche Arbeiten sind sich die Deutschen – sehr verständlicherweise, wie Professor Koyo findet – entschieden zu schade. Auch könnten die arbeitslosen Deutschen, selbst wenn sie es wollten, die ausländischen Kulis ja überhaupt nicht ersetzen: Etwa vierzig Prozent der deutschen Erwerbslosen kommen aus Angestelltenberufen, sind Buchhalter, Stenotypistinnen oder gelernte Verkäufer, überwiegend älter als fünfzig Jahre. Ein

Großteil der übrigen sind qualifizierte Arbeiter mit Spezialausbildung, denen der Abstieg in Gastarbeiter-Berufe nicht zuzumuten ist. Es gibt auch viele arbeitslose Akademiker, vor allem Lehrer. Schließlich sind mehr als die Hälfte der deutschen Arbeitslosen Frauen, und jede dritte sucht nur eine Teilzeit- oder Heimarbeit. Die jugendlichen Arbeitslosen aber brauchen Ausbildungsplätze, nicht Kuli-Arbeit. Kurz, es gibt nur sehr bescheidene Möglichkeiten, arbeitende Ausländer gegen arbeitslose Deutsche auszutauschen.

Nein, ihre Kulis konnten die Bundesbürger unmöglich aus dem Land jagen, ohne selbst in größte Schwierigkeiten zu kommen. Folglich war es so gut wie ausgeschlossen, daß die ausländerfeindlichen Parolen auf die unentbehrlichen, fleißigen und genügsamen Hilfskräfte aus dem Ausland gemünzt sein könnten. Sie mußten etwas anderes bedeuten.

Aber was?

Sind damit, grübelt Professor Koyo, vielleicht die *früheren* Gastarbeiter gemeint, die nach Ablauf ihrer Kontrakte nicht heimgekehrt und in der Bundesrepublik inzwischen zu bürgerlichem Wohlstand und Ansehen gelangt sind – die Inhaber von Geschäften, Restaurants, Gärtnereien oder Speditionen sowie deren in Deutschland geborene Kinder?

Professor Koyo hält das für sehr unwahrscheinlich. Aber, so fällt ihm ein, es gibt noch viel reichere Ausländer – geht es vielleicht um diese?

Er erinnert sich, in einem deutschen Nachrichtenmagazin etwas darüber gelesen zu haben. Der Artikel behandelte recht kritisch die Aktienkäufe der Araber, vor allem der Kuweitis. Sie hatten, hieß es darin, schon ein Viertel der Aktien des Chemieriesen Hoechst erworben, auch fast ein Fünftel von Daimler-Benz, je zehn Prozent von Bayer-Leverkusen, BASF, Mannesmann, Linde und sogar vom Volkswagen-Konzern.

Die Kuweitis, so meldete das Magazin, strebten auch nach Beteiligungen an den bundesdeutschen Großbanken, am Allianz-Versicherungskonzern, an BMW, Siemens und anderen Großunternehmen Westdeutschlands. Insgesamt hätten die Araber bereits mehr als siebzig Milliarden Mark in Spitzenunternehmen der Bundesrepublik investiert!

Professor Koyo hatte sofort einen Freund bei der japanischen Botschaft in Bonn angerufen und ihn besorgt gefragt, ob die Stimmung in Deutschland gegen ausländische Investoren sei; ob die Bürger der Bundesrepublik etwa Angst hätten, »ausverkauft« zu werden? Das wäre nicht gut, denn der große japanische Konzern, der sich seiner guten Dienste versichert hatte, wollte ja ebenfalls in der Bundesrepublik kräftig investieren.

Doch sein Freund bei der Botschaft in Bonn hatte ihn beruhigt: Die deutsche Wirtschaft, so erklärte er, sei ganz froh über diesen Rückfluß der Öl-Milliarden. Die Bundesregierung hätte auch nichts einzuwenden gegen stille Beteiligungen von Ausländern, schon gar nicht, wenn dadurch Arbeitsplätze gesichert oder gar neu geschaffen würden.

Nein, denkt Professor Koyo, das kann es bestimmt nicht sein, was mit der häßlichen Parole AUSLÄNDER RAUS! gemeint ist. Ebensowenig konnte es sich um die vielen tausend Angehörigen des Bonner Diplomatischen und Konsularischen Korps handeln oder um die rund sechzigtausend ausländischen Studenten an bundesdeutschen Hochschulen. Was die Diplomaten betraf, so hatte er daheim das »Taschenbuch des öffentlichen Lebens« der Bundesrepublik studiert und gezählt, wie viele ausländische Missionen sich dort niedergelassen hatten, und er war tief beeindruckt gewesen:

Es gab in der Bundesrepublik nicht weniger als 141 Botschaften, weitere drei – nämlich die von Santa Lucia, Tuvalu und Vanuatu –, die sich angekündigt hatten, außerdem die Vertretungen von vierzehn internationalen Organisationen sowie insgesamt 83 Konsularabteilungen bei diplomatischen Missionen und 527 konsularische Vertretungen. Dabei war selbst ein so kleines Land wie die Republik Panama mit nicht weniger als drei Generalkonsulaten und sechs Konsulaten dabei! Die Republik Costa Rica hatte neben ihrer Botschaft in Bonn noch zehn konsularische Vertretungen, der Inselstaat Malta immerhin acht, und das winzige Fürstentum Monaco ließ seine Interessen in der Bundesrepublik von sechs Konsulaten und einer »Zentrale für Tourismus und Kongresse« wahrnehmen ...

Diese imponierende Vielzahl von mehr oder weniger privilegierten Angehörigen des Diplomatischen und Konsularischen Korps nebst Familien, Leibwächtern, Mitarbeitern und Hausangestellten mochte zwar für die Deutschen allerlei lästige Probleme mit sich bringen, war aber andererseits höchst schmeichelhaft, zeigte sich doch daran, welches enorme Prestige die Bundesrepublik in der Welt genoß.

Das gleiche galt zweifellos auch für die etwa sechzigtausend ausländischen Studenten, die – wie einst auch Professor Koyo – in der Bundesrepublik studierten und deren internationales Ansehen mehren halfen, zudem Devisen ins Land brachten und dabei auch wichtige Faktoren der deutschen Kultur- und Außenhandelspolitik waren.

Professor Koyo ist ganz sicher, daß die kränkende Aufforderung AUSLÄNDER RAUS! weder auf die vielen ausländischen Diplomaten noch auf die Studierenden gemünzt ist, mögen sich beide Gruppen auch davon schmerzhaft betroffen fühlen. Ebensowenig dürften die vielen ausländischen Künstler damit gemeint sein.

Sein Blick ist gerade auf ein buntes Plakat gefallen, das an einer Anschlagsäule klebt. Es wirbt für ein »Riesen-Rock-Konzert« mit vielen international bekannten, sämtlich ausländischen Bands. Auf anderen Plakaten werden ein berühmtes Ballett aus Moskau, ein Don-Kosaken-Chor, ein gefeierter Pianist aus New York, eine schwarze Sängerin aus Chicago, ein Geigenvirtuose aus Israel, ein rumänisches Zigeuner-Orchester sowie ein Zirkus mit Artisten aus Spanien, Mexico, China, Polen, Ungarn und Afghanistan angekündigt.

Aber dann bemerkt Professor Koyo ein weiteres Plakat, das ihn, so vermutet er sogleich, endlich der Lösung des Rätsels, welche Ausländer die Deutschen denn eigentlich loswerden wollen, ein Stück näherbringen könnte. Es ist nur ein kleines, wohl von Amateuren hergestelltes Plakat, offenbar von Unbefugten dort angebracht, denn es verdeckt einen Teil der Werbung für eine amerikanische Zigarettenmarke, die ihren Rauchern einen »Hauch von Freiheit und Abenteuer« verheißt. Der Text des »wilden« Plakats aber lautet:

»SCHLUSS MIT DEM RÜSTUNGSWAHNSINN!
MACHT DEUTSCHLAND FREI VON FREMDEN
TRUPPEN UND ABC-WAFFEN!«

»Richtig«, denkt Professor Koyo, »das muß es sein! Beinahe hätte ich vergessen, daß Deutschland ja noch immer ein von ausländischem Militär besetztes Land ist!«

Während Japan schon 1951 durch den Frieden von San Francisco seine Souveränität zurückerhielt, wenn auch leider mit gewissen Einschränkungen, haben die Alliierten noch keinen Frieden mit den Westdeutschen geschlossen. Seit nunmehr fünfundvierzig Jahren stehen fremde Truppen auf dem Territorium der Bundesrepublik.

Professor Koyo überlegt, wie viele ausländische Soldaten es sein mögen, die Deutschland besetzt halten und die samt ihren Familien weitgehend auf Kosten der Deutschen besoldet, ernährt, gekleidet und mit Wohnraum versehen werden müssen, außerdem mit Übungsgelände, aber auch mit Kinos, Klubs, Einkaufszentren und Sportplätzen.

Professor Koyo rechnet ein wenig und kommt zu dem Schluß, daß die amerikanischen, britischen, französischen, kanadischen und belgischen NATO-Truppen in der Bundesrepublik Deutschland und in West-Berlin sowie die sowjetischen Verbände in der Noch-DDR zusammen eine Stärke von etwa einer Million Mann haben. Dazu kommen noch gewiß mehr als hunderttausend Angehörige und ausländische Zivilangestellte.

Professor Koyo kann sich vorstellen, wie sehr die Bürger der Bundesrepublik und DDR unter der Besetzung durch die fremden Armeen leiden und welchen schrecklichen Gesichtsverlust es für die Deutschen bedeutet, nicht souverän, nicht Herr im eigenen Land zu sein...!

Er überlegt, was er sonst noch darüber weiß.

Es fällt ihm ein, daß Amerikaner, Briten, Franzosen und andere NATO-Mächte wie auch die Sowjets hier häufig Manöver abhalten, wahrscheinlich zur Schonung der eigenen Länder. Schlimmer noch, Amerikaner und Russen haben, obwohl sie abzurüsten beginnen, Unmengen von Massenvernichtungsmitteln in den dichtbesiedelten und hochindustrialisierten, also äußerst katastrophenanfälligen deutschen Staaten eingelagert, anstatt in unbewohnten Gegenden ihrer eigenen Länder. Sie haben sich auch die alleinige Verfügungsgewalt über die taktischen Atomwaffen der deutschen Armeen vorbehalten. Bei jeder deutschen Einheit mit solchen Waffen sind amerikanische oder sowjetische »Sicherheitsoffiziere«, die allein die Schlüssel zu den Depots haben und nur auf Befehl aus Washington oder Moskau die Nukleargeschosse herausgeben und schärfen.

Koyo erinnert sich nun auch, daß es zur NATO-Strategie gehört, im Fall eines Atomkriegs ganz Deutschland zu einer atomaren Wüste zu machen, um es nicht in die Hände der Sowjets fallen zu lassen... Ja, er hat kürzlich erst gelesen, daß auch die im Elsaß stationierten französischen Kurzstrecken-Raketen auf Deutschland gerichtet sind – trotz der engen Freundschaft zwischen Bonn und Paris! Schon eine einzige Atomrakete würde für die beiden vereinigten deutschen Staaten katastrophale Auswirkungen haben, könnte unkontrollierbare Kettenreaktionen auslösen, ganz Mitteleuropa für unabsehbare Zeit unbewohnbar machen...! Professor Koyo schaudert es bei diesem Gedanken.

Er war zwar erst ein kleiner Junge und lebte in der Nähe von Tokio, als am 6. August 1945 die erste Atombombe der Weltgeschichte von den Amerikanern gegen Hiroshima eingesetzt wurde, drei Tage später eine zweite gegen Nagasaki. Aber er weiß alles über diese Greueltaten, denen fast vierhunderttausend Männer, Frauen und Kinder seines Volkes sofort zum Opfer fielen, mindestens weitere zweihunderttausend erst Wochen, Monate oder Jahre später, nach schrecklichen Leiden.

Professor Koyo weiß auch, daß die amerikanische Führung mit der – militärisch überflüssigen – Vernichtung zweier blühender Städte im Grunde gar nicht mehr das kapitulationsbereite Japan treffen, sondern ihren damaligen sowjetischen Verbündeten beeindrucken wollte. Er hat gelesen, was der seinerzeitige amerikanische Außenminister James F. Byrnes 1957 in der Zeitschrift des State Department, »Foreign Affairs«, über die Gründe für die Atomangriffe auf Hiroshima und Nagasaki geschrieben hat: Sie seien nicht so sehr für den Krieg gegen Japan »notwendig« gewesen, sondern »um Rußland in Europa nachgiebiger zu machen«.

»Kein Wunder«, denkt Professor Koyo, »daß die Deutschen sich vor ihren Schutzmächten fürchten; daß sie nicht noch mehr Atomraketen, jede weit stärker als die Hiroshimabombe, in ihrem Land stationiert oder auf ihr Land gerichtet wissen wollen; daß sie den endgültigen Abzug der fremden Truppen fordern!«

Professor Koyo ist jetzt sehr froh, daß er endlich eine einleuchtende, ihn selbst nicht kränkende und für seinen Konzern keineswegs nachteilige Erklärung für die ausländerfeindliche Parole gefunden hat. Nur merkt er plötzlich, daß er sich verlaufen hat. Es scheint, er hat gedankenverloren die falsche Richtung gewählt. Doch in einiger Entfernung sieht er einen Taxihalteplatz.

Während er auf einen freien Wagen zugeht, kommt ihm die Idee, die Probe aufs Exempel zu machen und sich durch ein paar gezielte Fragen vom Taxifahrer bestätigen zu lassen, daß die von ihm gefundene Erklärung stimmt.

»Bitte sehr«, beginnt er, kaum, daß er eingestiegen ist und sein Hotel als Fahrziel genannt hat, »Sie wissen doch sicherlich Bescheid, was zur Zeit die Gemüter der Deutschen am meisten bewegt. Können Sie mir das bitte sagen, ja?«

»Die Sache mit dem Lerby«, bekommt er prompt zur Antwort. »Das ist ja auch wirklich ein dolles Ding!«

Und dann erfährt Professor Koyo mit wachsendem Staunen, daß der Fußball-Profi Sören Lerby, ein Däne, bisher für den holländischen Klub »Ajax Amsterdam« gespielt habe, aber nun gegen eine Ablösesumme von 1,8 Millionen DM von »Bayern München« eingekauft worden sei; daß sich die Fußballklubs der Bundesrepublik ständig – und für immer mehr Geld – Spitzenspieler aus dem Ausland holten.

»Seltsam«, denkt Professor Koyo, »da fordern sie: AUSLÄNDER RAUS! und dann bezahlen sie einen Millionenbetrag, damit noch einer kommt!«

»Vor einigen Jahren«, berichtet der Taxifahrer eifrig, »kaufte sich der HSV von ›Hajduk Split‹ den Borisa Djordjevic für fast eine Million Mark und zahlt diesem Jugoslawen noch rund eine Viertelmillion im Jahr an Gage – für nix! Der sitzt nur in Discos herum! Da ist mir der Edhem Slijvo lieber – der hat nur 275 000 DM gekostet, und der spielt sehr gut. Die Kölner haben sich ihn aus Nizza geholt. Aber 1,8 Millionen, wie jetzt für diesen Dänen, – wo soll das hinführen?! Sehen Sie mal, mein Herr, als der Erdal Keser damals zu ›Borussia Dortmund‹ kam, da haben die Dortmunder den Türken gar nichts dafür bezahlt, obwohl der Keser in der türkischen Nationalmannschaft gespielt hat. Der bekommt bei uns eine gute Gage und damit basta! Aber jetzt werfen die Klubs der Bundesrepublik die Millionen nur so zum Fenster hinaus für immer neue Ausländer! Das ist doch nicht richtig – oder?«

Dabei dreht er sich zu seinem Fahrgast um, und der ohnehin schon verwirrte Professor Koyo bemerkt verblüfft, daß sein Taxifahrer, der offenbar nur an Fußball interessiert ist, seiner Hautfarbe nach ein Nordafrikaner zu sein scheint. Wie er dann erfährt, ist der Mann in Ägypten geboren, hat inzwischen die deutsche Staatsangehörigkeit und zwei Söhne von einer Deutschen, mit der er sich aber erst unlängst verheiratet hat. Früher, so erzählt der Taxifahrer weiter, habe er in Hotels gearbeitet. Jetzt habe er eine Konzession als Taxiunternehmer und zwei eigene Wagen. Er klopft stolz auf sein Firmenschild. »A. Köhler« steht darauf.

»A bedeutet Abd-el-Hakim«, erläutert er. »Köhler heiße ich erst seit meiner Heirat. Neuerdings darf der Mann bei der Trauung vor dem Standesamt auch den Familiennamen seiner Frau annehmen. Ich habe lange überlegt, was besser ist. Mein Familienname ist Schaousch, das bedeutet ›Sklave‹ – da ist Köhler schon besser, nicht wahr? Obwohl ich von einem Fahrgast, einem Professor, erfahren habe, daß die Köhler hierzulande früher auch nicht gerade hoch im Kurs standen... Andererseits ist meine Frau eine Umsiedlerin. Sie kam vor knapp sechs Jahren aus der Sowjetunion, aus Usbekistan und sprach damals kein Wort Deutsch. Ihr Vater stammte wohl von Volksdeutschen ab. Jedenfalls wurde sie als umsiedlungsberechtigt anerkannt und konnte in die Bundesrepublik reisen. Es sind Zigtausende so ins Land geholt worden, und das hat die Bundesrepublik viel Geld gekostet... Meine Frau hat es schwer gehabt, sich hier einzuleben. Anfangs hat sie in der Hotelküche gearbeitet – Gemüseputzen und so, denn sie konnte sich ja mit niemandem verständigen. Dann hat sie Zimmer sauber gemacht, und da haben wir uns kennengelernt... Für meine Frau wäre es vielleicht besser gewesen, sie hätte einen ausländischen Namen, dann lachen die Leute wenigstens nicht, wenn eine nur gebrochen Deutsch spricht. Aber«, so erzählt der Taxifahrer noch, als Professor Koyo schon an seinem Hotel angelangt ist und nur noch sein Wechselgeld in Empfang nimmt, »wir haben uns dann doch für Köhler entschieden. Das hängt damit zusammen, daß es hier nämlich auch so etwas wie ein Ausländerproblem gibt – eine schwierige Sache...«

»Ja«, pflichtet ihm Professor Koyo bei, »wirklich *sehr* schwierig! Danke sehr!«

2. Was sind »Ausländer«?

»Man ist in Europa einmal Staatsbürger und zweiundzwanzig-mal Ausländer«, hat schon Kurt Tucholsky vor mehr als einem halben Jahrhundert bemerkt und spöttisch hinzugefügt: »Wer weise ist, dreiundzwanzigmal. Ja, aber das kann man nur, wenn man in die Sparte ›Nationalität‹ schreibt: ›reich‹.« Daran hat sich bis heute kaum etwas geändert.

In der heutigen Bundesrepublik Deutschland ist Ausländer, wer nicht die deutsche Staatsangehörigkeit hat. Diese erwirbt man nach den Bestimmungen eines Gesetzes, das in seinen Grundzügen noch aus der Regierungszeit Kaiser Wilhelms II., nämlich vom 22. Juli 1913, stammt, entweder durch Geburt – ehe-liche Abstammung von einem deutschen Elternteil oder uneheliche von einer deutschen Mutter – oder durch Legitimation sei-tens eines deutschen Vaters oder durch Erklärung einer Auslän-derin bei der Eheschließung mit einem Deutschen, sie wolle deutsche Staatsangehörige werden, oder durch Einbürgerung.

Es kann auch doppelte und mehrfache Staatsangehörigkei-ten geben: Ein Finanzmakler, beispielsweise, mag außer seiner durch Geburt erworbenen deutschen Staatsangehörigkeit auch noch – aus Gründen und auf Wegen, die niemanden etwas angehen – die von Mauritius und der Republik der Komoren sowie des souveränen Königreichs Tonga haben und durch ent-sprechende Reisepässe nachweisen können; für die Behörden der Bundesrepublik ist er, was seine Rechte betrifft, ein Deut-scher. Er benötigt keine Aufenthaltsgenehmigung, keine Arbeitserlaubnis, genießt grundgesetzlich geschützte Freizü-gigkeit und kann weder ausgewiesen noch ausgeliefert werden.

Wer hingegen in Deutschland als Sohn einer deutschen Muter und eines ehelichen Vaters anderer Nationalität geboren und aufgewachsen ist, mag sich als Deutscher fühlen, stets pünktlich seine Steuern zahlen, keine andere als seine Mutter-sprache sprechen und auch schon älter sein als die – ja erst 1949 auf Befehl dreier ausländischer Mächte hin gegründete und in ihrer Souveränität noch immer erheblich beschränkte – Bundesrepublik Deutschland. Für deren Behörden ist und bleibt er ein Ausländer, der um Aufenthalts- und Arbeitserlaubnis einkommen muß, es sei denn, es wird ihm auf Antrag die Gnade der Einbürgerung zuteil.

Dies kann nach strenger Prüfung aller Voraussetzungen geschehen, wobei es dabei vor allem auf die Gewähr für seinen Lebensunterhalt, seine Unbescholtenheit und zu erwartende Verfassungstreue ankommt sowie auf die Laune des Sachbearbeiters. Denn einen Rechtsanspruch auf Einbürgerung hat der Ausländer nicht. Die zuständige Behörde entscheidet, wie es im Gesetz heißt, »nach freiem Ermessen«.

Hingegen galten die fast 17 Millionen Bürgerinnen und Bürger der früheren DDR schon vor dem 3. Oktober 1990 für die Behörden der Bundesrepublik als In-, nicht als Ausländer. Die DDR-Staatsbürgerschaft wurde von Bonn offiziell niemals anerkannt, was insofern zu absurden Situationen führte, als Erich Honecker zwar in Bonn als Staatsgast und wie ein ausländischer Regierungschef empfangen wurde, während in der Bundesrepublik gleichzeitig gegen ihn wegen des »Schießbefehls« strafrechtlich ermittelt wurde. Auch der diplomatische Status der Ständigen Vertretung der DDR in der Bundeshauptstadt mit einem akkreditierten Botschafter an der Spitze hielt die westdeutschen Behörden nicht davon ab, DDR-Bürger auf Besuch in der Bundesrepublik zum Dienst bei der Bundeswehr einzuberufen.

Wenn dies auch nur noch von historischer Bedeutung ist, so gilt doch weiterhin der Artikel 116 des Grundgesetzes, wonach als Deutscher (und mithin BRD-Staatsangehöriger) gilt, »wer als Flüchtling oder Vertriebener deutscher Volkszugehörigkeit oder als dessen Ehegatte oder Abkömmling in dem Gebiete des Deutschen Reiches nach dem Stande vom 31. Dezember 1937 Aufnahme gefunden hat«, auch wenn er oder sie mit einer fremden Staatsangehörigkeit oder als Staatenloser in die Bundesrepublik gekommen ist.

Von dieser Bestimmung haben in der ersten Zeit nach dem Zweiten Weltkrieg annähernd zehn Millionen Menschen profitiert, die aus Ost- und Südosteuropa geflüchtet, vertrieben oder schon während des Krieges »umgesiedelt« worden waren. Auch die sogenannten »Aussiedler« – 1968–1974 kamen knapp

180 000 meist aus Ostblockstaaten sowie aus Jugoslawien in die Bundesrepublik, bis 1980 weitere 290 000 Personen und seither über 450 000 Menschen, vor allem aus der ehemaligen Sowjetunion und Rumänien – genießen diesen Vorteil und erhalten sofort die deutsche Staatsangehörigkeit (wie die im vorigen Kapitel erwähnte Ehefrau des aus Ägypten stammenden Taxifahrers, die nur Usbekisch sowie etwas Russisch sprechende, in Taschkent als Tochter eines – vermutlich – volksdeutschen Vaters geborene Mirjam Alexandrowa Köhler, die 1984 aus der Sowjetunion in die Bundesrepublik übersiedeln konnte).

Die Auslegung des Begriffs »volksdeutsch« wird recht großzügig gehandhabt, aber auch manche Nichtdeutsche, zumal Personen, die aus der ehemaligen Sowjetunion und anderen sozialistischen Ländern Europas aus politischen Gründen geflüchtet oder ausgebürgert worden sind oder als Juden eine Ausreisegenehmigung erhalten haben, werden in der Bundesrepublik meist ohne große Formalitäten eingebürgert.

Sie haben dann, auch wenn sie erst mühsam Deutsch lernen müssen, die deutsche Staatsangehörigkeit und erhalten einen Reisepaß der Bundesrepublik Deutschland, auf dessen erster Innenseite in drei Sprachen eingedruckt ist: »Der Inhaber dieses Passes ist Deutscher«.

Eine deutsche Staatsangehörigkeit gibt es übrigens erst in neuerer Zeit. Bis 1934 gab es nur eine Angehörigkeit der einzelnen Länder des Deutschen Reichs. Die Reisepässe gaben als Staatsangehörigkeit des Inhabers »Preußen« oder »Bayern« oder »Lippe-Detmold« an. Und noch 1931 wies die preußische Staatsregierung ihre lästige »Ausländer« in die benachbarte Freie und Hansestadt Hamburg aus, ganz zu schweigen von dem Operettenmanöver, mit dem sich der vorbestrafte Ausländer Adolf Hitler seiner österreichischen Staatsangehörigkeit entledigte, um für das Amt des Reichspräsidenten kandidieren zu können: Am 25. Februar 1932, ein knappes Jahr vor seiner »Machtergreifung«, ließ er sich von einem seiner Anhänger, der kurz zuvor Innenminister des Landes Braunschweig geworden war, zum braunschweigischen Regierungsrat ernennen. Dadurch wurde er automatisch braunschweigischer Staats- und damit Reichsangehöriger.

Solche Vorkommnisse, zu denen auch die gelegentliche Anwendung des Fremdenrechts durch bayerische Behörden

gegen Staatsangehörige anderer Bundesländer, vor allem Preußens, zählte, waren Überbleibsel aus der Zeit vor der Gründung des Bismarck-Reichs und wurden schon in der ersten
Hälfte des 19. Jahrhunderts, zumindest vom aufgeklärten Bürgertum, als überholt und reformbedürftig angesehen.

Die »Allgemeine deutsche Real-Encyklopädie für die gebildeten Stände«, herausgegeben von F. A. Brockhaus in Leipzig,
1844, bemerkte bereits dazu:

»Erfreulich ist es, daß die ungleiche Behandlung der Fremden ... mehr und mehr schwindet ... Unnatürlich ist es, wenn
in den Staaten des Deutschen Bundes Deutsche als Fremde
behandelt werden.«

Tatsächlich ging es in Deutschland bis weit ins 20. Jahrhundert hinein hinsichtlich der Einteilung in In- und Ausländer
noch weit »unnatürlicher« zu, weil mindestens bis 1918 die
Bewohner der deutschen Staaten in erster Linie als Untertanen
ihrer jeweiligen Landesherren angesehen und behandelt wurden, wogegen ihre Nationalität, Muttersprache, erst recht ihr
eigenes Zugehörigkeitsgefühl eine allenfalls zweitrangige
Rolle spielten.

So gab es beispielsweise nach der Statistik des Deutschen
Reiches, die auf der Volkszählung des Jahres 1900 beruhte,
unter den rund 56 Millionen Bewohnern der deutschen Staaten
nur ungefähr 780 000 Ausländer. Davon waren rund 370 000
Österreicher, 88 000 Niederländer, 70 000 Italiener, 55 000
Schweizer, knapp 50 000 Russen, 26 000 Dänen, 20 000 Franzosen, 20 000 Ungarn, je etwa 17 000 Nordamerikaner und Briten
(wobei von den einzelnen Nationalitäten weit mehr Männer als
Frauen in Deutschland lebten und nur unter den Briten die
weiblichen Personen überwogen, was sich dadurch erklärt, daß
es im kaiserlichen Deutschland bei Familien der Oberschicht
häufig englische Gouvernanten gab, die für die Erziehung der
Kinder zuständig waren).

Insgesamt scheinen die Ausländer einen erstaunlich geringen Anteil an der Gesamtbevölkerung des Deutschen Reichs
von 1900 gehabt zu haben, nämlich nur 1,4 Prozent (wogegen
es 1990 in der Bundesrepublik einschließlich West-Berlin einen
Ausländeranteil von knapp zehn Prozent gab, und in absoluten
Zahlen haben sich den amtlichen Statistiken zufolge die Ausländer zwischen 1900 und 1990, also innerhalb eines Menschenalters, ungefähr versechsfacht – von nur 780 000 im ganzen

Deutschen Reich Kaiser Wilhelms II. auf über sechs Millionen im sehr viel kleineren Bundesgebiet und im Westteil Berlins!).

Indessen täuschen diese Vergleiche, vor allem deshalb, weil in der Statistik des Jahres 1900 der weitaus größere Teil der nichtdeutschen Bewohner Deutschlands fehlt, und zwar aus einem damals triftigen Grund: Diese Nichtdeutschen waren eben keine Ausländer!

So zählte zwar die englische Gouvernante einer vornehmen Familie der Zeit um die Jahrhundertwende zu den Ausländern, nicht aber die Französin aus Bourdonnaye in Lothringen, die im selben Haushalt angestellt war. Diese französische Sprachlehrerin war eine von rund 220 000 Personen, die als Inländer – Elsaß-Lothringen gehörte ja zum Deutschen Reich – zwar französischer Muttersprache waren, aber deutsche Staatsangehörige. Noch stärker ins Gewicht fällt der Umstand, daß es in der Ausländerstatistik von 1900 keine Polen gab. Sie erscheinen – der einstige polnische Staat war ja untergegangen, sein Gebiet zwischen den benachbarten Großmächten aufgeteilt worden – in der damaligen Statistik des Deutschen Reiches entweder als Ausländer mitunter österreichischer, häufiger russischer Staatsangehörigkeit oder aber als – in der großen Mehrheit preußische – Inländer.

Diese nicht als Ausländer, sondern als Reichsangehörige polnischer Nationalität und Muttersprache geltenden, insgesamt etwa 3,6 Millionen Menschen waren um die Jahrhundertwende im Deutschen Reichstag durch eine eigene Polen-Partei mit vierzehn, nach den Wahlen von 1903 sogar mit sechzehn Abgeordneten vertreten (wogegen Elsässer und Dänen zusammen nur zehn Mandate hatten, alle sonstigen nationalen Minderheiten – Litauer, Sorben, Tschechen, Slowaken, Wallonen und so weiter mit zusammen etwa 700 000 Menschen im Reichstag überhaupt nicht vertreten waren).

»Die Polen wohnen in den Provinzen Ost- und Westpreußen, Posen und Schlesien, in geringerer Zahl auch in Pommern (Köslin)«, wußte »Meyers Großes Konversationslexikon« von 1908 darüber zu berichten. »Sie bilden in manchen dieser Gegenden 80 bis 90 Prozent der Landbevölkerung ... und unterscheiden sich in Großpolen, Masuren, Kassuben und Lechen oder Wasserpolen ...« Die polnische Oberschicht, zumal der hohe Adel, war in die Hohenzollern-Monarchie weitgehend integriert. Mitglieder der Fürstenhäuser Radziwill und Radolin, aber auch die Grafen v. Poninski, die v. Twardowski oder die Tortilovitz v. Batocki, hatten oft hohe Ämter am Hof Kaiser Wilhelms II., wichtige Botschafterposten und Schlüsselpositionen in der Ministerialbürokratie und der preußischen Verwaltung. Auch dem Offizierskorps, zumal dem der feudalen Kavallerieregimenter, gehörten zahlreiche polnische Adlige an, und die »Jahrbücher der Millionäre« in Preußen verzeichneten damals in den Ostprovinzen Dutzende von Multimillionären polnischer Nationalität, meist adlige Rittergutsbesitzer.

Die große Mehrheit der rund 3,6 Millionen polnischen Untertanen Kaiser Wilhelms II. war jedoch keineswegs wohlhabend. Im Gegenteil: Ihre breite Unterschicht – gutsabhängige Kleinbauern, Tagelöhner, Dienstboten, Gutshandwerker und Waldarbeiter – zählte zu denen im Deutschen Reich, die die niedrigsten Einkommen, die schlechtesten Arbeitsbedingungen, die primitivsten Behausungen und die geringste Bildung hatten. Wer von den Jüngeren unter dieser armen Landbevölkerung noch etwas Mut besaß, zog davon und suchte sich bessere Arbeit anderswo.

Über diese Landflucht berichtet »Meyers Großes Konversationslexikon« von 1908:

»Der höhere Arbeitslohn und die Nachfrage nach Arbeitskräften hat in neuerer Zeit viele Polen nach Westfalen, Rheinland, Sachsen und Brandenburg gezogen ...«

Diese dürftige Mitteilung verrät wenig von dem wahren Ausmaß der Ost-West-Wanderung, die um die Jahrhundertmitte begann und deren wichtigste Ziele Berlin, die Provinz Sachsen, vor allem aber das Ruhrgebiet waren. Allein das rheinisch-westfälische Industrierevier nahm bis 1914 etwa eine Million Zuwanderer aus dem Osten auf, wobei die Polen das Hauptkontingent bildeten. Die genaue Berechnung des polnischen Anteils ist außerordentlich schwierig, weil zu den schon erwähnten Mängeln der Statistik noch die deutliche Absicht einiger ihrer Interpreten kam, die Anzahl der ins Ruhrgebiet eingewanderten Polen so gering wie möglich erscheinen zu lassen.

Obwohl in Städten wie Oberhausen, Wanne-Eickel, Herne, Osterfeld, Sterkrade und vor allem in Hamborn der nichtdeutsche, überwiegend polnische Bevölkerungsanteil schon im Jahre 1905 bei über 50 Prozent – in Hamborn bei über 80 Prozent – gelegen hat, bemühten sich Forscher, zumal in den Jah-

ren der Hitler-Diktatur, stets den hohen Anteil »deutschblüti-
ger« Ostpreußen, Schlesier und Österreicher hervorzuheben.

Doch was beispielsweise die ostpreußischen Zuwanderer
angeht, deren Gesamtzahl 1905 bei etwa 250 000 lag, so war
davon mindestens ein Drittel katholisch und polnischer Muttersprache, bei rund einem Viertel handelte es sich um evangelische Masuren, und je etwa zehn Prozent waren katholische
Kassuben und evangelische Litauer.

Die Konfession spielte bei der Anwerbung der Arbeitskräfte
aus dem Osten eine weit größere Rolle als die Nationalität,
denn evangelische Unternehmer, an ihrer Spitze Emil Kirdorf
und Friedrich Grillo, die Gründer der Gelsenkirchner Bergwerks-AG, bevorzugten evangelische Arbeiter. August Thyssen, zu dessen Konzern Großbetriebe in Mülheim, Hamborn,
Dinslaken und Meiderich gehörten, stellte vorzugsweise
Katholiken ein, ebenso der der katholischen Zentrumspartei
nahestehende Klöckner-Konzern-Chef Peter Klöckner. Thyssen und Klöckner holten sich ihre Arbeiter aus Posen, Oberschlesien, Russisch- und Österreichisch-Polen sowie aus der
Südsteiermark und der Krain. Die angeblich »deutschblütigen«
Schlesier und Österreicher waren in Wirklichkeit Polen, zum
geringen Teil Tschechen, Slowaken, Sorben und Ukrainer,
soweit sie aus der Südsteiermark und aus Krain kamen, jedoch
Slowenen.

Rund vierzigtausend dieser slowenischen, kaum ein Wort
Deutsch sprechenden Österreicher, durchweg fromme Katholiken und erfahrene Bergleute, siedelten sich um 1905/06 am
Niederrhein an, vor allem in Moers und Umgebung sowie zwischen Dinslaken und Duisburg.

Während die meisten anderen ausländischen Zuwanderer
ihre fremden Staatsbürgerschaften so rasch wie möglich loszu-
werden trachteten, behielten die Slowenen am Niederrhein
ihre zunächst österreichischen, seit 1918 jugoslawischen Pässe.
Sie und ihre Nachkommen glichen sich zwar den Deutschen
völlig an und sprachen schon nach wenigen Jahren das Deutsch
ihrer Umgebung, nur untereinander häufig Slowenisch, aber
nur die wenigsten von ihnen ließen sich einbürgern. Die
Kosten einer Naturalisation, mindestens 500 Mark, waren
ihnen zu hoch. Erst seit etwa 1960 haben sich viele Nieder-
rhein-Slowenen zur Aufgabe ihrer jugoslawischen Staatsbür-
gerschaft durchgerungen. Sie wollten nicht – wie es einer von

ihnen, der Bergmann Karl Sapotnik, gegenüber einem Reporter der Lokalzeitung formulierte – »für Gastarbeiter gehalten« werden, denn »wir sind doch Einheimische« – im Gegensatz zu den Zigtausenden, darunter auch vielen Jugoslawen, die 1960 gerade erst in die Bundesrepublik gekommen waren.

Das größte Kontingent unter den Zuwanderern nichtdeutscher Nationalität, die annähernd eine Million Polen, hatte nur in geringem Maße Einbürgerungsprobleme. Die meisten von ihnen – alle, die aus Schlesien, Posen, Hinterpommern, West- und Ostpreußen ins Revier gekommen waren – hatten die preußische Staatsangehörigkeit und waren somit für die deutschen Behörden keine Ausländer.

Aber auch die zahlreichen Ruhrgebiets-Polen russischer oder österreichischer Staatsangehörigkeit paßten sich ihrer deutschen Umgebung sehr rasch an. Die zweite und dritte Generation, im Ruhrgebiet geboren und aufgewachsen, hatte außer dem Familiennamen und einigen polnischen Sprachkenntnissen keine Unterschiede von der übrigen Bevölkerung des Ruhrgebiets aufzuweisen. Durch Einbürgerung, nicht selten auch durch Heirat, hatten sie bald fast ausnahmslos deutsche Papiere.

Doch trotz dieser Verschmelzung mit der deutschen Umgebung hielten die Ruhrgebiets-Polen landsmannschaftlich zusammen. Dafür sorgten zahlreiche Turn-, Gesangs-, Taubenzüchter- und andere Vereine, Frauengruppen, Jugendverbände und kirchliche Organisationen, auch eine eigene Zeitung, »Glos polski«, vor allem aber der Dachverband »Zwiazek Polakow Niemczech«, der »Bund der Polen in Deutschland«, dessen Mitglieder sämtlich deutsche Staatsangehörige waren.

Ein übriges tat die katholische Kirche, die ihre frommen polnischen Söhne und Töchter vielfach durch Geistliche betreuen ließ, die auch aus Polen stammten oder eigens für diese Aufgabe die polnische Sprache erlernt hatten. Die Polen-Kapläne und -Pfarrer veranstalteten mit ihren Gläubigen nicht nur Gottesdienste und Wallfahrten, vor allem zur Marienverehrung nach Kevelaer am Niederrhein, sondern auch – nach der Devise »Wie zum Tanz, so zum Rosenkranz« – Feste und Veranstaltungen aller Art.

Auch die Machtübernahme durch die Nazis im Jahre 1933 änderte wenig an diesen Verhältnissen. Erst 1939, gleich nach dem Ende des Polenfeldzugs, an dem auch viele Söhne von

Ruhrgebiets-Polen als Soldaten der deutschen Wehrmacht teilgenommen hatten, wurde der »Bund der Polen in Deutschland« von den Behörden aufgelöst.

Nach dem Zweiten Weltkrieg lebte die polnische Volkstumspflege im rheinisch-westfälischen Industriegebiet wieder auf, teils durch eigene Initiative der früheren Funktionäre und Aktiven, teils inspiriert und gefördert von der Regierung in Warschau, wobei es zwischen den Vertretern gegensätzlicher Interessen heftige Konflikte gab.

Immerhin hatten die Polenvereine und der wiedererstandene Bund einigen Zulauf, wobei mancher, der sich nun wieder seiner polnischen Eltern oder Großeltern erinnerte, damit nur seine eigene braune Vergangenheit in Vergessenheit zu bringen trachtete. Die breite Masse der längst völlig integrierten Ruhr-Polen ließ die Streitigkeiten zwischen eifernden antikommunistischen Katholiken und angeblich von Warschau aus gesteuerten Verbandssekretären ebenso kalt wie die mitunter etwas dubiosen Motive derer, die plötzlich wieder ihr Herz für das polnische Vaterland schlagen ließen, obwohl sie nur wenige Jahre zuvor mit dem Hakenkreuz an der SA- oder SS-Uniform herumgelaufen waren.

Insgesamt waren es allenfalls fünfzigtausend Männer und Frauen, die als Söhne, Töchter, Enkel oder Urenkel der fast eine Million Zuwanderer aus Polen des späten 19. und frühen 20. Jahrhunderts an polnischer Volkstumspflege noch ernsthaft interessiert waren. Den meisten »Westfalen-Polen« lag – wie ihren deutschstämmigen Nachbarn und Kollegen – am meisten der Fußballsport am Herzen.

Beim Fußball allerdings, zumal wenn einer der Spitzenspieler aus dem »Kohlenpott« Glanzleistungen vollbrachte – wie in den frühen fünfziger Jahren etwa Jupp Posipal, Toni Turek oder der Nationalelf-Torwart Kwiatkowski –, erinnerten sich die verlorenen Söhne Polens an Ruhr und Emscher. Das war einer aus ihren Reihen!

Aber solche gelegentlichen Reminiszenzen änderten nichts daran, daß sich die »Westfalen-Polen« längst völlig als Einheimische fühlten. Als in den frühen sechziger Jahren immer mehr »Gastarbeiter« ins Revier strömten – erst aus Italien, dann auch aus den anderen Mittelmeerländern, bald sogar aus Ostasien und Afrika –, verhielten sich die aus Polen stammenden Kumpel des Reviers den Neuankömmlingen gegenüber nicht anders als ihre deutsche Kollegen. Mit »denen«, sagten sie, wollten sie »nix weiter zu tun« haben – abgesehen davon, daß sie den »Itakern« elende Quartiere im Keller oder auf dem Dachboden ihrer Kumpelhäuschen allzu teuer vermieteten, sich also auch in dieser Hinsicht von ihren deutschstämmigen Nachbarn nicht unterschieden.

Das untergegangene Deutsche Kaiserreich zählte, wie wir gesehen haben, nur sehr wenige »Ausländer« zu seinen Einwohnern. Die Millionen Arbeiter nichtdeutscher Nationalität waren zum größten Teil preußische Untertanen aus den Ostprovinzen, und das einzige nennenswerte Problem, das mit der Abwanderung der Landbevölkerung des Ostens in die Industriezentren Mittel- und Westdeutschlands in Pommern und Mecklenburg, West- und Ostpreußen, Posen und Schlesien entstand, war ein wachsender Arbeitskräftemangel während der Erntezeit. (In den Aufnahmegebieten der Abwanderer, vor allem in Berlin und im Ruhrgebiet, gab es Wohnungs- und gelegentlich auch erhebliche Integrationsprobleme, aber davon soll später die Rede sein.)

Die Gutsbesitzer versuchten sich dadurch zu helfen, daß sie Saisonarbeiter einstellten, die jenseits der Grenze des Zarenreichs, vor allem in Russisch-Polen, von daran gutverdienenden Vermittlern kolonnenweise angeworben wurden. Etwa von 1878 an kamen in jedem Sommer hunderttausend und mehr polnische »Schnitter« auf die ostelbischen Güter.

Zur selben Zeit herrschte jedoch in der deutschen Industrie eine ernste Krise, die einen erheblichen Rückgang der Beschäftigung und Massenarbeitslosigkeit zur Folge hatte. Allein in Berlin war fast die Hälfte der Belegschaften aller Betriebe entlassen worden.

»Der deutsche Arbeitsmarkt im Jahre 1878«, berichtete der »Arbeiterfreund«, »bietet ein Bild des Jammers. Die Zahl der unbeschäftigten Arbeiter war schon im vergangenen Jahr sehr bedeutend. An einen Abfluß der überschüssigen Arbeitskräfte in größeren Wellen nach anderen Ländern..., namentlich in die Vereinigten Staaten, war nicht zu denken. Dort gab es bereits viele müßige Hände, die auf Arbeit warteten... In den großen Städten ist die Zahl der dort stellensuchenden Personen geradezu erschreckend groß. Unter den Stellensuchenden befinden sich namentlich auch solche, die früher mit einigen hundert Talern aus der Heimat in die Großstadt gekommen waren, ihr Geld meist in kleineren Restaurationen oder Produktengeschäften angelegt, infolge schlechten Geschäftsganges aber alles verloren hatten und schließlich Hausarbeit oder irgendeine Stellung zu erhaschen suchen. Hieraus geht hervor, daß vor Zuzug nach den großen Städten, in denen ohnehin alles überfüllt ist, nicht genug gewarnt werden kann. Das Drängen nach den großen Städten während der jetzigen Krisis wird nur dann begreiflich, wenn man von dem Elend und dem Mangel in den kleineren Städten und auf dem platten Lande hört...«

Angesichts dieser katastrophalen Beschäftigungslage, die sich während der folgenden anderthalb Jahrzehnte kaum besserte und 1886–88 und dann noch einmal um die Mitte der neunziger Jahre ihre Tiefpunkte hatte, verbot die preußische Regierung wiederholt die Einreise von Saisonarbeitern aus Russisch-Polen – sehr zum Ärger der ostelbischen Rittergutsbesitzer, die weder für die Arbeitsmarktlage noch für die von Berlin aus unter Reichskanzler Bismarck betriebene Germanisierung der Ostprovinzen Verständnis hatten, »denn das Arbeiterdefizit war auch in den Jahren der Krise... in den Ostprovinzen sehr groß«, berichtet J. Nichtweiß in einer 1959 erschienenen grundlegenden Arbeit über »Die ausländischen Saisonarbeiter in der Landwirtschaft« der wilhelminischen Epoche, und er fährt fort: »Während in den Städten Tausende von Arbeitslosen darbten, rissen die heftigen Klagen der Gutsbesitzer über den Arbeitsmangel nicht ab. So schreibt zum Beispiel ein westpreußischer Rittergutsbesitzer in der nationalistischen ›Täglichen Rundschau‹ im Februar 1892: ›Selbst jetzt im Winter ist es kaum möglich, Arbeiter aufzutreiben. Im Sommer müßte die Ernte auf dem Feld verfaulen, wenn es nicht polnisch-russischen Arbeitern gestattet wäre, bei uns in Arbeit zu treten. Bedauerlicherweise kann man sie nicht auch über Winter behalten, da ihnen die dauernde Niederlassung nicht gestattet wird. Auf meinem Rittergut stehen zum ersten Male seit 25 Jahren drei Familienwohnungen leer, und ich bin nicht imstande, sie zu besetzen, und kenne sogar Güter, wo die Hälfte aller Wohnungen leer steht. Seit 1872 sind 20 v. H. der jetzt ortsanwesenden Bevölkerung meines Gutes nach Amerika ausgewandert. Das benachbarte deutsche Kirchspiel ist infolge der Abwanderung jetzt ganz von Polen und Masuren besetzt. Dienstboten sind kaum noch zu erhalten und laufen im Frühjahr wieder weg... ‹«

Trotz dieser bewegten Klagen waren die ostelbischen Großagrarier aber nicht bereit, die Einstellung arbeitsloser Industriearbeiter aus den Großstädten und Revieren auch nur zu erwägen, und umgekehrt lehnten es selbst die darbenden Erwerbslosen Berlins, erst recht die des Ruhrgebiets, entschieden ab, auf den Gütern der Ostprovinzen zu arbeiten; die Behandlung und Beköstigung waren ihnen dort zu schlecht.

Warum sich die ostelbischen Rittergutsbesitzer dagegen sträubten, deutsche Arbeitslose aus den Industriegebieten einzustellen, schilderte mit großer Offenheit der Regierungspräsident von Stettin in seinem Bericht an das Landwirtschaftsministerium in Berlin:

»Die Ergänzung der nicht ausreichenden einheimischen Arbeitskräfte wird durch den beliebten, unschwer zu bewerkstelligenden Zuzug von Arbeitern... aus Rußland und Polen bewirkt. Diese Leute verdienen den Vorzug vor den arbeitslosen deutschen Industriearbeitern, da sie mit landwirtschaftlicher Arbeit vertraut und mit dem hier ortsüblich gezahlten Lohn einverstanden und auch zufrieden sind...« Und der Landrat von Greifswald in Pommern drückte es noch knapper und präziser aus: Die deutschen Arbeiter aus den Städten seien »verwöhnt und sozialdemokratisch verseucht«: sie würden die »ruhigen und verständigen pommerschen Arbeiter gründlich verderben«.

Auch in den übrigen preußischen Ostprovinzen zeigten die Gutsbesitzer nicht die geringste Neigung, deutsche Arbeitslose aus den Städten einzustellen. Lieber hätten sie chinesische Kulis beschäftigt, wie die Eingabe eines ostpreußischen Gutsbesitzers aus dem Jahre 1894 zeigt. Im Februar 1893 schlug ein führender Agrarier, Dr. Kaerger, auf einer Versammlung sogar vor, »Neger aus den deutschen Kolonien« in Ostelbien als Landarbeiter einzusetzen.

»Es entspricht den Tatsachen«, so berichtet auch J. Nichtweiß in seiner schon erwähnten Studie, »daß im Jahre 1889 westpreußische Gutsbesitzer den Vorschlag machten, chinesische Kulis einzuführen... Der gleiche Antrag wurde während einer Versammlung des Landwirtschaftlichen Vereins zu Stettin und auf einer Sitzung des Baltischen Zentralvereins zur Beförderung der Landwirtschaft in Greifswald gestellt... Das preußische Landwirtschaftsministerium interessierte sich ernsthaft für diese Angelegenheit. Es ließ über das Ministerium des Auswärtigen am 19. August 1890 einen Bericht über

Arbeitsverträge der chinesischen Kulis an der Ostküste Sumatras beschaffen und führte über das Ministerium des Innern einen Briefwechsel mit dem Oberpräsidenten von Pommern über die Einführung von Chinesen zu landwirtschaftlichen Arbeiten.«

Aber das Projekt wurde von den anfangs begeisterten Gutsbesitzern dann nur noch halbherzig unterstützt. Sie hätten die Kulis ja auch den Winter über unterhalten müssen, was nicht ihrem Interesse entsprach. Außerdem schreckten sie die Transportkosten, die Ungewißheit über die Eignung und Anpassungsfähigkeit der Chinesen. So wurde der Plan im preußischen Ostelbien zunächst nicht weiterverfolgt.

Doch der für die Junker verlockende Gedanke, mit Hilfe der sprichwörtlich genügsamen Kulis den Forderungen der einheimischen Arbeiter nach besseren Arbeitsbedingungen und höheren Löhnen einen Riegel vorzuschieben, wurde dann im benachbarten Mecklenburg wieder aufgegriffen:

Am 12. April 1891 erschien in den »Mecklenburgischen Nachrichten« eine Anzeige folgenden Wortlauts:

»Diejenigen Herren, welche zum Frühjahr 1892 gewillt sind, chinesische Arbeiter zu engagieren, werden gebeten, ihren Bedarf, d. h. die Anzahl männlicher Arbeiter, bei mir anzumelden. Die Kosten beim 10jährigen Kontrakt werden bei genügender Beteiligung franco Bremen zirka 200 Mark pro Kopf betragen. – Alt-Portsdorf bei Kirch-Mulsow   C. Knaudt.«

Zwar machte dann das Innenministerium in Schwerin, mit dem sich Gutsbesitzer Knaudt zuvor ausführlich beraten hatte, am Ende doch nicht mit und drohte mit Ausweisung der Chinesen, falls sie nach Mecklenburg gebracht würden. Aber die Rittergutsbesitzer erreichen dennoch, was sie wollten: Das Einwanderungsverbot für Arbeiter aus Russisch-Polen wurde endlich aufgehoben, wenn auch zunächst nur für drei Jahre und allein für die Ostprovinzen.

Als dann gegen Ende des Jahrhunderts die Einreise der polnischen Arbeiter wieder erschwert worden war, kam es im preußischen Abgeordnetenhaus zu leidenschaftlichen Debatten. Die konservativen Junker argumentierten, das Wasser stehe ihnen schon bis zum Hals; ohne die polnischen Arbeiter würde die ostelbische Landwirtschaft in Kürze ruiniert sein, und das bedeute zugleich den Ruin Preußens und den Untergang des Reiches!

Als eines ihres wichtigsten Argumente führten die Ostelbier an, daß nur durch importierte Landarbeiter aus Russisch-Polen und Österreichisch-Galizien die »Verseuchung« der deutschen Arbeiter verhindert werden könnte. Was sie damit meinten, erläuterte der Abgeordnete Szmula:

»Wer die Leute kennt, den niedrigen geistigen Standpunkt, auf dem sie sich befinden – die Hälfte von ihnen kann kaum lesen und schreiben, die Leute denken an nichts anderes als an ihre Arbeit! Es sind die ordentlichsten Leute von der Welt, die unseren Leuten absolut als Vorbild dienen könnten!«

Sie wetzten sogar, führte der Abgeordnete weiter aus, ihre Sensen schon auf dem Weg zum Feld, um ja keine Zeit zu verlieren. Von Politik sei bei ihnen keine Spur zu finden, sie seien »reine politische Nullen«.

Ein anderer Agrarier pflichtete dem Abgeordneten Szmula bei und erklärte, den Polen sei es bei ihm »heimlich«, weil er selbst Polnisch mit ihnen spreche, sie auch zum Beichten und zur Kommunion gehen ließe. Und er fügte hinzu: »Dumme sind mir lieber wie (sic!) Sozialdemokraten!«

Ganz ähnliche Auffassungen hatten auch die Ruhrindustriellen, die zu Hunderttausenden die Landarbeiter der Ostprovinzen nach Westdeutschland geholt hatten, nur gab es für die Herren Thyssen, Klöckner, Kirdorf und Grillo kaum »Ausländer«probleme. Die Polen, Masuren, Kassuben, Litauer, Slowaken, Tschechen und Sorben, die von den ostelbischen Gütern ins rheinisch-westfälische Industriegebiet strömten, waren ja in der überwältigenden Mehrzahl Inländer, vor allem preußische Staatsangehörige, die übrigen zumeist »Österreicher«, die von der Ausländerbehörde wohlwollend behandelt wurden. Solange es das Arbeitskräftereservoir der von den Hohenzollern und den Habsburgern unterjochten Slawen gab, war der Ruhrindustrie um die Deckung ihres Bedarfs an fleißigen, genügsamen und für sozialistische Agitation wenig anfälligen Bergleuten und Stahlarbeitern nicht bange.

3. Hilfe, wir brauchen Arbeitskräfte!

Im Winter 1945/46, als das geschlagene Deutsche Reich in militärische Besatzungszonen aufgeteilt war, gab es im Bereich der heutigen Bundesrepublik und der Berliner West-Sektoren rund 45 Millionen Einwohner. Große Teile der Wohngebiete, vor allem der Großstädte und Industriezentren, waren durch Bombenangriffe zerstört. An einen Wiederaufbau war noch nicht zu denken. Es herrschte große Wohnungsnot; Hunderttausende hatten in Barackenlagern und primitivsten Notunterkünften Zuflucht gefunden. Die Ernährung der deutschen Bevölkerung war auf Rationen heruntergesetzt, die am Rande des Existenzminimums und oftmals darunter lagen. Die Industrieproduktion war praktisch zum Erliegen gekommen. In vielen Betrieben wurden die noch intakten Maschinen von den Siegermächten demontiert.

Über die Arbeitslosigkeit der ersten Nachkriegsjahre sagt die Statistik wenig. Die spärlichen Zahlen täuschen zudem, denn die große Mehrzahl der schätzungsweise sechs, vielleicht auch acht Millionen Erwerbslosen ließ sich gar nicht erst beim Arbeitsamt registrieren. Nur etwa 600 000 Personen, meist ältere Leute, bezogen in der einen oder anderen Form Arbeitslosenunterstützung. Für die meisten lohnte sich der Weg zur »Stempelstelle« nicht: Schon eine Stunde Schwarzhandel mit einzelnen amerikanischen oder englischen Zigaretten brachte mehr, als die Arbeitslosenunterstützung für eine Woche ausmachte! Erst nach der Währungsreform des Sommers 1948, als geordnete Verhältnisse herrschten, wurde das Ausmaß der Arbeitslosigkeit erkennbar: Sie lag zwischen 15 und 20 Prozent, bezogen auf die Anzahl der beschäftigten Arbeitnehmer.

Wie es damals im Ruhrgebiet, dem wichtigsten Industriezentrum Westdeutschlands, aussah, schildern die folgenden Auszüge aus einer 1949 erschienenen Reportage:

»Ich weiß nicht mehr genau, wo ich den Mann traf, der mir die erste stichhaltige Auskunft über das Ruhrgebiet gab. Es war an einem Mittwochabend, an einer Straßenbahnhaltestelle. Irgendwo zwischen Dortmund und Oberhausen. Die Umgebung war wie überall in diesem Lande: ein verfallener Kiosk..., die Straßen mit Kopfsteinpflaster gepflastert und übersät von den schlecht verwachsenen Narben der Bombenangriffe. Häuser rechts und links, schlecht verputzt... Auf den Treppenstufen vor den Türen sitzen alte Männer. In den Fenstern zu ebener Erde liegen Frauen in dunklen Kleidern. Sie unterhalten sich quer über die Straße miteinander. In den Pfützen vom letzten Regen spielen kleine Kinder. Die Straße führt in einiger Entfernung an der hohen grauen Ziegelmauer einer Zeche vorbei, dann verliert sich die Oberleitung der Straßenbahn unter einer Brücke, auf der eine qualmende Lokomotive steht...

Der Mann lehnte an seinem Fahrrad. Er war klein. In den Falten seines mageren Gesichts saßen schwarze Punkte. Er trug einen dunklen abgeschabten Anzug, keinen Schlips. Er zeigte auf die Leute, die sich mühsam aus dem Kopf-an-Kopf des Vorderperrons herausquetschten.

›Da mußte ich auch immer mit‹, sagte der Mann. ›Jetzt hab’ ich ja das Fahrrad... Immer das Gedränge und Geschimpfe auf der Bahn! Überfüllt sind wir zu Hause schon genug. Immerhin können wir vom Glück sagen, daß wir wenigstens die zwei Räume haben... Vier sind wir in dem einen und drei in dem anderen. Meine Söhne gehen auf Schicht. Außerdem haben wir noch einen in Logis, und meine Schwiegermutter wohnt auch bei uns... Wenn ich aber auch Krapotzki heiße‹, fuhr der Mann eifrig fort, ›deshalb bin ich doch Deutscher wie Sie und jeder andere.‹

Das konnte nicht gut geleugnet werden, denn er war auch in der Gewerkschaft, im Betriebsrat, im Fußballklub und im Karnickelzüchterverein... Von den Karnickeln kommt er auf die Hochzeit seiner Tochter zu sprechen, deren Mann auf und davon ist. ›Da hat sie sich scheiden lassen. Das ging dann ohne Karnickelbraten. Wenn sie damals eine Wohnung bekommen hätten, wäre er ja wohl geblieben. Nun schleppen wir sie mit durch, und sie sucht nach einer Stellung.‹

Er blickte an mir vorbei die Straße entlang und schien die Gegend nach Wohnung und Stellung für seine Älteste abzusuchen. Vor den Häusern spielten beängstigend viele Kinder. In den niederen Fenstern der Erdgeschosse, aus denen der Mief ungelüfteter Betten drang, lagen viele Frauen. Über der großen grauen Ziegelmauer, dunkel und drohend gegen den Abendhimmel, die Silhouette der Zeche...

Krapotzki sinniert vor sich hin. Klar, daß eine Stellung schwer zu finden ist... Er schüttelt den Kopf. ›Wissen Sie, das hat es früher nicht gegeben. Früher sind die Frauen hier alle nicht auf Arbeit gegangen, haben gekocht und gewaschen... Haben Sie mal acht Stunden lang heißen Koks geladen oder einen Preßlufthammer an der Schulter gehabt und sich nicht aufrichten können dabei...? Da ist man abends fertig und wundert sich am Ende der Woche nur, daß man so wenig Geld mit nach Hause bringt nach soviel Arbeit. Das ist nichts für Frauen. Ich bin jetzt fast fünfzig, nicht mehr bergfähig, Staublunge und so... Deshalb arbeite ich jetzt in der Kokerei. Aber solange ich mich erinnern kann: schwer gearbeitet habe ich immer, und viel verdient habe ich nie... Glauben Sie, ich kann mir ein Pfund Äpfel für 1,30 DM kaufen? Oder eine neue Arbeitshose für 26 Mark? Soviel verdient doch unsereiner nie! Und deshalb müssen die Preise herunter...‹

Diese Unterhaltung irgendwo im Ruhrgebiet fand, wie gesagt, an einem Mittwochabend statt, kurze Zeit nachdem der Preis für eine Tonne Kohle um 7,50 Mark auf 32 Mark erhöht worden war. Die Hauerlöhne im Bergbau standen nicht mehr auf 9,11 RM wie im Januar 1946, sondern auf 11,59 DM pro (achtstündiger) Schicht. Die Preise runter? Die Löhne rauf?...«

Diese Reportage aus dem Gründungsjahr der Bundesrepublik Deutschland, die so eindringlich den grauen Alltag an der Ruhr schildert, stammt aus der Feder eines ausgezeichneten, später sehr – aber nicht für allzu harte Sozialkritik – bekannten Journalisten: Peter v. Zahn.

Damals, Ende 1949, gab es in der Bundesrepublik nur noch knapp zwei Millionen registrierte Arbeitslose – das waren fast 12 Prozent der Beschäftigten – und weniger als 110 000 offene Stellen. Aber auch fünf Jahre später waren trotz Korea-Boom, viel bestauntem Wirtschaftswunder und allgemein gepriesenen Aufschwungs noch immer mehr als eine Million Erwerbslose vorhanden, dagegen nur rund 200 000 offene Stellen.

Doch schon jammerten die Unternehmer, die Chefs der Kohlenzechen und Stahlwerke ebenso wie die Vorstände der großen Chemie- und Elektro-Konzerne, der aufblühenden

Automobilindustrie und erst recht die der Bauwirtschaft: Es seien nicht mehr genügend Arbeitskräfte vorhanden! Die Anzahl der Arbeitslosen täusche, denn etwa 800 000 von ihnen seien für die Industrie überhaupt nicht oder nur sehr bedingt verwendbar, von den übrigen 200 000 suchten die meisten in Wahrheit gar keine Arbeit, sondern machten nur ein paar Wochen Ferien, wechselten gerade den Wohnsitz, um eine längst zugesagte neue Stellung anzutreten, oder warteten ihren Eintritt ins Rentenalter ab. Sollte das »Wirtschaftswunder« anhalten, brauche die westdeutsche Industrie dringend junge, fleißige, kräftige und vor allem genügsame, die Löhne nicht noch höher treibende, keine Überstunden scheuende Handarbeiter!

Bundeskanzler Adenauer und sein Kabinett kamen diesen energischen Forderungen der Unternehmer schließlich nach, vor allem nachdem der als »Vater des Wirtschaftswunders« gepriesene Bundesminister Professor Ludwig Erhard das Drängen der Industrie auf Import ausländischer Arbeitskräfte für berechtigt und wünschenswert erklärt hatte. Ungeachtet der Tatsache, daß es in Westdeutschland Ende 1955 noch immer 1 073 576 registrierte Erwerbslose gab, wurden nun die ersten »Gastarbeiter« ins Land geholt.

Vom Sommer 1955, als die ersten zehntausend Ausländer – 7500 Italiener, 2000 Jugoslawen, knapp tausend Griechen und Spanier – in die Bundesrepublik kamen, bis zum Sommer 1960 stieg die Anzahl der »Gastarbeiter« auf mehr als das Fünfzehnfache!

Mitte 1960 gab es in der Bundesrepublik (einschließlich West-Berlin) sogar schon insgesamt rund 280 000 ausländische Beschäftigte, darunter – als eigentliche »Gastarbeiter« – 122 000 Italiener, rund 9500 Spanier, 13 000 Griechen, etwa 9000 Jugoslawen und erstmals auch knapp 2500 Türken.

Da die Arbeitslosigkeit inzwischen, allen Voraussagen der Fachleute zum Trotz, enorm zurückgegangen war, nämlich auf weniger als 300 000, hielten sich die beschäftigten Ausländer und die erwerbslosen Bundesbürger anzahlmäßig ungefähr die Waage. Aber gleichzeitig war die Anzahl der offenen Stellen auf mehr als das Doppelte, nämlich auf fast 500 000, angestiegen, woraus die westdeutsche Industrie und nun auch die Landwirtschaft die Forderung ableiteten, schleunigst noch viel mehr »Gastarbeiter« zu importieren.

Innerhalb eines Jahres, bis zum Juni 1961, wurden dann tatsächlich weitere hunderttausend Italiener und fünfzigtausend Griechen und Spanier angeworben. Insgesamt stieg die Anzahl der in der Bundesrepublik beschäftigten Ausländer auf über eine halbe Million, ihr Anteil an der Zahl der Beschäftigten auf 2,3 Prozent. In derselben Jahresfrist aber sank die Arbeitslosenquote weiter – auf 0,8 Prozent! Allen Beteuerungen der Arbeitgeber zum Trotz, daß dieser »Bodensatz« von Erwerbslosen nicht verwendbar sei, hatten nochmals hunderttausend Männer und Frauen Arbeitsplätze gefunden, und gleichzeitig war die Anzahl der offenen Stellen weiter gestiegen – auf 550 000.

So ging es auch in den folgenden fünf Jahren, bis 1966, munter weiter. Die Arbeitslosigkeit verringerte sich auf die für unerreichbar gehaltene Quote von 0,68 Prozent. Zugleich stieg die Anzahl der offenen Stellen auf die Rekordhöhe von fast 680 000, und es kamen immer mehr ausländische Arbeitskräfte ins Land. Schon im September 1964 war »der millionste Gastarbeiter« gefeiert und beschenkt worden.

In den Presseberichten zu diesem Ergebnis hieß es: »Weiter wird im Ausland um Arbeitskräfte geworben. Die bevorzugten Staaten sind dabei Italien, Spanien, Jugoslawien und die Türkei. Die meisten Gastarbeiter kommen ohne Familien. Sie werden in Firmen-Wohnheimen oder bis zu deren Fertigstellung in Notquartieren untergebracht. Ohne die Gastarbeiter müßten viele wichtige Wirtschaftszweige die Arbeit einstellen, was negative Auswirkungen auf unsere Zahlungsbilanz und unser aller Lebensstandard hätte. Man kann es auf die einfache Formel bringen: Ohne die Gastarbeiter kein Wohlstand!«

Im Sommer 1966 gab es in der Bundesrepublik schon mehr als 1,3 Millionen ausländische Beschäftigte, darunter knapp 400 000 Italiener, fast 200 000 Griechen, rund 180 000 Spanier, 160 000 Türken und etwa 100 000 Jugoslawen.

Dann aber kam ein Konjunkturrückschlag. Die niedrige Erwerbslosenquote von weniger als 0,7 Prozent verdreifachte sich binnen weniger Monate auf 2,1 Prozent. Annähernd eine halbe Million Bundesbürger wurden erwerbslos, und die offenen Stellen verringerten sich um fast die Hälfte auf nur noch rund 300 000. Gleichzeitig nahm auch die Anzahl der beschäftigten Ausländer erheblich ab, insgesamt um fast 300 000. Rund 125 000 Italiener, je etwa 50 000 Griechen und Spanier

Tabelle 1
Ausländer in der Bundesrepublik 1982
nach Herkunftsländern

EG*:	Türkei:	Jugoslawien:	Asien**:	Österreich:
1,2 Mio.	1,58 Mio.	631 000	255 000	175 000

Spanien:	Afrika***:	Portugal:	Polen:
173 000	124 000	106 000	91 000

* davon 620 000 Italiener, 300 000 Griechen, 108 000 Holländer.
** größte Gruppen: Pakistani, Inder, Koreaner, Vietnamesen.
*** größte Gruppen: Marokkaner, Ghanesen.

Tabelle 2
Ausländer in der Bundesrepublik 1980
nach Aufenthaltsdauer:

Aufenthalt in Jahren*	insgesamt	Türken	Jugo-slawen	Italiener
unter 1	362 000	144 000	21 000	41 000
1– 4	757 000	292 000	65 000	104 000
4– 6	384 000	163 000	43 000	42 000
6– 8	619 000	276 000	94 000	64 000
8–10	647 000	239 000	117 000	74 000
10–15	1 057 000	280 000	253 000	171 000
15–20	352 000	59 000	26 000	82 000
über 20	274 000	9 000	13 000	40 000

Aufenthalt in Jahren*	Griechen	Spanier	Portu-giesen
unter 1	6 000	3 000	3 000
1– 4	25 000	11 000	12 000
4– 6	20 000	9 000	13 000
6– 8	30 000	20 000	30 000
8–10	50 000	29 000	24 000
10–15	101 000	56 000	25 000
15–20	54 000	45 000	6 000
über 20	11 000	7 000	1 000

* einschl. d. in d. BRD Geborenen

sowie 20 000 Türken kehrten in ihre Heimatländer zurück. Nur bei den – als Arbeitskräfte besonders geschätzten – Jugoslawen war trotz des Konjunktureinbruchs keine Verringerung, sondern noch ein leichter Anstieg zu verzeichnen.

Der allgemeine Rückgang der Anzahl in der Bundesrepublik beschäftigter Ausländer hielt an bis 1969; in dieser Zeit sank der Ausländeranteil an der Beschäftigtenzahl von 6,1 auf 4,9 Prozent. Bis zum Sommer 1969 war aber auch die Arbeitslosigkeit drastisch zurückgegangen; die Erwerbslosenquote sank in dieser Zeit von 2,1 auf 0,8. Im Jahresdurchschnitt waren 1969 nur noch 178 000 Bundesbürger arbeitslos, und dem stand ein Angebot von rund 750 000 offenen Stellen gegenüber.

Angesichts dieser Lage am Arbeitsmarkt begann die westdeutsche Industrie sofort wieder mit der massenhaften Anwerbung von Ausländern. Innerhalb von drei Jahren, vom Juni 1968 bis zum Juni 1971, wurde die Anzahl der beschäftigten Ausländer mehr als verdoppelt, auf insgesamt 2,2 Millionen. In dieser Zeit kamen 125 000 Griechen, 120 000 Italiener, 70 000 Spanier, 220 000 Türken und rund 370 000 Jugoslawen neu hinzu. Insgesamt stieg der Anteil der Ausländer an der Anzahl der Beschäftigten auf zehn Prozent.

In den folgenden zwölf Jahren, bis 1982/83, stieg die Arbeitslosigkeit in der Bundesrepublik Deutschland (einschließlich Westberlin) auf 2,2 Millionen, die Anzahl der ausländischen Arbeitskräfte nahm geringfügig ab, die Gesamtzahl der in der Bundesrepublik lebenden Ausländer aber nahm noch etwas zu. Das hing damit zusammen, daß unter Bundeskanzler Helmut Schmidt ein Anwerbestopp angeordnet worden war und Rückkehrerleichterungen vor allem Griechen und Spanier veranlaßt hatten, davon Gebrauch zu machen und die Bundesrepublik zu verlassen, doch umgekehrt waren zahlreiche einstige »Gastarbeiter« inzwischen in Westdeutschland heimisch geworden und hatten ihre Familienangehörigen zu sich geholt, vor allem aus Süditalien, Jugoslawien und der östlichen Türkei. Hinzu kamen die jährlich etwa hunderttausend in der Bundesrepublik geborenen Kinder von Ausländern.

1982 erreichte die Anzahl der ständig in der Bundesrepublik lebenden Ausländer mit insgesamt 4 666 900 registrierten Personen erstmals ein von zahlreichen Bundesbürgern als besorgniserregend angesehenes Ausmaß. Angesichts der unverändert hohen Arbeitslosigkeit und der sich verschärfenden Lage am

Wohnungsmarkt wünschten immer mehr befragte Bürgerinnen und Bürger Westdeutschlands und Westberlins, die Ausländer sollten nun in ihre Heimatländer zurückkehren. Dabei spielte die – wie wir noch sehen werden: völlig absurde – Vorstellung eine Rolle, alle Deutschen hätten mehr für sich, wenn die Ausländer heimkehrten: mehr Arbeitsplätze, mehr Verdienst, mehr Wohnraum, mehr Freizeit, mehr Konsum und mehr Wohlstand. Es wuchs auch die Befürchtung, Deutschland könnte völlig »überfremdet« werden, wobei als Fremde vor allem die Türken galten, nicht mehr, wie noch bis gegen Ende der sechziger Jahre, die Italiener, Spanier, Griechen oder Jugoslawen.

Konservative Politiker, die von solchen geheimen Ängsten profitieren wollten, erst recht Neonazis und andere Gruppen am rechten Rand, haben diese Besorgnisse seither kräftig geschürt, vor allem immer wieder behauptet, die Bundesrepublik sei kein Einwanderungsland – eine These, die in krassem Widerspruch zur Praxis konservativer und ultrarechter Regierungen steht, die seit über einem Jahrhundert Abermillionen ausländische Arbeitskräfte nach Deutschland geholt haben, um damit den Wünschen der Unternehmer nachzukommen.

Zu Beginn der neunziger Jahre hat sich das Bild abermals verändert: Längst werden die in der Bundesrepublik lebenden Türken nicht mehr als die fremdeste Gruppe angesehen, sondern zählen schon fast zu den Einheimischen. Jetzt sind es die Asylbewerber, vor allem die aus Südostasien, dem Mittleren und Nahen Osten und aus Afrika, die als besonders fremd und lästig, ja als Gefahr für die westdeutsche Wohlstandsgesellschaft gelten. Aber auch die »volksdeutschen« Umsiedler, die die Bundesregierung Helmut Kohls zu Hunderttausenden, vor allem aus der ehemaligen Sowjetunion, ins Land geholt hat und noch holt, die zahlreichen ost- und südosteuropäischen Flüchtlinge, die über die durchlässigen Grenzen ins Land strömen, zumal die aus Balkanländern geflohenen Sinti und Roma, ja sogar die zahlreichen Übersiedler aus der früheren DDR stoßen in den alten Bundesländern häufig auf Fremdenfeindlichkeit (wogegen in den neuen Bundesländern der jäh aufgeloderte Ausländerhaß nicht nur Afrikanern und Asiaten, sondern auch den Polen gilt, und in wachsendem Maße werden dort auch die Westdeutschen als Fremde oder gar als »Kolonialherren« angesehen).

Angesichts dieser Völkerwanderung, deren Ausmaße noch gar nicht abzusehen sind und die, sobald alle Grenzen innerhalb der EU wegfallen, Überraschungen bringen wird, die noch nicht einmal im Umrissen von den meisten Bundesbürgern geahnt werden, erhält die Frage, ob die Bundesrepublik ein Einwanderungsland sei oder nicht, brennende Aktualität.

Indessen ist die Frage keineswegs neu, vielmehr mindestens so alt wie der politisch-geographische Begriff »Deutschland«, im Grunde sogar noch viel älter. Ihre Beantwortung war zu allen Zeiten abhängig von der allgemeinen, besonders aber von der wirtschaftlichen Situation hierzulande sowie von der Anzahl, dem Alter und den Fähigkeiten der vorhandenen Bevölkerung.

Kurz, die Frage, ob Deutschland ein Einwanderungsland sei, erfordert zu ihrer Beantwortung einen Ausflug in die Geschichte dieses Landes im Herzen Europas.

4. Deutschland –
ein Einwanderungsland?

Das Gebiet der heutigen Bundesrepublik Deutschland, das seit dem 3. Oktober 1990 auch das Territorium der früheren DDR umfaßt, erstreckt sich über eine Fläche von rund 350 000 Quadratkilometern von List auf Sylt im äußersten Norden bis Oberstdorf im Allgäu im extremen Süden, von Selfkant an der niederländischen Grenze im Westen bis zur Oder und Lausitzer Neiße im Osten.

Dieses Land im Herzen Europas wird gegenwärtig von rund 78 Millionen Menschen bewohnt, von denen etwa 6,5 Millionen nichtdeutscher Staatsangehörigkeit sind und rund zwei bis drei Millionen aus nichtdeutschen Kulturen und Sprachgebieten stammen.

Der Bevölkerungszahl, erst recht der Fläche nach unbedeutend, etwa im Vergleich mit den USA, der GUS, Kanada, Indien oder gar China, gehört die Bundesrepublik zu den führenden Industriestaaten der Welt. Am Weltmarkt nimmt sie mit dem Export ihrer industriellen Erzeugnisse den zweiten Platz ein; die USA und Japan stehen an erster und dritter Stelle. Auch hinsichtlich des durchschnittlichen Lebensstandards ihrer Bevölkerung zählt die Bundesrepublik zur internationalen Spitzengruppe des Wohlstands.

Kein Industriestaat Europas, ausgenommen Belgien und Holland, ist so dicht bevölkert wie die Bundesrepublik. Außer den Japanern lebt keine Industrienation der Erde so eng zusammengedrängt wie die Bürger der Bundesrepublik. Diese Tatsache und der Umstand, daß gegenwärtig mehr als vier Millionen Einwohner arbeitslos sind, – die auf sogenannte »Kurzarbeit Null« gesetzten Bewohner der neuen Bundesländer eingeschlossen –, bilden die Grundlage der seit Beginn der achtziger Jahre von meist konservativen Politikern aufgestellten Behauptung, die Bundesrepublik Deutschland sei kein Einwanderungsland.

Klopft man diese Behauptung auf ihren Zweck hin ab, so kommt eine Forderung zum Vorschein, die von den Alldeutschen und Völkischen des Bismarck-Reichs erhoben und von den Nazis zu verwirklichen versucht worden ist – mit katastrophalen Folgen für ganz Europa, besonders aber für Deutschland selbst. Diese Forderung lautete: Deutschland den Deutschen!

Das gefährlichste an dieser Forderung ist, daß die darin enthaltenen Begriffe alles andere als klar sind. Denn was ist »Deutschland«? Wer ist »Deutscher«? Was ist »deutsch«? Reicht »Deutschland«, wie es die von Sehnsucht nach nationaler Einheit erfüllten Bürger hierzulande im frühen 19. Jahrhundert begeistert sangen, »so weit die deutsche Zunge klingt und Gott im Himmel Lieder singt«?

Sind »Deutsche« alle, die »deutscher Zunge« sind, Deutsch als ihre Muttersprache sprechen? Sollen es nur »Eingeborene«, also in einem noch genauer zu definierenden Gebiet namens »Deutschland« zur Welt Gekommene sein? Genügt es, wenn sie sich diesem Territorium als ihrem Vaterland verbunden fühlen? Müssen die Grenzen des Vaterlands, der Heimat, genau bestimmt sein?

Der liberale Historiker Veit Valentin schrieb in der Einleitung zu seiner »Geschichte der Deutschen«: »Irgendwo in Mitteleuropa liegt Deutschland. Jede genauere Bestimmung verwirrt mehr als sie erklärt. Deutschland hat schwankende, fliehende Grenzen wie kein anderes Land...« Er beschrieb dann die Schönheit und bunte Vielfalt der Landschaften, die »Deutschland« bilden oder gebildet haben, und er kam zu dem Ergebnis: »Man könnte nicht sagen, was allen diesen Landschaften gemeinsam war – es hatte ja auch mit der äußeren Erscheinungsform wenig zu tun. Das Wesentliche war das Gefühl der Verwurzelung und der Verbundenheit. Die deutsche Seele klammerte sich an die mütterliche Wärme gerade dieses Flecks Erde, ihre Sehnsucht fand sich selbst und beruhigt sich an der Schlichtheit, der ewigen Echtheit des Heimatbodens. So ein lebendiges, von den Poeten und Musikern gesteigertes und geformtes Gefühl vermochte sich wohl auf die lokale Herrschaft, auch in einem politischen Sinne, zu übertragen – es versagte aber gerade gegenüber jener staatlichen Bildung, die nun einmal das deutsche Schicksal wurde: gegenüber der Territorialherrschaft.«

Halten wir aus dieser Erklärung der Unerklärbarkeit der für unsere Fragen wesentlichen Begriffe einen Satz fest:

»... Das Wesentliche war das Gefühl der Verwurzelung und der Verbundenheit...« – eine Wahrheit, die Deutsche unseres Jahrhunderts nicht daran gehindert hat, Millionen von Menschen ihrer Heimat zu berauben, willkürlich zu verpflanzen oder gar physisch zu vernichten, sei es, weil diese Menschen Deutsche waren, aber nach Meinung der damaligen Regierung nicht am richtigen Ort, sei es, daß sie angeblich keine Deutschen waren, aber das – von ihnen ursprünglich durchaus nicht so empfundene – Unglück hatten, in Deutschland zur falschen Zeit zu leben.

Damit sind wir zwar an dem Punkt, an dem wir erkennen, welches Unheil durch die Forderung »Deutschland den Deutschen!« schon angerichtet worden ist und wieder angerichtet werden könnte. Aber wir sind der Antwort auf die Ausgangsfrage, nämlich ob »Deutschland« ein Einwanderungsland sei, keinen Schritt nähergekommen.

Lassen wir deshalb zunächst einmal dahingestellt, was Deutschland ist oder sein sollte, und gehen wir von dem geographisch fest umrissenen Gebiet aus, um das es sich bei der These im Grunde ja nur handelt, nämlich vom Territorium der heutigen Bundesrepublik Deutschland.

Wann ist dieses Gebiet zuerst besiedelt worden und von wem?

Wer ist danach gekommen, also eingewandert?

Wann haben die Einwanderungen, falls es mehrere gewesen sein sollten, angefangen, wann aufgehört?

Welchen Umfang und welche Bedeutung haben sie gehabt?

Wieviel Schaden, wieviel Nutzen haben sie dem Land und seinen Bewohnern gebracht?

Obwohl vieles über die Frühzeit der Besiedlung des Rhein- und Donautals, des Küstengebiets der Deutschen Bucht und der westlichen Ostsee, der Täler der deutschen Mittelgebirge und des Alpennordrands noch ungeklärt ist, eines darf als gesichert gelten:

Noch ehe die Völker und Stämme der heute als indoeuropäisch bezeichneten Sprachfamilien nach Mitteleuropa kamen, gab es dort eine Urbevölkerung. Sie war gewiß nicht sehr zahlreich, wie man sich überhaupt davor hüten muß, sich die wandernden Völker der Jahrhunderte vor unserer Zeitrechnung sowie auch noch lange danach als gewaltige Menschenströme vorzustellen. Jedes Fußball-Endspiel bringt heutzutage mehr Menschen auf die Zuschauertribünen eines großen Stadions, als damals ein nach Mitteleuropa einströmendes Volk an Köpfen zählte.

Über die Urbewohner des Gebiets der heutigen Bundesrepublik gibt es eine ganze Reihe – meist einander widersprechender – wissenschaftlicher Theorien. Nur in wenigen Punkten herrscht Übereinstimmung: Die bis in die Jungsteinzeit im heutigen Westdeutschland lebenden Stämme waren keine Indoeuropäer und weder mit den Kelten noch mit den Germanen verwandt. Diese nicht zu den »Ariern« gehörende Urbevölkerung hat sich mit den germanischen Stämmen, die etwa um 2000 v. Chr. von Südosten her nach Mitteleuropa und in das norddeutsche Flachland eindrangen, vermischt.

In der Bronzezeit, von etwa 1600 bis 800 v. Chr. tauschten die Germanen einige bei ihnen vorkommende Kostbarkeiten, vor allem Bernstein von den Küsten Jütlands und des Samlands, gegen Kupfer und Zinn aus dem Süden ein, denn diese Metalle brauchten sie zur Herstellung ihrer Waffen. Durch diesen Tauschhandel kamen sie mit den Hochkulturen des Südens in Berührung. Etwa um 400 v. Chr. begann die teilweise Abwanderung der Kelten, die bis dahin in West- und Süddeutschland gesiedelt und sich dort ebenfalls mit der spärlichen Urbevölkerung vermischt hatten, nach Süden und Osten. Im Jahre 387 v. Chr. wurden die Römer in Italien von einem Keltenstamm geschlagen, Rom wurde geplündert und in Brand gesteckt.

Eine Klimaverschlechterung verringerte etwa um die gleiche Zeit in der norddeutschen Tiefebene die Ackererträge so stark, daß die zahlreicher gewordenen Germanen zur teilweisen Abwanderung an den Niederrhein und ins Maintal gezwungen waren.

Einige Germanenstämme wagten sich um 125 v. Chr. auch in das linksrheinische Gebiet vor, das schon zur römischen Interessensphäre gehörte, wurden aber von den Römern wieder vertrieben. Etwa siebzig Jahre später begann die bis 51 v. Chr. abgeschlossene Unterwerfung ganz Galliens durch Julius Caesar. Von nun an war die Großmacht Rom, die den ganzen Mittelmeerraum beherrschte, der direkte Nachbar der Germanenstämme im heutigen Westdeutschland, wobei der Rhein die Grenze bildete.

Für die straff organisierten, über stehende Heere und einen gut funktionierenden Verwaltungsapparat verfügenden Römer, deren staatliche und private Wirtschaft auf der Ausbeutung von Hunderttausenden von Sklaven beruhte, waren die Germanen halbwilde Eingeborene, unzivilisiert, ohne Infrastruktur und ohne staatliche Organisation, die Stämme und deren Häuptlinge untereinander zerstritten und daher nicht allzu gefährlich. Ein paarmal versuchten römische Feldherren, das Waldland zwischen Rhein und Elbe unter Kontrolle zu bringen und tributpflichtig zu machen. Alle Expeditionen scheiterten jedoch früher oder später.

Schließlich begnügten sich die Römer mit einer Befestigung der Grenze, die sie durch den Bau des Limes beträchtlich verkürzten. Dieser etwa 540 Kilometer lange Grenzwall, mit einem Palisadenzaun gekrönt und von Kastellen gesichert, von Lorch über Gunzenhausen bis Eining an der Donau sogar als steinerne Mauer ausgeführt, gewann den Römern den ganzen Südwesten der heutigen Bundesrepublik und sicherte ihre Grenzprovinzen gegen Überfälle.

Am Mittelrhein endete der Limes bei Waldbrohl; stromabwärts schützten linksrheinische Militärlager und Kolonien, Kastelle, befestigte rechtsrheinische Brückenköpfe sowie ein breiter Sicherheitsstreifen die nunmehrige Provinz Niedergermanien. Aus einer ganzen Reihe solcher Militärlager und Kolonien entwickelten sich Städte, zum Beispiel Xanten, Neuss, Köln, Bonn, Andernach, Koblenz, Mainz, Worms, Speyer und Straßburg am Rhein und zur Sicherung von Obergermanien an der Via Claudia Augusta das heutige Augsburg; an der Donau unterhalb von Eining, dem Südende des Limes, neben der keltischen Siedlung Ratisbona, entstand aus dem Legionslager Castra Regina die Stadt Regensburg. Die wichtigste linksrheinische Siedlung und zeitweise Hauptstadt von Obergermanien war das von Kaiser Augustus um 15 n. Chr. an der Mosel angelegte Legionslager Augusta Treverorum im Gebiet der Treverer, eines Keltenstamms mit germanischem Einschlag. Die sich dort entwickelnde Stadt, das heutige Trier, hatte schon um 85 n. Chr. ein Amphitheater für fünfundzwanzigtausend Besucher, woraus man Rückschlüsse auf die erheblich zahlreicher gewordene Bevölkerung des römischen Germaniens ziehen kann.

Das Gebiet rechts des Rheins, ausgenommen die vom Limes abgetrennte Südwestecke, also das heutige Rhein-Main-Gebiet, Baden, Württemberg und Bayern, war wesentlich dünner besiedelt von knapp zwei Dutzend Germanenstämmen, zusammen schätzungsweise zweihunderttausend Menschen.

Diese lebten nun mit ihren römischen Nachbarn zwei Jahrhunderte lang in einer friedlichen Koexistenz, die nur zweimal, zwischen 166 und 180 n. Chr., von den Markomannen gestört wurde. Der Limes ließ germanische Vorstöße in die römischen Rhein- und Donaugebiete nicht mehr zu, aber er war durchlässig für friedliche Beziehungen. Römische Händler bereisten das germanische Land und verbreiteten mit ihren Tauschwaren auch die Kenntnis von der großartigen städtischen Zivilisation am Rhein, vom Münzwesen, von den Vorzügen eines straff organisierten Staats, von anderen Gottheiten, später auch von dem einen Gott der Christen. Vieles davon beeindruckte die Germanen sehr, und bald wurde es bei edlen und wohlhabenden Häuptlingssippen Brauch, ihre Söhne zur Ausbildung ins Römische Reich zu schicken, sie als Offiziere bei einer römischen Legion eine Zeitlang dienen und sie das Lateinische erlernen zu lassen.

Mit dem Frieden war es dann vorbei, als aus den Weiten Asiens in immer neuen Wellen viele Völkerscharen nach Europa einfielen. Doch ehe wir uns mit der dann, am Ende der Völkerwanderung, völlig veränderten Lage befassen, sei noch auf etwas hingewiesen, das die Römer am Rhein betrifft und für die Frage, was eigentlich »Deutsche« sind, von nicht geringer Bedeutung ist.

Die Römer der Provinzen Ober- und Niedergermanien waren nur zum kleinsten Teil wirkliche Römer. Aus der Stadt Rom oder wenigstens aus dort beheimateten Familien stammten nur ein paar hohe Verwaltungsbeamte und Offiziere. Die Soldaten, auch die meisten Unteroffiziere und viele der Hauptleute, waren hingegen Angehörige fast aller von Rom unterworfenen Völker. Die Legionäre, die sich nach beendeter Dienstzeit auf einem ihnen zugeteilten Stück Land in West- oder Süddeutschland ansiedelten, stammten überwiegend aus Afrika, Spanien, Syrien und Illyrien. Im Laufe der Jahrhunderte vermischten sie sich mit der keltisch-germanischen Bevölkerung, so wie sich diese lange vorher mit den Urbewohnern vermischt hatte.

Die Afrikaner waren übrigens meist die Entlassenen der lange in Köln stationierten nubischen Legion. Noch viele Jahrhunderte später, aber noch bevor es erneut, wie nach 1918, dunkelhäutige Besatzungssoldaten am Rhein gab, fand sich bei alteingesessenen Familien der Domstadt und ihrer Umgebung immer wieder der oder die eine oder andere, dessen oder deren Physiognomie auf afrikanische Ahnen schließen ließ, ohne daß man dafür eine Erklärung fand.

Schließlich sei noch angemerkt, daß sich auch viele Händler und Handwerker aus weit entfernten Gegenden des römischen Reiches in den germanischen Provinzen niederließen: Griechen, Syrer, Ägypter und auch Juden. Dazu kamen die Matrosen und Offiziere der »Classis Germanica«, der römischen Rheinflotte, teils Bataver von der Rheinmündung, teils Seeleute aus Zypern. In Köln gefundene Grabsteine aus römischer Zeit bezeugen, daß auch Menschen aus so fernen Landschaften Kleinasiens wie Phrygien und Mysien zu den Bewohnern Kölns gehörten. Sie alle bildeten, zusammen mit ihren häufig »eingeborenen«, also keltisch-germanischen Frauen, eine Bevölkerung, die auf dreißig- bis vierzigtausend Menschen geschätzt wird.

In spätrömischer Zeit konkurrierten in Köln nicht nur die Staatsreligion der Römer, das Christen- und das Judentum sowie der leicht romanisierte Götterkult der Ubier, eines keltisch-germanischen Mischvolks, miteinander, wobei die römischen Götter schließlich unterlagen. Es gab außerdem noch den – von den Soldaten der Garnison bevorzugten – aus Persien stammenden Mithras-Kult, den aus Ägypten importierten Isis-Kult (der anfangs als allzu unzüchtig galt, sich aber offizielle Anerkennung verschaffte und als Ursprung des Kölner Karnevals gelten darf) sowie den Kult des Jupiter Dolichenus, der aus Syrien kam und für den in Köln ein eigener Tempel errichtet wurde.

Diese Vielfalt vornehmlich aus dem Orient stammender Kultformen läßt Rückschlüsse zu auf das bunte Völkergemisch, das vor sechzehnhundert Jahren die germanischen Provinzen des untergehenden römischen Reichs bewohnte.

Dieser Untergang im Gefolge der Völkerwanderung vollzog sich, soweit es das spätere Deutschland und das Gebiet der heutigen Bundesrepublik betrifft, keineswegs plötzlich und sehr dramatisch, sondern über mehrere Generationen hinweg, sozusagen in Raten. Auch wurde an Rhein und Donau niemand aus seiner Heimat verdrängt oder verjagt. Es ging alles nahezu gewaltlos vonstatten, und nur das Rassen- und Völkergemisch wurde noch bunter. Denn das nun anbrechende frühe Mittelalter brachte nach dem Durchzug immer neuer, aus dem Süden Rußlands einströmender Germanenstämme auch die Einfälle der Hunnen und anderer inner- und ostasiatischer Völker. Hunnen und Mongolen wurden zurückgeschlagen, die Ostgermanen siedelten sich im nur dünn bevölkerten, vornehmlich aus Urwald bestehenden Germanien östlich von Rhein und Limes an. Die ihnen nachrückenden Slawen nahmen das Land östlich der Elbe, aber auch große Teile Frankens in Besitz. Viele andere Germanenstämme zogen weiter nach Westen, nach Frankreich und auf die Britischen Inseln oder nach Süden, nach Italien, Spanien und Nordafrika, wo sie größtenteils untergingen. Aber jeder Einfall, jeder Durchzug eines fremden Volks trug zur Vielfalt der Blutmischung bei, aus der Jahrhunderte später die »Deutschen« entstanden.

»Allgemein läßt sich sagen«, hat Veit Valentin in seiner »Geschichte der Deutschen« dazu bemerkt, »daß der Westen und Südwesten Deutschlands keltorömischen« – »römisch« ist, wie Valentin an anderer Stelle betont, nur als Sammelbezeichnung für die von uns schon erwähnten Ansiedler aus dem ganzen Mittelmeerraum zu verstehen –, »der Nordwesten germanischen, die Mitte und der Süden kelto-germanischen, der Südosten kelto-slawischen, der Osten germano-slawischen Charakter trägt. Der vorindoeuropäische Einschlag kam besonders in den Alpenländern und im Mittelgebirge ... zur Geltung. Kein großes europäisches Volk ist aus so vielen Bestandteilen zusammengesetzt wie das deutsche ... Soll man eine Schätzung wagen, so dürften noch nicht vierzig, wahrscheinlich kaum dreißig Prozent des heutigen deutschen Volkstums als germanisch bezeichnet werden. Die nächststarke Komponente ist die keltische, dann folgt die slawische. Das Wachstum des Deutschtums ist langsam vonstatten gegangen – die Anfänge liegen in der Zeit Karls des Großen. Fertig ist das deutsche Volk geschichtlich erst um 1300, und es hat nachher noch, wie selbstverständlich, große Veränderungen seines ethnischen Aufbaus durchgemacht ... «

Für diese tatsächlich enormen Veränderungen, von denen die jüngsten und allergrößten in Valentins »Geschichte der

Deutschen« noch gar nicht berücksichtigt werden konnten, gibt es besondere Gründe, die schon im Mittelalter bedeutsame Folgen hatten: Da ist zunächst die zentrale Lage Deutschlands auf dem europäischen Kontinent, die ihm mehr Nachbarn beschert hat als den anderen großen Nationen. Da sind zum zweiten seine fast ungeschützten, nur im Süden von den Alpen verriegelten Grenzen, die auch plötzliche Zuströme von Hunderttausenden möglich machten. Und da ist schließlich seine Zugehörigkeit über rund ein Jahrtausend hinweg zu einem politischen Gebilde, dem Heiligen Römischen Reich Deutscher Nation, das aber durchaus nicht das war, was sein Name besagte. Weder hatte es die Ausdehnung des Römerreichs noch einen ähnlichen Aufbau von Staat und Gesellschaft. Auch war es keineswegs ein Nationalstaat der Deutschen. Die Bewohner gehörten nicht nur sehr unterschiedlichen deutschen Stämmen, sondern auch zu einem beträchtlichen Teil anderen Völkern und Sprachgruppen an.

Die meisten Einwohner des dünnbesiedelten Reichs waren abhängige Kleinbauern, Knechte und Mägde, ländliche Kleinhandwerker, Bergleute, Fischer, Flößer oder Waldarbeiter. Was das Leben der breiten Unterschicht in den verschiedenen Gegenden betraf, so gab es, außer der Fron für die jeweiligen Herren, den drückenden Abgaben, der gänzlichen Unbildung und geringen Gesittung, kaum irgendwelche Gemeinsamkeiten. Gewiß, sie waren alle, mit Ausnahme der standhaft gebliebenen Juden, christianisiert worden, häufig gewaltsam und unter härtestem Zwang. Aber abgesehen davon, daß viele noch heimlich ihren alten Göttern anhingen, war auch die Ausübung der christlichen Religion von Gegend zu Gegend oft sehr verschieden. Der dreieinige Gott, Papst und Kaiser waren für die Masse des Volkes gleichermaßen fern, mächtig und unsichtbar. Wie groß deren jeweiliges Reich sein mochte, konnten sich nur wenige vorstellen. Jedenfalls war das Kaiserreich auf Erden noch größer als alles, was sie selber kannten, und die überwältigende Mehrheit der im Reich lebenden Menschen kam zeitlebens nicht aus ihrer nächsten Umgebung heraus.

Die Herren-, Amts-, Verwaltungs- und Kirchensprache war das Latein; als Volkssprache der christianisierten Eingeborenen bildete sich in sehr unterschiedlichen Dialekten zwischen Rhein und Elbe, Nordsee und Alpen im 8. und 9. Jahrhundert das Deutsche – als eine Art Kisuaheli, mit vielen lateinischen

Fremdwörtern (wie Fenster, Keller, Mauer von *fenestra, murus, cella*), womit man sich über die nächste Umgebung hinaus einigermaßen verständigen konnte.

Nur Adlige, höhere Geistliche, Kaufleute, Gelehrte, die oberen Ränge der Beamten sowie Scholaren, wandernde Handwerksgesellen, Hausierer, Spielleute und anderes »fahrendes Volk« kannten sich im Reich mehr oder weniger gut aus und nutzten diesen Vorteil, indem sie sich eines Tages an einem anderen Ort als ihrer ursprünglichen Heimat niederließen. Angesichts der geringen Gesamtbevölkerung spielte auch diese »Völkerwanderung im Kleinen« für die Vermischung der Bevölkerung mit Zuwanderern fremder, nichtdeutscher Volkszugehörigkeit und Sprache eine beträchtliche Rolle, ganz besonders an der Spitze der mittelalterlichen Gesellschaft, nämlich bei den Fürsten und beim Adel, sowie am untersten Rand der sozialen Pyramide, bei den Vagabunden.

Aber während sich bei den Landstreichern, wenn sie irgendwo seßhaft wurden – vielleicht in einem Moos oder Ried, fern jeder Obrigkeit, oder tief in den Wäldern auf einer Lichtung oder an einem Gebirgsbach, wo sich Gold waschen ließ –, schon in der folgenden Generation niemand mehr erinnern konnte, aus welcher weit entfernten Gegend der Vater einst gekommen war und aus welchem fremden Land die Mutter stammte, mußte der Adel, schon zur Wahrung seiner Privilegien, über seine Abstammung genauestens Buch führen.

Noch heute erscheinen in zahlreichen Bänden die Genealogischen Handbücher der Fürsten-, Grafen-, freiherrlichen und sonstigen Adelshäuser. Sie offenbaren schon beim flüchtigen Durchblättern die Fülle der Wanderungen und die Vielzahl der Heiraten mit Ehepartnern aus weit entfernten Gegenden, die beim deutschen Adel vom Mittelalter bis zur Gegenwart zu verzeichnen gewesen sind.

Nehmen wir als beliebiges Beispiel einen vor noch nicht langer Zeit verstorbenen Grafen mit deutschem Namen und einer im Mannesstamm bis ins Mittelalter urkundlich nachweisbaren deutschen Herkunft: Ernst Graf Haller v. Hallerstein, der 1955 zu Frankfurt am Main gestorben ist. Er konnte seine Abstammung zurückführen auf Heinricus Hallare, erstmals urkundlich verzeichnet im Jahre 1205 als Gefolgsmann des Herzogs von Andechs und Meran. In der folgenden Generation war Ulricus Hallar Richter zu Innsbruck, seit 1230 im

Gefolge des Grafen Albert von Tirol. Dann siedelte das Grafenhaus nach Franken über und erschien als Dominus Heinricus Haller de Prosperch 1304 erstmals in Nürnberger Urkunden. Ulrich Haller, seit 1297 Consul zu Nürnberg, wurde 1316 als Vertrauter Ludwigs des Bayern mit dem Hochgericht zu Groß-Habersdorf bei Fürth belehnt. Im 14. Jahrhundert erwarben die Haller Burgen in Kalchreuth bei Erlangen und bei Nürnberg, doch dann zog Ruprecht Haller um 1480 nach Ungarn und starb 1513 in Ofen. Sein Sohn Peter wurde Bürgermeister in Hermannstadt und Sachsengraf in Siebenbürgen.

Von nun an lebten die Vorfahren des als beliebiges Beispiel ausgesuchten Grafen Ernst bis ins späte 19. Jahrhundert hinein im heutigen Rumänien, mal im Bunde mit den ungarischen Magnaten, mal mit Österreichern, Polen oder Türken. Vier Jahrhunderte hindurch gingen die siebenbürgischen Haller v. Hallerstein nur Ehen mit Frauen aus nichtdeutschen, meist ungarischen Adelsfamilien ein.

Im späten 18. Jahrhundert heiratete Sigmund Graf Haller v. Hallerstein Christina Damakos de Alsóczernatón. Beider Enkel Joseph, geboren 1818, Großgrundbesitzer und Königsrichter in Vizakna, heiratete Anna Kis de Timafalva, die ihrerseits eine italienische Mutter hatte. Beider Sohn Adalbert Graf Haller v. Hallerstein, geboren 1858 in Ungarn und verheiratet mit Gräfin Gisela Lázár v. Szárhegy, studierte Medizin und wurde später Universitätsprofessor in Göttingen und Heidelberg. Auch beider Sohn Viktor Géza, noch in Ungarn geboren, war Anatom an der Universität Berlin und heiratete als erster der aus Süddeutschland stammenden Grafen Haller wieder eine Deutsche, bürgerlichen Standes. Beider Sohn war der 1916 in Berlin geborene Graf Ernst Haller v. Hallerstein, unser zufälliges Beispiel, dessen deutscher Blutsanteil väterlicherseits, trotz des deutschen Namens und der bis ins Jahr 1205 zurückreichenden Stammfolge der Haller, minimal war.

Nehmen wir noch ein zweites Beispiel, um auszuschließen, daß die Grafen Haller v. Hallerstein eine seltene Ausnahme darstellen, und wählen wir ein Grafenhaus, das auf den ersten Blick den Eindruck macht, seit Jahrhunderten in Westfalen fest verwurzelt zu sein: die Grafen v. Loë.

Das »Genealogische Handbuch« bescheinigt ihnen, zum katholischen Uradel Westfalens zu zählen, erstmals urkundlich erwähnt im Jahre 1256. Um 1300 nahm der Ahnherr Crampe

v. Sykenbecke nach seinem Besitz den Namen »in dem Loe« an
und zählte zu den Lehnsleuten des Abts von Werden. Seit 1500
sind die Herren von Loë im Clevischen seßhaft. 1629 wurden
sie in den Reichsfreiherrenstand erhoben, 1808 ernannte Napoléon I. den Baron Edmund v. Loë zum Grafen und Senator des
französischen Kaiserreichs, was ihm später vom König von
Preußen bestätigt wurde, soweit es den Grafentitel betraf, und
seit 1461 sind die Güter Wissen und Alten-Vehlar im Besitz der
Familie.

Die Stammfolge des gräflichen Hauses ist lückenlos. Sie
reicht von Wetcelus v. Crampe genannt v. Loë, 1275–1301, bis
Friedrich Graf von Loë, geboren 1926, Herr auf Wissen und
Alten-Vehlar.

Man könnte meinen, kaum jemand sei seßhafter und reine-
rer niederdeutscher Herkunft als diese Grafen, die seit über 700
Jahren am Niederrhein beheimatet sind. Doch an der Gesamt-
heit der Ahnen der heutigen Loës zeigt sich etwas ganz anderes: Zu ihren Vorfahren, und zwar schon in der Generation der
Urgroßeltern der jüngsten Loës, gehören neben zahlreichen
Angehörigen anderer westfälischer Uradelsfamilien auch zwei
Frauen aus fernen Gegenden: eine in Krakau geborene Erzher-
zogin von Österreich sowie die Tochter Marie des Selim Mel-
hamé Pascha aus dem Hause der Emire von Akoura Abi el Gais
el Yemeni.

In der folgenden Generation, unter den Ururgroßeltern,
zeigt sich, daß auch die uradligen Westfalen unter den Vorfahren nicht gar so rein westfälischen Blutes waren. Da gab es eine
Gräfin Arco aus einer vom Gardasee nach Bayern eingewanderten norditalienischen Adelsfamilie; eine Prinzessin v. Croy aus
picardischem Uradel der französischen Grafschaft Ponthieu
und eine in Konstantinopel geborene Bürgerliche, Aimée Cre-
spin, ebenfalls französischer Herkunft.

Noch eine Generation weiter zurück taucht ein aus mecklen-
burgisch-wendischem Uradel stammender, in Böhmen begü-
terter Graf Lützow auf; ferner eine Henriette Seymour, Tochter
eines natürlichen Sohns des Marquess of Hertford, Gouver-
neurs der nordirischen Grafschaft Antrim, eine Prinzessin de
Ligne, geboren in Beloeil; eine Libanesin, Wardia, Tochter des
päpstlichen Marchese de Jaroué, sowie eine Demoiselle Eugé-
nie, Tochter von Gaspard Glavany und Maria Zacchini.

Schließlich zeigt die letzte der im Handbuch verzeichneten gräflich Loëschen Ahnenreihen, neben nicht mehr allzu vielen Westfalen und der weit zurückreichenden Stammreihe der Emire von Akoura Abi el Gais el Yemeni, nun auch die Blutsverwandtschaft der Loës mit etlichen mainfränkischen, schwäbischen, alemannischen, flämischen, französischen und britischen Adelshäusern, mit galizischen, böhmischen und ungarischen Magnaten, mit spanischen Infanten und portugiesischen Herzögen. Darüber hinaus stammen die niederrheinischen Grafen sowohl von Kaiser Leopold II. ab, dessen Familie, die Habsburger, mit allen katholischen Königshäusern Europas verwandt ist, als auch von kleinadligen Familien der Insel Korsika, von bürgerlichen Iren und Engländern, von zypriotischen und libanesischen Maroniten sowie von jener Klara Dott aus Schwaben, der die Fürsten von und zu Löwenstein, ebenfalls Loësche Ahnen, ihren Aufstieg in die Aristokratie zu verdanken haben.

Die erst gräflichen, 1812 zum Trost für den Verlust ihrer Souveränität gefürsteten und in zwei Linien, Löwenstein-Wertheim-Freudenberg und Löwenstein-Wertheim-Rosenberg, auf mainfränkischen Schlössern noch heute residierenden Verwandten der Grafen Loë könnten vielleicht mit noch weit erstaunlicheren Ahnen dienen als ihre niederrheinischen Vettern, war doch ihr Stammvater ein Wittelsbacher, ihre Stamm-Mutter eine Dott. Doch die Mätressen der Fürsten, wie die Dottin eine war, kamen in der Regel aus Kreisen, in denen sich die Anfertigung von Stammbäumen als unmöglich erwies, und dies nicht nur, weil es in der Familie keinen des Lesens und Schreibens Kundigen gab.

Die Anzahl derer, die von Deutschland, der Buntheit seiner politischen Landkarte und der Menge seiner Fürstenhöfe angelockt worden sind, darf nicht unterschätzt werden. So wie am unteren Ende der sozialen Stufenleiter die Hausierer, Quacksalber, Kesselflicker, Scherenschleifer, Bärenführer, Huren, Taschenspieler und wandernden Musikanten aus allen Ländern Europas und des nahen Ostens von Dorf zu Dorf, von Jahrmarkt zu Jahrmarkt zogen und mal hier, mal dort zur Vermehrung der Bevölkerung ebenso beitrugen wie zur Auffrischung des Bluts, so war es auch ganz oben, an den Höfen der deutschen Fürsten. Da kamen alljährlich Hunderte in jede der großen und kleinen Residenzen: Verarmte Adlige mit wunder-

schönen Töchtern, Theater- und Operngesellschaften, Wunder-
ärzte, Kunstmaler, Alchimisten, Tänzerinnen, Glücksspieler,
stellungslose Offiziere und elternlose Prinzen aus dem Morgenland – ein schier endloser Strom, der mitunter noch
beträchtlich anschwoll, vor allem, wenn irgendwo in Europa
oder Vorderasien besonders umfangreiche und grausame Verfolgungen ethnischer oder religiöser Minderheiten Zigtausende, die sich gerade noch hatten retten können, nach
Deutschland flüchten ließ.

Denn nirgendwo gab es so viele Mittel-, Klein- und Kleinst-
staaten, die von Kurfürsten, Herzögen, Fürsten, Mark-, Pfalz-,
Land-, Wild- und anderen Grafen, selbst einzelnen reichsunmit-
telbaren Rittern oder von Bischöfen, Äbten und Äbtissinnen
regiert wurden, dazu eine Vielzahl von unabhängigen Reichs-
städten und sogar Reichsdörfern. Die Chancen, wenn schon
nicht in den meisten, so doch wenigstens in dem einen oder
anderen Ländchen Zuflucht zu finden, waren weit größer als in
den viel weniger zersplitterten Nachbarländern Deutschlands.

Wer beispielsweise von Südosten her nach Deutschland geflüchtet war und weder in den habsburgischen Landen noch im
Erzbistum Salzburg oder im Gebiet der Probstei Berchtes-
gaden Aufnahme gefunden hatte, auch nicht im Kurfürstentum Bayern oder im Bistum oder in der Reichsstadt Augsburg,
dem boten sich lechabwärts und nördlich der Donau im Um-
kreis von nicht mehr als achtzig Kilometern oder höchstens
drei Tagesreisen noch rund anderthalb Dutzend souveräne
Ländchen als mögliches Asyl, wobei Fuggersche und kaiserli-
che Dörfer, Reichsstädte wie Donauwörth, Bopfingen, Gien-
gen, Nördlingen oder Dinkelsbühl, fürstlich Öttingen-Wal-
lersteinsches Territorium, pfalz-neuburgische Lande, gräflich
Pappenheimer Gebiet und noch manches andere in Frage kam,
bis man den Herrschaftsbereich des notorisch aufnahmefreu-
digen Markgrafen von Ansbach erreicht hatte.

Während auf der einen Seite, vor allem vom 14. bis zum
17. Jahrhundert, die alteingesessene Bevölkerung Deutschlands unter massenhaften Ketzer- und Hexenverfolgungen der
Kirche, dem Schwarzen Tod, den Raubzügen der einheimischen und fremden Fürsten, dem Gemetzel der gescheiterten
Bauernaufstände, den blutigen Glaubenskämpfen im Gefolge
von Reformation und Gegenreformation, vor allem aber unter
dem Dreißigjährigen Krieg von 1618 bis 1648 sowie den in sei-

nem Gefolge auftretenden Hungersnöten und Seuchen litt und dahinschwand, nahm auf der anderen Seite die Einwanderung Nichtdeutscher immer größeren Umfang an.

So brachten beispielsweise die Kreuzzüge, neben Bevölkerungsverlusten, vor allem bei den Rittern und ihrem Gefolge, die im Heiligen Land im Kampf fielen, an Seuchen starben oder in Gefangenschaft gerieten, auch Zuzug aus dem Orient nach Deutschland. So mancher aus den Kreuzritterheeren brachte eine Schöne aus dem Morgenland zurück nach Europa, die er taufen ließ und zur Ehefrau nahm, und fast jeder der heimkehrenden Barone und Grafen hatte Kriegsgefangene in seinem Gefolge.

»Es hat der Graf von Lechtomir einen türkischen Offizier, Sadok Seli Zoltan, gefangen bekommen, welchen er nach kurzer Zeit wegen seiner Tapferkeit und besonderen Größe zu einem seiner Obersten ernennt«, wußte beispielsweise Streiders »Hessisches Gelehrtenlexikon« von einem solchen Fall zu berichten. Bei dem genannten Grafen handelte es sich um Reinhart von Württemberg, der 1291, nach dem Fall von Akko, aus dem Heiligen Land in die Heimat zurückgekehrt war und sich noch »Lechtomir« nannte – in Anlehnung an eine syrische Stadt, die er erobert hatte. Was seinen mitgebrachten »türkischen« Obersten betraf, so hat er diesen – dem Lexikon zufolge – »1305 nicht allein taufen und ihm den Namen Johan Soldan geben lassen, sondern ihm auch aus sonderlicher Liebe das türkische Wappen beigelegt. Gedachter Johan Soldan heiratete 1304 Rebekka Dohlerin. Mit dieser zeugte er... drei große Söhne, welche man Soldanen genennet. Die Namen sind Eberhardus, Christianus und Melchior...«

Nach einer anderen Quelle – dem Stammbaum der Familie Soldan – kam der »türkische« Oberst »mit Graf Reinhart von Württemberg anno 1304 von Jerusalem ins Württemberger Land in die Residenzstadt Brachana« (Brackenheim), »wird in S. Johannis Kirche anno 1305 getauft und Johannes Soldan genannt...« Zu den Nachfahren dieses Johan(nes) Soldan und seines Sohnes Melchior gehört – nach den im Band VII (1927/28) des »Jahrbuchs der Sammlung Kippenberg« veröffentlichten Forschungsergebnissen von Niels Hansen, kein Geringerer als Johann Wolfgang von Goethe.

Der deutsche Dichterfürst mit orientalischen Vorfahren stellt indessen keineswegs eine seltene Ausnahme dar. Vielmehr hat nach den Gesetzen der Wahrscheinlichkeit *jeder* Bewohner Mitteleuropas unter seinen Ahnen etliche Männer und Frauen aus fernen, häufig asiatischen Ländern. Dafür haben nicht nur die mehr oder weniger freiwilligen Einwanderer im Gefolge der Kreuzzüge gesorgt, sondern vorher schon die zahlreichen Einfälle der Awaren, Hunnen, Mongolen, Tataren, Ungarn und Türken sowie die Vielzahl der mit Söldnerscharen aus aller Herren Länder geführten Kriege im Herzen Europas, vor allem aber der Dreißigjährige Krieg.

Drei Jahrzehnte lang waren die Väter mindestens der Hälfte aller in Deutschland geborenen Kinder landfremde Soldaten, schwand die eingesessene Bevölkerung dahin, verödeten ganze Provinzen. Und kaum war dieser lange Krieg zu Ende, setzte eine Masseneinwanderung nach Deutschland ein.

Die ersten, die sich 1648 in den Monaten nach dem Friedensschluß von Münster und Osnabrück in Deutschlands verwüsteten Dörfern und Städtchen niederließen, waren die Soldaten der sich rasch auflösenden Heere. Nun hatte zwar weder die schwedische Armee nur schwedische Landsknechte gehabt, noch waren die Söldner der anderen auswärtigen Mächte, die in Deutschland drei Jahrzehnte lang Krieg geführt hatten, stets deren Landeskinder. Aber die Masse der Offiziere, Feldwebel und Soldaten waren von Ländern jenseits der Reichsgrenzen gekommen, und es gab keine Nationalität Europas, die nicht vertreten war.

In Dörfern, die vom Krieg und der Pest heimgesucht worden und menschenleer waren, ließen sich nun diejenigen entlassenen Landsknechte nieder, die noch etwas von der Landwirtschaft verstanden. Darunter waren Bauernsöhne aus Spanien und aus Böhmen, aus Schweden und aus Ungarn, aus der Lombardei und aus Irland. Sie setzten die verfallenen Häuser wieder instand und nahmen die verwüsteten Äcker unter den Pflug.

Andere, die zuvor ein Handwerk erlernt hatten, versuchten ihr Glück in den darniederliegenden Städten. Wieder andere, zumal die schwedischen Wachtmeister, bewarben sich um Anstellung als städtische Büttel oder auch als Ausbilder der Rekruten deutscher Landesherren. Häufig machten sich auch entlassene böhmische, schwedische oder spanische Feldwebel, die im Krieg ein paar Goldstücke erbeutet hatten, als Gastwirte selbständig.

Schließlich heirateten nicht wenige Soldaten eine deutsche Kriegswitwe und brachten mit ihr den kleinen Bauernhof oder die kleinstädtische Bäckerei wieder in Schwung, wogegen manch fremder Offizier, etwa ein Dragoner-Rittmeister aus Navarra oder ein schnauzbärtiger Panduren-Major, eine wohlhabende Kaufmannstochter oder eine verwitwete Gutsherrin ehelichte. Die örtlichen Kirchenregister sind voll von solchen Überraschungen aus den Jahren 1648/49.

Die zweite Einwandererwelle kam schon um 1650, und es waren Neubürger aus allen an Deutschland grenzenden Ländern. Es hatte sich herumgesprochen, daß in vielen Gegenden des drei Jahrzehnte lang von Mord und Totschlag, Hunger und Seuchen geplagten Landes die Bevölkerung auf ein Viertel, ja ein Achtel oder gar ein Zehntel geschrumpft sei. Insgesamt war Deutschlands Einwohnerzahl auf etwa die Hälfte zurückgegangen, mehr als ein Drittel der Äcker lagen brach, und in vielen Dörfern gab es keine Männer mehr. Da boten sich den jüngeren Söhnen armer Bauern glänzende Möglichkeiten, zu einem eigenen Hof zu kommen.

Zudem lockten die Landesherren der vom Krieg besonders hart getroffenen Gebiete die Einwanderer mit allerlei Vergünstigungen, etwa zehnjähriger Befreiung von allen Abgaben und Aufbaudarlehen zu niedrigen Zinsen. Mancher Graf oder Reichsritter, dem es an Untertanen mangelte, schickte Herolde und Werber aus, um Einwanderer in sein Ländchen zu holen, gleich welcher Nationalität oder Konfession.

»Von 98 Bauerngütern der Herrschaft Obersteinbach im Steigerwald«, heißt es in einer örtlichen Studie von H. Müller und L. Grießbauer aus dem Jahre 1925, »lagen 1658, also zehn Jahre nach Kriegsende, noch etwa vierzig Prozent wüst. Ein Drittel der Flur lag brach und mußte neu gerodet werden. Der Landesherr, ein Reichsritter, warb planmäßig Emigranten an und verkaufte ihnen die wüsten Höfe zu einem Spottpreis. Die besten Anwesen wurden für zwanzig bis dreißig Reichstaler weggegeben und erhielten überdies drei Jahre Steuerfreiheit. Da der Jahreslohn eines Ochsenknechts zehn Taler betrug, läßt sich leicht ermessen, wie rasch es auch einem armen Zuwanderer möglich sein mußte, zu Grund und Boden zu kommen. Dem katholischen Herrn war die Konfession seiner neuen Untertanen gleichgültig; ihm kam es allein auf die ›Peuplierung‹ an ... Gegen Jahrhundertende bestanden wohl zwei Drittel aller Einwohner aus Emigranten.« Diese waren in der großen Mehrzahl »Österreicher«, doch zeigen die Namen, daß sie aus allen Teilen der Habsburger Lande kamen. Es waren Tschechen, Slowaken, steiermärkische Slowenen, Ungarn, Polen und Italiener darunter.

Im Oberrheingebiet siedelten sich vor allem Schweizer an, aber auch viele Franzosen und Norditaliener. Rätoromanische Graubündener, daneben viele Wallonen und Flamen, zogen in die leeren Dörfer der verwüsteten Rheinpfalz, und an einigen pfälzischen Orten, zum Beispiel in Rohrbach und Walldorf, bildeten savoyische Waldenser geschlossene Gemeinden, von denen manche erst nach einem Jahrhundert »eingedeutscht« waren. Besonders zahlreich kamen die Zuwanderer aus der obersavoyischen Gemeinde Gressoney am Monte Rosa. In 32 Orten, besonders in Staufen und Freiburg, sind Familien aus Gressoney nachweisbar.

Für Schlesien untersuchte 1935 K. Lorenz die »Bevölkerungspolitischen Auswirkungen des 30jährigen Krieges im Neißer Land«: »Hier wurden 1655 die gedienten Offiziere und Soldaten verzeichnet, die sich inzwischen angesiedelt hatten. Ein Italiener, der mit dem Marchese Gonzaga 1632 nach Deutschland gekommen war und bis 1649 als Kapitänleutnant in dessen Diensten gestanden hatte, hatte die freie Scholtisei in Gauers gekauft. Eine Reihe adliger, aber auch bürgerlicher Offiziere kaufte sich Güter, andere aber, wie ein französischer Leutnant, gaben sich mit einem Bauernhof zufrieden... Es sind nur wenige Namen von Neusiedlern, die uns genannt werden, aber sie stellen eine ungewöhnlich buntgemischte Gesellschaft dar,... neben dem einen Italiener, zwei Franzosen, zwei Belgier, ein Niederländer, ein Däne, ein Schotte, ein Pole...«Zahlreiche weitere »Zuzügler«, darunter »auch ungediente Leute«, kamen aus den deutschen, tschechischen, slowakischen, polnischen, slowenischen und magyarischen Siedlungsgebieten des Habsburgerreiches, doch auch von »Moskowitern« und »Crabaten« – gemeint sind Kroaten, deren Land damals noch türkisch war – ist in den alten Kolonistenakten die Rede.

Die nächste große Einwanderungswelle setzte schon wenige Jahre später ein und hatte – wie zum Teil auch schon die vorangegangene – im wesentlichen andere Ursachen als die bloße Verlockung, verwaiste Höfe und Landgüter spottbillig zu übernehmen. Denn von etwa 1655–60 an nahm die religiöse Intoleranz in den katholischen Nachbarstaaten Deutschlands wieder kräftig zu und schließlich ein Ausmaß an, das die unterdrückten und immer grausamer behandelten Nichtkatholiken zur Flucht zwang.

Von da an – und noch verstärkt nach der Aufhebung des die französischen Protestanten schützenden Edikts von Nantes im Oktober 1685 – schwoll die Emigration nach Deutschland gewaltig an. Sie glich einer wahren Völkerwanderung, nur waren die Menschenmassen, die von allen Seiten hereinströmten, weit zahlreicher als die wandernden Völker des 4. bis 6. Jahrhunderts.

Dieser Zustrom dauerte mit nur wenigen längeren Unterbrechungen nahezu dreihundert Jahre an. Dabei kamen die Einwanderungswellen des 20. Jahrhunderts vornehmlich, wenn auch nicht ausschließlich von Osten und Südosten her, und sie hatten nunmehr weitaus weniger religiöse als vielmehr politische und wirtschaftliche Gründe.

Wie die nächsten Kapitel zeigen werden, sind in diesen drei Jahrhunderten – etwa vom ersten Jahrzehnt nach dem Dreißigjährigen Krieg bis um die Mitte der fünfziger Jahre des 20. Jahrhunderts, als die ersten der heute 4,7 Millionen bei uns lebenden ausländischen Arbeitskräfte angeworben wurden – weit mehr Menschen, vornehmlich aus fremden Nationen, nach Deutschland, größtenteils nach Westdeutschland, eingeströmt, als es zu Beginn dieses Zeitraums, um 1655–60, im Gebiet der heutigen Bundesrepublik an Einwohnern noch gab.

Zugleich setzte bald nach dem Dreißigjährigen Krieg und ständig, mit ebenfalls nur kurzen Unterbrechungen und nur gelegentlicher Rückläufigkeit, die Auswanderung von Deutschen aus Deutschland, vor allem nach Übersee, ein. Auch davon wird noch die Rede sein, doch kann die Frage, ob Deutschland und besonders das Gebiet der alten Bundesländer und Berlins Einwanderungsgebiete seien, schon jetzt beantwortet werden: Westdeutschland und Berlin waren fast zu allen Zeiten, besonders aber während der letzten dreihundert Jahre, das Ziel von – meist unfreiwilligen – Zuzüglern, erst vornehmlich Nichtdeutschen, seit 1945 auch von vielen Millionen Deutschen. Da außerdem, vor allem im 19. und in der ersten Hälfte des 20. Jahrhunderts, etliche Millionen Deutsche ihr Heimatland verlassen haben, ist der nichtdeutsche Blutsanteil der heutigen Bevölkerung der Bundesrepublik wahrscheinlich bereits größer als die ursprüngliche »deutsche Mischung«, die – wie eingangs erwähnt – schon überwiegend nichtgermanische Bestandteile hatte.

Daß dies bei den heutigen deutschen und wohl auch bei den meisten nichtdeutschen Bewohnern der Bundesrepublik überhaupt nicht so empfunden wird, hat seinen Grund: Alle Fremden, mit ganz geringfügigen Ausnahmen, wurden im Laufe der Zeit vollständig integriert, die einen schneller, die anderen etwas langsamer. Gleich ob sie aus Armenien kamen oder aus dem Baskenland, aus Schweden oder aus Sizilien, aus unwegsamen Hochtälern der südfranzösischen Alpen oder aus den Pripetsümpfen. Wie das im einzelnen möglich war, zeigt das Beispiel der Hugenotten, die zu Hunderttausenden nach Deutschland einwanderten – aus einem fremden Kulturkreis, mit Sitten und Gebräuchen, die den Eingesessenen anfangs ein Ärgernis waren, und mit einer Sprache, die die meisten ihrer deutschen Mitbürger nicht verstanden.

5. Von Refugiés und vom Nutzen der Toleranz

Refugiés heißen Flüchtlinge auf französisch, und so nannte man auch in Frankreichs nördlichen und östlichen Nachbarländern diejenigen Franzosen, die im 16., vor allem aber im 17. und frühen 18. Jahrhundert zu Hunderttausenden aus ihrer Heimat geflüchtet waren, weil man ihnen dort nicht gestattete, sich zu ihrem protestantischen Glauben zu bekennen.

In Frankreich nannte man sie »Huguenots«, was eine Verstümmelung des deutschen Wortes »Eidgenossen« sein soll und ursprünglich ein Spottname war. Aber sie selbst nannten sich dann auch Hugenotten.

Unter dem Schutz der Königin Margarete von Navarra hatte im frühen 16. Jahrhundert die Reformation und der Abfall von der römischen Kirche auch in Frankreich um sich gegriffen. Aber Franz I. von Frankreich begann 1535 mit der Ausrottung der lutherischen Lehre »mit Feuer und Schwert«, und 1540 sahen Hof und Episkopat die »ketzerische Gefahr« schon als gebannt an. Doch nun breitete sich der Protestantismus in neuer, noch schärferer Form nach der Lehre Calvins zunächst von Genf her über den ganzen Süden und bald auch in anderen Teilen Frankreichs aus. Große Teile des Adels, des wohlhabenden Bürgertums und der mittelständischen Handwerker, in geringerem Maße auch der breiten, meist ländlichen Unterschicht, wurden »hugenottisch«, und in die reformatorische Bewegung floß auch ein, was sich in Adel und Bürgertum gegen den überhandnehmenden königlichen Absolutismus regte.

Die Kämpfe zwischen der gegenreformatorischen Krone und den starken Hugenotten zwischen 1562 und 1629 führten zu zehn regelrechten Kriegen innerhalb Frankreichs. Die »Bartholomäusnacht« vom 23./24. August 1572, als während einer friedlichen Periode auf Geheiß der französischen Königin Katharina von Medici die hugenottischen Führer in Paris, dann auch in den Provinzen, überfallen und zu Zehntausenden ermordet wurden, die Belagerung und schließliche Einnahme der von den Hugenotten verteidigten Stadt La Rochelle im Herbst 1628 und das – immer wieder eingeschränkte, aufgehobene und wiederhergestellte – Edikt von Nantes, das den Hugenotten Kultfreiheit (außer in Paris) und Gleichberechtigung garantierte, bildeten die Höhepunkte der wechselvollen Kämpfe, in deren Verlauf Frankreich Hunderttausende, nach Beginn der Massenauswanderungen insgesamt mehr als eine Million seiner gebildetsten und wohlhabendsten Bürger verlor.

Nachdem die Hugenotten nach dem Fall von La Rochelle militärisch besiegt waren, begannen unter König Ludwig XIV. von etwa 1660 an wieder systematische Bedrückungen und Verfolgungen.

Das berüchtigste Mittel, die noch immer sehr zahlreichen Protestanten zur Rückkehr zum katholischen Glauben zu bewegen, waren die Dragonaden. In die hugenottischen Städte und Dörfer rückten, begleitet von eifernden Mönchen, Dragoner-Abteilungen ein. Jede Familie bekam einige dieser als besonders brutal bekannten und von ihren Vorgesetzten zur Gewalttätigkeit angehaltenen Polizeisoldaten in ihr Haus und war nun allen Schikanen, Mißhandlungen, Plünderungen und Vergewaltigungen wehrlos ausgeliefert.

Jeder Widerstand der Hugenotten wurde mit dem Tode bestraft. Ihre Gotteshäuser wurden zerstört, ihre Geistlichen erschlagen. Das alles, auch jede Schandtat der Dragoner, geschah indessen, wie die mitgekommenen Mönche den Hugenotten versicherten, einzig zur Rettung ihrer Seelen und zur höheren Ehre Gottes. Es gäbe für sie keinen Ausweg aus ihrem Elend, außer der Bekehrung zum Katholizismus unter aufrichtiger Reue.

Obwohl es den Hugenotten bei Galeerenstrafe verboten war, das Land zu verlassen, dessen Grenzen scharf bewacht wurden, gelang Zigtausenden der Bedrängten die Flucht ins Ausland – in die Schweiz, nach Savoyen und in die oberitalienischen Alpentäler, nach Holland und England, vor allem aber ins Elsaß und in die Rheinpfalz.

Nach der endgültigen Aufhebung des ihre Rechte und Freiheiten, zumindest auf dem Papier, noch garantierenden Edikts von Nantes am 23. Oktober 1685 kam es zu einer neuerlichen Massenflucht der Hugenotten aus Frankreich. Aber nun waren das übervölkerte Holland und die kleinen evangelischen Kantone der Schweiz nicht mehr aufnahmefähig. Savoyen, das den Refugiés zunächst Zuflucht gewährte, wies sie unter französischem Druck wieder aus. Das Elsaß, selbst Straßburg, auch etliche pfälzische Gebiete wurden in den folgenden Jahren von Frankreich annektiert, so daß die Flüchtlinge auch dort nicht mehr sicher waren. So zogen sie weiter nach Osten, und mit ihnen protestantische Pfälzer und ebenfalls in die Pfalz geflüchtete Wallonen. Die Waldenser Norditaliens und Savoyens, bald ebenso hart verfolgt wie die Hugenotten in Frankreich, schlossen sich ihnen an.

In diesen Jahren, vor allem zwischen 1680 und 1710, wurde die Reichsstadt Frankfurt am Main zu einer der wichtigsten Stationen der Weiterflucht. Die dort schon bestehende französisch-reformierte Gemeinde hatte viele Tausende durchziehende Glaubensbrüder zu betreuen.

Von Frankfurt am Main aus verteilten sich 1685–87 größere Flüchtlingsgruppen auf die Staaten Hessen-Kassel, Hessen-Homburg und Solms-Braunfels sowie Isenburg, in geringerem Umfang auch auf Hessen-Darmstadt – insgesamt, einschließlich der 1690 eintreffenden Waldenser und einiger Gruppen, die zuvor in Württemberg und Baden-Durlach Aufnahme gefunden hatten, rund zehntausend Menschen.

Etwa ebenso viele nahmen die kleineren und größeren Ländchen Nord- und Nordwestdeutschlands auf, größere Kontingente die Hansestädte, das dänische Holstein und vor allem die sächsischen Staaten. Die mit weitem Abstand größte Einwanderung von Hugenotten und Waldensern aber hatte die Mark Brandenburg. Dort regierte bis 1688 Friedrich Wilhelm, der Große Kurfürst, der um das »Retablissement«, die Wiederaufrichtung seines vom Dreißigjährigen Krieg verwüsteten und menschenleer gewordenen Ländchens, sehr bemüht war.

Schon am 8. November 1685, kaum daß die Nachricht von der Aufhebung des Edikts von Nantes am Brandenburger Hof eingetroffen war, erließ der Große Kurfürst das Edikt von Potsdam, mit dem er die flüchtenden Hugenotten in sein Land rief, ihnen nicht nur alle Rechte und Freiheiten, sondern auch Vergünstigungen und besondere Privilegien versprach und sich mit alledem die unversöhnliche Feindschaft Frankreichs zuzog, mit dem er kurz zuvor noch verbündet gewesen war.

Warum der brandenburgisch-preußische Herrscher an der möglichst zahlreichen Einwanderung von Hugenotten so lebhaft interessiert war, wird erst begreiflich, wenn man sich klarmacht, wie seine Markgrafschaft Brandenburg und das von ihm ebenfalls regierte Ostpreußen um 1685 noch immer unter den Folgen des Dreißigjährigen Krieges litten.

Eine seiner wichtigsten Städte, das 1631 nach einem entsetzlichen Gemetzel von den Kaiserlichen niedergebrannte Magdeburg, zählte 1685 erst wieder 5000 Einwohner; vor dem Großen Krieg hatten dort 36 000 Menschen gelebt. Erst nachdem der Kurfürst rund 7500 Hugenotten, Wallonen und Pfälzern, übrigens gegen den heftigen Widerstand des Magdeburger Stadtrats und der meisten Bürger, die Erlaubnis erteilt hatte, sich dort niederzulassen, lebte die Stadt wieder auf.

Die brandenburgische Hauptstadt Berlin samt der Schwesterstadt Kölln und der »Freiheit« Friedrichswerder zählte 1685 ebenfalls weniger als 10 000 Einwohner, einschließlich der etwa 2000 Mann starken Garnison, gut die Hälfte der etwa 650 Haushaltungen waren seit etwa 1670 neu hinzugekommen. Zuerst waren nach dem Dreißigjährigen Krieg vor allem Holländer nach Berlin eingewandert. Die holländische Ehefrau des Kurfürsten hatte eine ganze Reihe von Fachleuten aus ihrem Heimatland mitgebracht: Architekten, Kanalbauer, Experten für die Trockenlegung von Sümpfen und Morästen sowie Agronomen und Botaniker. Die meisten von ihnen ließen sich ihre Häuser an der im heimatlichen Stil angelegten Friedrichsgracht bauen.

Auch zahlreiche niederländische Kolonisten waren von der Kurfürstin in die Mark Brandenburg und nach Preußen gerufen worden. Die meisten von ihnen hatten sich nördlich von Berlin längs der Havel angesiedelt und die Gegend Neuholland genannt; das Zentrum dieser Kolonie, das Dörfchen Bötzow, erhielt zu Ehren der Kurfürstin, einer Oranierin, den Namen Oranienburg. Von diesen Holländern, die meist aus Brabant kamen, wurde auch Zehlendorf angelegt, und auf dem nahe Zehlendorf gelegenen Gut Düppel züchteten sie mit mitgebrachten Zuchtstieren und -kühen das für die Milchwirtschaft der »Holländereien« fehlende Vieh.

Weitere Neubürger in Berlin waren seit 1671 etliche aus Wien vertriebene Juden, anfangs nur zwölf Familien, die der Große Kurfürst in seine Hauptstadt gerufen hatte. Zunächst waren es nur die Reichsten und Angesehensten gewesen, denen man gestattet hatte, sich in Berlin, frei von allen Wohnbeschränkungen, niederzulassen, denn man erhoffte sich von ihnen einen Zustrom von Kapital und eine Wiederbelebung des Fernhandels. Aber bis 1685 waren mehr als 50 jüdische Haushalte unter den insgesamt 650 der Hauptstadt. Und schließlich gab es, neben anderen Neubürgern, seit 1672 schon eine französische Kolonie in Berlin – rund 100 Hugenottenfamilien, zu denen im Winter 1685/86, als die Massenauswanderung aus Frankreich ihren Höhepunkt erreicht hatte, weitere rund 600 Hugenottenfamilien, mehr als 5000 Menschen, hinzukamen. Sie stammten meist aus der Dauphiné, der Languedoc und aus Lothringen.

Ein Jahr später kamen Waldenser aus den Hochtälern von Piemont, und von da an riß der Zustrom von Flüchtlingen nicht mehr ab: Vertriebene aus dem südfranzösischen Fürstentum Orange, Elsässer, Wallonen, Refugiés aus Béarn, Albret, aber auch aus Savoyen und Piemont.

Rund hundertzwanzig Jahre später vermerkte das »Lexicon von Berlin und der umliegenden Gegend«, im Frühjahr 1806 herausgegeben von den Gebrüdern Gädicke, über die Mitglieder der Französischen Kolonie in Berlin:

»Durch ihr Schicksal, durch ihren Erwerbefleiß, Arbeitsliebe und Einfachheit ihrer Sitten empfahlen sie sich hier sehr, und sie sind es, von welchen die Industrie sich auf die übrigen Einwohner auszubreiten anfing. Diese Colonie genießt besondere Rechte und Freyheiten. Sie haben ihre eigenen Gerichte, Kirchen, Armenanstalten etc., und die Oberaufsicht führt das Colonie-Departement. Es gehören aber zur Colonie nicht allein die der Religion wegen aus Frankreich vertriebenen Personen und ihre Nachkommen, sondern auch alle sich hier niederlassende Fremde und Ausländer, ohne Rücksicht auf Religion und Nation, können sich dazu begeben. Letzere nehmen jedoch an den verschiedenen Beneficien nicht vollen Anteil.«

In Anbetracht der zeitweise dominierenden Stellung der Hugenotten in der brandenburgisch-preußischen Hauptstadt gab es dort von 1690 an ein Französisches Rathaus auf dem Friedrichswerder, ein erst kurfürstliches, dann königliches »wohllöbliches französisches Colonie-Gericht«, seit 1689 auch ein französisches Gymnasium oder »Collège royal français«, anfangs in der Stralauer Straße, seit 1701 in der Wallstraße. Dieses »Collège«, wie es bis ins 20. Jahrhundert hinein hieß und wo, bis auf die Fächer Deutsch und Religion, der gesamte Unterricht in französischer Sprache stattfand, besteht noch heute in West-Berlin als »Französisches Gymnasium«.

Von 1697 an gab es in Berlin ein Französisches Hospital, auch eine ganze Reihe von französischen und wallonischen Kirchen, seit Anfang des 18. Jahrhunderts sogar den Französischen Dom am Gendarmenmarkt, der 1785 mit der Fertigstellung der großen Kuppel vollendet wurde und der heute, nachdem er, im Zweiten Weltkrieg weitgehend zerstört, fast vierzig Jahre lang eine Ruine war, in vollem Glanz wiederhergestellt worden ist und im Osten Berlins bewundert werden kann.

Neben vielen weiteren Einrichtungen der Französischen Kolonie zu Berlin gab es in der Friedrichstadt auch eine Kolonie-Bäckerei, eigens für die Armen- und Krankenhäuser, daneben die auf französische Backwaren spezialisierten Bäckereien von Blanvalet und Fasquel. Es eröffneten bald auch französische Zuckerbäcker erste Konditoreien, und es gab einen Restaurateur aus der Dauphiné mit exquisiter Küche sowie zahlreiche Modeateliers, Handlungen für modische Accessoires und Parfüms und auf Zierdegen spezialisierte Kunstschmiede.

Die zahlreichen, großenteils adligen Offiziere und Verwaltungsfachleute unter den Refugiés konnten im brandenburgisch-preußischen Staatsdienst unterkommen; die Kaufleute und Fernhändler, auch die aus Holland und Italien, sowie die hugenottischen Geistlichen, Ärzte, Architekten, Juweliere, Kupferstecher und Angehörigen vieler anderer Berufe waren imstande, in Berlin ihre gewohnte Tätigkeit fortzusetzen.

Schwierigkeiten bereitete hingegen die Unterbringung der zahlreichen handwerklichen Facharbeiter, die vor ihrer Flucht in französischen Manufakturen gearbeitet hatten. In Brandenburg-Preußen gab es solche – in Westeuropa schon hoch entwickelten – Fabrikationsbetriebe noch nicht. Nun, da ein Facharbeiterstamm vorhanden war, warb die kurfürstliche Regierung in den westeuropäischen Ländern »Industrielle« an und sicherte ihnen jede erdenkliche staatliche Unterstützung zu, wenn sie in Berlin oder anderswo im Kurfürstentum Manufakturen errichten würden. So entstand zunächst eine kleine Seidenfabrik; es gelang auch unter großen Mühen, Maulbeerpflanzungen in Britz bei Berlin anzulegen und dort Seidenraupen zu züchten.

Der erste Strumpfwirkerstuhl wurde durch Pierre Babry in Brandenburg eingeführt, die erste Berliner Gobelin-Manufaktur von Jacques Mercier. Es folgten eine Gold- und Silberbortenfabrik, 1689 die erste Ölmühle, gegründet von Philippe Petit und Jacques le Quoy, die die Bauern der Mark im Anbau von Lein- und Rübsamen unterwiesen.

Erste Papierfabriken errichtete François Fleureton in Burg bei Magdeburg, dann in Prenzlau. Bald war im Kurfürstentum an Papier aus Lumpen, wie es zuvor von weit her importiert worden war, kein Mangel mehr. Auch hatte man in Brandenburg bis dahin keine gegossenen Lichter herzustellen vermocht. Bei Hof und in reichen Bürgerhäusern benutzte man Wachskerzen; die Masse der Bevölkerung mußte sich mit übelriechenden und stark rußenden Tranlampen, »Funzeln« genannt, begnügen. Erst die Refugiés errichteten Lichtgießereien, und bald gab es in und um Berlin vierzig davon.

Ehe die französischen Einwanderer gekommen waren, hatte es in Berlin nur noch eine veraltete Lohgerberei gegeben. Binnen kurzem entstanden Dutzende von modernen Betrieben, auch solche, die Saffianleder herstellen konnten. Nun ging man auch an die Errichtung von Handschuhfabriken, während es zuvor in der Mark nur grobe Tuch- oder Pelzhandschuhe gegeben hatte. 1696 wurde in Berlin die erste Seifenfabrik gegründet, und es kamen Spitzen-, Band-, Tapeten- und Hutfabriken hinzu, auch die Eisen verarbeitende Manufaktur von Jacques Ravené, ein Unternehmen, das mehr als zweihundert Jahre in Familienbesitz fortbestand, bis es später im Flick-Konzern aufging.

Vor allem aber blühte nun die Herstellung von und der Handel mit Luxusgegenständen auf. Ehe die Wiener Juden und die vielen französischen Refugiés ins Land gekommen waren, hatte es dergleichen in der Mark Brandenburg nicht gegeben. Aus der 1751 erschienenen »Historischen Beschreibung der Chur und Mark Brandenburg« von Johann Christoph Bekmann ist ersichtlich, »was damals in's Land gekommen. Und sind gewesen:

1. Tuchmacher von feinen Tüchern und dazu gehörige Spinner, Walker, Tuchscheerer, Tuchbereiter, Wollkämmer und -krätzer,; 2. Estamin-, Serge- und leicht façonierte Zeugmacher und dazu gehörige Ausleser und Spinner; 3. Feine Hutmacher von Kastor, Kaninchen- und Hasenhaar; 4. Mützen-, Hand-

schuh- und Strumpfweber auf stählernen Stühlen; 5. Droguet-, Moquet-, Griset- und Flanellmacher; 6. Tuch- und Zeugfärber mit ächter Farbe; 7. Brandmacher; 8. Buchbinder im französischen Bande; 9. Caffetiers; 10. Confituriers; 11. Cordmacher; 12. Krämer von allerlei Quincaillerie« – ein Begriff, der heute Eisen- und Messingwaren sowie Haushaltsgeräte meint, früher Kurzwaren aus Metall zum Putz und Hausgebrauch, »Kinkerlitzchen«, wie die Berliner das französische Wort verballhornten –; »13. Seidenstoffmacher; 14. Färber mit ächten Farben, auch seidne Kamelhaare und Zwirn; 15. Formenschneider; 16. Flohrmacher; 17. Gärtner von allerhand hier unbekannten Hülsenfrüchten, Suppenkräutern, Hecken- und Alleenpflanzen; 18. Gold- und Silber-Arbeiter von allerhand Galanterien; 19. Gold- und Silberdrahtzieher; 20. Steinschneider; 21. Grottiers; 22. Handschuhmacher von englischem, französischem und dänischem Leder für Frauenzimmer; 23. Juvelirer; 24. Lackirer; 25. Lohgerber; 26. Nähterinnen von Marseille; 27. Beuteltuchmacher zu den Mühlen; 28. Mustermacher; 29. Feine Messer- und Scheerenschmiede; 30. Pastetenbäcker; 31. Stahlarbeiter; 32. Seidenbau-Verständige; 33. Seidenmützen-, Handschuh- und Strumpffabrikanten; 34. Kupferstecher; 35. Bildhauer; 37. Tapetenmacher. Portechaisen; 38. Tapezerei-Nähterinnen im Kreuzstich und petit point; 39. Tanzmeister; 40. Tapezirer; 41. Tobackpflanzer und Tobackspinner: 42. Kleine Uhrenmacher; 43. Wachsleinwandweber; 44. Wachsbleicher; 45. Weinhändler; 46. Englische Zinngießer.« Diese kunterbunte und zum Teil recht krause Liste zeigt jedenfalls, welche Fülle von Neuerungen durch die Refugiés ins Land kamen.

Eine ihrer größten Leistungen ist jedoch in der Liste gar nicht ausführlich verzeichnet: Der Gemüse- und Obstanbau in der Umgebung von Berlin. Ehe die Einwanderer aus Holland, die Wiener Juden, die Norditaliener und vor allem die vielen Hugenotten aus Südfrankreich gekommen waren, hatte der kurfürstliche Hof seinen Gemüse- und Obstbedarf aus Hamburg oder Leipzig heranschaffen lassen müssen; die Masse der Bevölkerung Berlins und der Mark Brandenburg kannte die meisten Arten überhaupt nicht. Die Kurfürstin selbst hatte um 1640 erstmals Saatkartoffeln aus ihrer holländischen Heimat kommen und sie im Garten ihres Schlosses, dem späteren Monbijou, für den eigenen Bedarf anpflanzen lassen. Jetzt belieferten Refugiés, die sich vor der Stadt und in der fast menschenleeren weiteren Umgebung angesiedelt hatten, die Hauptstadt mit allen erdenklichen Gemüse- und Obstsorten. Sie hatten sich Gemüse- und Kräutersamen, Blumen- und andere Zwiebeln, Obstbäume und -sträucher sowie zahlreiche, in der Mark bis dahin unbekannte Zierpflanzen mitgebracht, anderes später kommen lassen, den märkischen Sandboden aufbereitet und auch zahlreiche Treibhäuser angelegt.

Viele Berliner glaubten an überirdische Künste der – von ihnen zunächst als »Bohnenfresser« verspotteten – Refugiés, als sie dann die Produkte auf dem Markt sahen: Beelitzer Spargel, Teltower Rübchen, neue Apfel- und Kirschsorten sowie Erdbeeren, aber auch Bohnen, Erbsen, Mohrrüben, Blumenkohl, Rosenkohl, Artischocken, allerlei Salatpflanzen und Kräuter, ja selbst Orangen und Zitronen! Nach der Überwindung ihres anfangs großen Mißtrauens gewöhnten sich die Berliner an diese Bereicherungen ihres früher sehr eintönigen Küchenzettels. »Die Gärtner haben den meist sandigen Boden so zu nutzen und zu verbessern gewußt«, rühmte das »Lexicon von Berlin und der umliegenden Gegend« von 1806, »daß nicht allein fremde Blumen und fremde rare Gewächse sehr sorgfältig gezogen, sondern auch besonders Obst und alle Arten von Küchengewächsen in sehr großer Menge und Vollkommenheit hervorgebracht werden. Es sind viele Gegenden in und um Berlin, die vor fünfzig bis siebzig Jahren noch bloßer todter Flugsand waren, und die jetzt in schönster Cultur stehen. Der sandige Boden scheint den Küchengewächsen und vielen Obstarten im Sommer mehr Hitze und einen feinern Saft zu geben, so daß sie einen trefflichen Geschmack haben. Die Gartengewächse werden auch in und um Berlin in so großer Menge gezogen und sind so wohlfeil, als in keiner großen Stadt Deutschlands; auch ist man fast in keiner Stadt Deutschlands so früh und so spät im Jahre mit frischen Gartengewächsen versehen ...«

Von der Gartenbaukunst der aufgenommenen Flüchtlinge profitierte auch das Stadtbild, vor allem im Schloßbezirk, wo der Lustgarten damals angelegt wurde. Zusammen mit den vielen Neubauten, zumal der Französischen Kolonie, und dem Abriß der alten hölzernen Verkaufsbuden, die durch steinerne Laubengänge mit eleganten neuen Läden ersetzt wurden, trugen die Parkanlagen am meisten dazu bei, aus dem zuvor tristen Berlin eine anmutige Stadt zu machen.

Die Stadt, um 1650, kurz nach dem Dreißigjährigen Krieg, noch ein trauriges, schmutziges und heruntergekommenes Nest von kaum sechstausend Einwohnern, entwickelte sich bis zum Jahrhundertende zu einer ansehnlichen Residenz mit knapp dreißigtausend Bürgern – zum allergrößten Teil Zuzügler aus fernen Ländern, neben den Hugenotten aus Südfrankreich und Lothringen und den Wiener Juden, vor allem Holländer, Wallonen, Savoyarden, Piemontesen, Schweizer, Tschechen und Polen sowie die schon in Berlin geborenen Nachkommen der Einwanderer aus diesen Ländern, die sich aber bereits als Einheimische fühlten.

Nicht überall in Brandenburg-Preußen vollzog sich die Aufnahme und Integration der Einwanderer, vor allem der vielen tausend Hugenotten, so verhältnismäßig rasch und reibungslos wie in Berlin. Außer im schon erwähnten Magdeburg entstanden auch in Halle und Frankfurt an der Oder größere Hugenottenkolonien, die auf Skepsis und Mißtrauen der Alteingesessenen stießen. Daneben gab es kleinere Niederlassungen der Refugiés in Minden, Oranienburg, Spandau, Potsdam, Neuruppin, Buchholz, Bernau, Brandenburg an der Havel, Neustadt an der Dosse, Köpenick bei Berlin, Cottbus, Löcknitz, Grambzow, Chorin, Rheinsberg, Schwedt, Angermünde, Stargard, Halberstadt, Burg bei Magdeburg, Neuhaldensleben, Stendal, Münchberg, Prenzlau, Strasburg in der Uckermark, Emmerich, Wesel, Emden, Königsberg in Ostpreußen und selbst in Memel.

In den kleineren Orten kam es hie und da vor, daß die hugenottischen Einwanderer ausgesprochen feindselig empfangen wurden. Oft neideten ihnen die Eingesessenen die großzügigen Starthilfen, fürchteten die Konkurrenz der in Handwerk und Gewerbe weit überlegenen Neubürger oder belegten deren fremde Sprache, Sitten und Gebräuche mit derbem Spott.

Es kam sogar anfangs mancherorts zu Ausschreitungen gegen die nach Konfession, Nationalität und Herkommen fremden Zuzügler. Man warf ihnen Steine ins Fenster, kippte ihnen Mist vor die Haustür oder rempelte sie auf der Straße an. Aber das waren, im ganzen gesehen, nicht sehr häufige Ausnahmen, und die Behörden gingen auf kurfürstliche Anweisung hin streng gegen jeden vor, der die für das Land so nützlichen Einwanderer in ihren Rechten verletzte. Schließlich waren, nicht zuletzt dank der vielen fleißigen Refugiés, die jährlichen Staatseinnahmen von knapp fünfhunderttausend auf über zweieinhalb Millionen Taler gestiegen, hatten sich also mehr als verfünffacht. Der Hohenzollern-Staat war zwar flächenmäßig nur wenig gewachsen, hatte aber gegen Ende der Regierungszeit des Großen Kurfürsten bereits eine Einwohnerzahl von 1,5 Millionen und diese damit seit dem Ende des Dreißigjährigen Krieges, also binnen vierzig Jahren, ungefähr verdoppelt. Die Hohenzollern konnten sich angesichts dieser Resultate ihrer Toleranz und Großzügigkeit gegenüber den Fremden die Hände reiben, und umgekehrt waren die Hugenotten in Brandenburg-Preußen mit ihrem Los in jeder Hinsicht zufrieden und fühlten sich bald heimisch.

So war es aber keineswegs überall in Deutschland. Mancherorts gab es ungeahnte Schwierigkeiten und Rückschläge in der Entwicklung der Kolonien, und es waren weder die hugenottischen Neubürger noch die auf wirtschaftliche Erfolge erpichten Landesherren mit den Ergebnissen zufrieden. Meist lag es an der fehlerhaften Planung, wenn Experimente mißglückten, wie beispielsweise die »Oberneustadt« von Kassel.

Sie sollte nach den Vorstellungen der landgräflichen Regierung und den Plänen des Architekten Paul du Ry eine rein hugenottische Manufaktur- und Handelsstadt werden, entwickelte sich aber zum bevorzugten Wohngebiet der Hofgesellschaft und der hohen Beamtenschaft. Schließlich zogen mehr Deutsche als Franzosen nach Oberneustadt, wogegen sich die hugenottischen Handwerker und Gewerbetreibenden in der Kasseler Altstadt niederließen.

Als reine Hugenottensiedlung war auch Karlshafen geplant. Die Gründung der Stadt, die ursprünglich Sieburg genannt wurde, war verbunden mit dem Projekt des Landgrafen Karl von Hessen-Kassel, einen Wasserweg zwischen seiner Hauptstadt und der Einmündung der Diemel in die Weser zu schaffen, damit der hannoversche Zoll bei Münden umgangen werden könnte. 1699 wurde mit dem Kanalbau begonnen, 1701 fing der Hausbau für die Hugenotten an, die sich in Sieburg-Karlshafen niederlassen sollten, um den Ort zu einem Industrie- und Fernhandelszentrum werden zu lassen. 1708 erhielten auch Deutsche das Recht, sich dort anzusiedeln, aber spätestens von 1720 an war allen Beteiligten klar, daß das große Projekt eine Fehlplanung war. Karlshafen, wie sich die Stadt von

1717 an nannte, vermochte keine größeren Gewerbebetriebe oder Handelsfirmen anzulocken; der Kanal erfüllte keineswegs die an ihn geknüpften Hoffnungen. Trotz hoher staatlicher Subventionen gingen die wenigen kleinen Manufakturen der Hugenotten bis auf geringe Ausnahmen rasch wieder ein. Heute, rund 295 Jahre nach ihrer Gründung, hat Bad Karlshafen, wie es sich mittlerweile nennen darf, kaum mehr als viertausend Einwohner und ist in erster Linie ein beliebtes Solbad.

Eine eigens für Hugenotten gegründete Siedlung ist auch Neu-Isenburg bei Frankfurt am Main. Obwohl der die Refugiés aufnehmende Landesherr, Graf Johann Philipp von Isenburg, dem Ort durchaus städtischen Charakter geben wollte und auch die Pläne alle Merkmale einer großzügigen Stadtplanung zeigten, wurde nichts daraus. Der Graf konnte oder wollte der Siedlung kein Stadtrecht verleihen. So wanderten die ersten Zuzügler, meist Handwerker, Händler und Manufakturisten, rasch wieder ab. Neu-Isenburg blieb ein kleines Bauerndorf, und auch die wenigen dort verbleibenden Hugenotten waren Landwirte. Erst im späten 19. Jahrhundert nahm Neu-Isenburg einen kräftigen Aufschwung, erhielt endlich die Stadtrechte und entwickelte sich mit dem gesamten Rhein-Main-Gebiet zu seiner heutigen Größe und Bedeutung.

Ganz anders war es in Offenbach am Main, der Residenz der Isenburger Grafen. Auch dort wurden Hugenotten angesiedelt, und auch die meisten von Neu-Isenburg enttäuschten Gewerbetreibenden wanderten nach Offenbach ab, wo die Voraussetzungen für einen industriellen Aufschwung weitaus günstiger waren. Das gegen Ende des 17. Jahrhunderts noch verschlafene, nur ein paar hundert Einwohner zählende Städtchen, wurde erst durch den Zuzug der ersten Refugiés und weiteren, die hinzukamen, neben Hugenotten und Waldensern, auch Juden und Italiener, zu einer richtigen Stadt und erlangte schon im Laufe des 18. und frühen 19. Jahrhunderts mit seinen Erzeugnissen – Leder- und Galanteriewaren, Spielkarten, Hüte, Regen- und Sonnenschirme, Bijouterie, Kutschenbau und lackierte Blechwaren – große Bedeutung und bald auch internationalen Ruf.

Auf welchen langen, mühseligen und oftmals verschlungenen Wegen die Refugiés mitunter erst ihr endgültiges Ansiedlungsgebiet erreichten, zeigt die Geschichte einer Auswanderergruppe aus dem Pragelato, wie das in den Cottischen Alpen westlich von Turin am Oberlauf des Chisone liegende Gebiet damals genannt wurde. Im 16. und frühen 17. Jahrhundert war es wahrscheinlich das evangelischste Gebiet Frankreichs und Norditaliens, denn dort wohnten bis 1629 überhaupt keine Katholiken und in den folgenden dreißig Jahren nur ein einziger, nämlich der von den savoyischen Behörden eingesetzte Prior Simon Roude in Mentoulles. Er und dann sein ihn 1676 ablösender Neffe bemühten sich ein halbes Jahrhundert lang vergeblich, auch nur einen der knapp achttausend Bewohner des Pragela-Tals zum römisch-katholischen Glauben zu bekehren.

Deshalb begann der neue Prior 1680 einen Prozeß gegen die Talbewohner, mit dem sich zuerst das Parlament von Grenoble, in zweiter und letzter Instanz der Staatsrat in Paris zu befassen hatte.

Das nach viereinhalb Jahren verkündete Endurteil erklärte den Abfall der Bewohner des Pragela-Tals vom römischen Glauben für unzulässig, weil »jenseits der Berge« das Edikt von Nantes keine Gültigkeit habe. Es erging ein »Verbot der Ausübung der angeblich reformierten Religion für immer im ganzen Pragela-Tal oder Valcluson. Alle Tempel, die dort erbaut wurden, sind dem Erdboden gleichzumachen...«

Im September 1685, knapp sechs Wochen vor Aufhebung des Edikts von Nantes, kam die »gestiefelte Mission« ins Tal und begann mit den Dragonaden. Auch erging an die Bevölkerung ein Verbot der Auswanderung. Noch ehe es Ende November 1685 öffentlich verkündet wurde, flüchteten drei größere Gruppen aus dem Tal, und 1687, als die Bewachung der Grenzen eingestellt wurde, folgte eine zweite Auswanderungswelle. Insgesamt verließen etwa 2600 Männer, Frauen und Kinder, knapp vierzig Prozent der Gesamtbevölkerung, ihre Gebirgsheimat.

Das erste Etappenziel der zu Fuß oder auf Maultieren flüchtenden Pragelaner war Genf, das sie gerade noch vor Einbruch des Winters erreichten. In einem der evangelischen Kantone der Schweiz erhielten sie Notunterkünfte, bis sie Ende Februar nach Deutschland weiterziehen konnten. Im April 1686 erwirkte der Pfarrer der Pragelaner, Papon, beim Markgrafen von Bayreuth ein Aufnahmepatent für seine Gemeinde – auf das Versprechen hin, eine Körperschaft gegenseitiger Unterstützung zu bilden, damit Hilfsbedürftige nicht dem Markgrafen zur Last fielen.

»Die Pragelaner wurden zunächst in Baiersdorf einquartiert und dann vor allem im Amt Münchaurach untergebracht«, heißt es dazu in einer Untersuchung von Theo Kiefner, dem viele wertvolle Informationen über den Leidensweg der Pragelaner zu verdanken sind. »Sie dürften Ende April/Anfang Mai gekommen sein . . . « Es handelte sich um rund hundert Personen, und im Oktober 1687 kamen nochmals über 300 Pragelaner der zweiten Auswanderungswelle. Aber noch waren die ersten Ankömmlinge erst notdürftig untergebracht, da erhob sich auch schon der Protest der lutherischen Ortspfarrer, die von den Reformierten Entsetzliches befürchteten: »Synkretismus, Libertinismus, moralische, ja auch Brandgefahr.« Sie forderten schnelle Abhilfe durch die Obrigkeit. Entweder sollten sich die Pragelaner dem Luthertum vollständig angleichen und allen Weisungen der Kirchenbehörden gehorchen, oder sie sollten weiterziehen.

Dabei war die Not der Refugiés aus den italienischen Alpen grenzenlos. Viele waren krank, alle hungrig und zerlumpt. Von den etwa 460 Pragelanern, die insgesamt in die Markgrafschaft Bayreuth gekommen waren, starben in den beiden ersten Jahren 77. Immerhin gelang es ihnen, einige der Schwierigkeiten zu überwinden und, mit Erlangen als Zentrum, eine von den Behörden tolerierte eigene Kirchengemeinde zu gründen.

Aber noch ehe mehr als etwa vierzig Familien in Erlangen Wohnung gefunden hatten – die anderen waren noch in Notquartieren der Umgebung untergebracht –, brach die Gemeinde wieder auseinander: Die Pfarrer hatten sich schriftlich verpflichten müssen, sich der Augsburger Konfession anzugleichen, »soweit es uns Gott zulassen wird«. Das brachte die Mehrheit der Pragelaner auf. »Man will die Refugiés und ihre Kinder in eine große und sogar schlimmere Sklaverei als in Frankreich bringen!« empörten sie sich, und Anfang Januar 1688 hatten bereits mehr als hundert Gemeindemitglieder die neue Kolonie wieder verlassen.

Zwar konnte der Glaubensstreit dann wieder beigelegt werden, aber die Stimmung blieb gereizt. Zudem wuchs das Elend von Tag zu Tag. Es gab keine rechte Beschäftigung für die Pragelaner, von denen nur wenige Handwerker oder Kaufleute waren, sondern zumeist Bergbauern, Maultiertreiber und Gemsenjäger. Es bestand die Gefahr, daß alle Armen durch Hunger zugrunde gingen. So entschlossen sich Pfarrer Papon und sein Sohn, mit ihrer Gemeinde weiterzuziehen, am besten zu den Glaubensbrüdern in Holland.

Ende Mai 1688, nachdem aus Holland Reisegeld eingetroffen war, machten sich die Pragelaner von Erlangen auf den Weg. Ihre erste Station war Hanau. Dort warteten sie auf Unterhändler aus Holland, wobei ihre Sorgen wuchsen, denn erste Nachrichten aus den Niederlanden besagten, daß man die Pragelaner an die Südspitze Afrikas, ans Kap der Guten Hoffnung, abzuschieben gedachte.

Weil sie dort nicht hinwollten, wandten sie sich nun an die Isenburger Regierung. Sie erklärten, »daß sie gar gern nütze und dienlich sein« wollten, ihre Nahrung bestände »in lauterer Arbeit...« Sie brauchten nicht viel Land, »nur etwa 4 oder 5 Morgen« für jede Familie, damit sie »sonderlich Flachs ziehen könnten, womit sich die Weiber Tag und Nacht mit Spinnen, auch auf den Straßen und im Gehen, nährten«. Sie wären »geringe und wenig Speise gewohnt, und ließen sich das Stück Brot sauer werden. Die Mannspersonen wären in ihrem Land wohl 20 Meilen Wegs ausgegangen, einen Pfennig zu verdienen...« Sie würden alles, was man von ihnen begehrt, willig tun, und was sie nicht könnten, lernen.

Doch die Isenburger Räte fanden immer neue Ausreden und zogen die Sache in die Länge. Offenbar wollte die eingesessene Bauern- und Bürgerschaft der kleinen Grafschaft die Reformierten aus den Alpentälern nicht aufnehmen, obwohl (oder vielleicht auch weil) das Grafenhaus ihnen gewogen war. Schließlich zogen die Pragelaner weiter, nun nach Hessen-Darmstadt, wo man sie in der Grafschaft Nidda provisorisch unterbrachte. Dort bekamen sie Zuzug durch hundertzwanzig Waldenser aus der Pfalz, die vor den einfallenden Franzosen geflüchtet waren.

Am 18. Oktober schrieb Papon nach Holland:»Die 340 Personen, die uns blieben, wohnen in 30–35 Orten in der Umgebung von Nidda. Soweit es die Rauheit der Orte und Menschen hier erlaubt, sind sie passabel untergebracht. Sie haben wenigstens ein Dach über dem Kopf...«

Aber Pfarrer Papon und seine Gemeinde fürchteten sich vor der Nähe der Franzosen. Im Januar 1689 schrieb er wieder nach Holland: »Wir haben keine Mittel mehr zum Existieren. Unsere Leute wollen fort...« Zum Elend kam auch noch das Heimweh. Kühne Pläne wurden geschmiedet: Wenn alle Männer sich zur Befreiung der Waldensertäler aufmachten, würden alle Zurückgebliebenen ihnen helfen, und bald würden wieder alle Pragelaner in ihrer Heimat frei von Bedrückung leben können.

Am 9. Mai 1690 waren diese Ideen soweit ausgereift, daß der jüngere Papon nach Holland berichten konnte: »Die Fürsten sind mit unserem Zug einverstanden und wollen die Angehörigen der Mitziehenden noch behalten und versorgen. Am Montag, spätestens Dienstag, brechen wir auf!«

Tatsächlich zogen die Pragelaner aus Nidda wieder nach Italien, aber nicht nur sie allein, sondern noch etliche tausend Waldenser aus anderen Teilen Deutschlands und aus der Schweiz. Die »glorieuse rentrée«, die ruhmreiche Heimkehr, wie sie sie nannten, gelang sogar, weil der Herzog von Savoyen die Front wechselte, die von ihm gefangen gehaltenen Waldenser aus den Gefängnissen entließ und seine Truppen anwies, gemeinsam mit den Heimkehrern gegen die französische Besatzung zu kämpfen. Die leistete nur wenig Widerstand, und so wurden die Täler wieder von den Waldensern in Besitz genommen. Über hundert Pragelaner und andere Waldenser aus Nidda kehrten heim.

Aber schon bald kam der Rückschlag. Savoyen, das vergeblich auf eine Erhebung der Hugenotten in Südfrankreich gehofft hatte, schloß 1696 einen Separatfrieden mit Frankreich. In einer Geheimklausel des Friedensvertrags verpflichtete sich der Herzog, keine Reformierten in seinem Land zu dulden. So mußten, kaum daß sie dem Herzog Treue geschworen hatten, rund dreitausend Waldenser erneut ihr Bündel schnüren und die Heimat verlassen. Der junge Papon, der die letzte Gruppe begleitete, schrieb an den holländischen Gesandten in Zürich: »Wir hoffen auf Sie! In Darmstadt kann man viele Familien unterbringen. Die Luft dort ist gut.« In einem anderen Brief Papons heißt es: »Die Ausweisung erfolgte genau zu der Zeit, als wir anfingen, uns einiger Erleichterungen und Ruhe zu erfreuen ... Man dachte sich wohl, daß wir, wenn man uns zur Erntezeit ausweist, bleiben und katholisch werden würden. Aber Gott gab allen, ohne Ausnahme, ins Herz, lieber noch einmal Güter und Heimat zu verlassen ...«

Mit etwa dreihundert Waldensern aus dem Pragela-Tal kam Papon 1699 nach Mörfelden bei Darmstadt und gründete mit ihnen beim Grundhof die später Walldorf benannte Kolonie.

Er hatte auch die Kolonisten von Neukelsterbach zu betreuen, doch die dort erhoffte Industrieansiedlung ging bald wieder ein. Pfarrer Papon mußte, um dort an der Verteilung der Hilfsgelder für die Gemeinden teilzunehmen, in der Reichsstadt Frankfurt wohnen und zu den Gottesdiensten in Walldorf mit dem Pferd geholt werden. Das und manches andere erschwerte seinen Dienst enorm.

Im April 1702 wanderten die meisten der Walldorfer Kolonisten nach Württemberg aus. Nur etwa sechzig Waldenser blieben zurück, und sie konnten ihren Pfarrer nicht mehr besolden. 1714 starb Pfarrer Papon, der – wie vor ihm sein Vater – seine Glaubensbrüder und Landsleute auf ihrem langen Leidensweg begleitet hatte, in großer Armut in Hanau.

Die Gesamtzahl der nach der Aufhebung des Edikts von Nantes zwischen 1685 und 1705 von den deutschen Kleinstaaten aufgenommenen Hugenotten, Waldenser und Wallonen wird von Henri Tollin, einem der besten Kenner der Materie, mit etwa 40 000 angegeben; davon sollen etwa die Hälfte nach Brandenburg eingewandert sein. Dazu kamen die zahlreichen Refugiés, die schon *vor* 1685 nach Deutschland eingewandert waren, sowie die nicht minder große Anzahl derer, die erst nach 1705, als die Cevennenkriege gegen sie begannen, aus Frankreich und dessen Einflußgebieten flüchteten. In der Reichsstadt Frankfurt am Main, der wichtigsten Durchgangsstation der Glaubensflüchtlinge, die damals nach Deutschland kamen, wurden in den Jahren 1685 bis 1705 insgesamt 97 816 durchreisende Refugiés registriert, von 1705 bis 1725 nochmals 27 782!

Doch wie groß oder klein die Gesamtzahl derer auch gewesen sein mag, die sich dann endgültig in Deutschland niederließen, eines ist sicher: Der Beitrag, den die Refugiés und ihre Nachkommen zur wirtschaftlichen und kulturellen Entwicklung ihrer neuen Heimat geleistet haben, ist enorm. Die Hugenotten- und Waldenser-Kolonien zwischen Emden und Memel, Walldorf und Glückstadt haben eine stattliche Anzahl bedeutender Männer hervorgebracht, die in der deutschen Kunst-, Literatur-, Wirtschafts- oder auch Militärgeschichte herausragende Plätze einnehmen, sich als Juristen oder Verwaltungsfachleute auszeichneten oder als Ärzte, Natur- oder Geisteswissenschaftler berühmt wurden.

Indessen gilt dies nicht allein für die Refugiés aus Frankreich. Auch die sehr zahlreichen anderen Einwanderer aus aller Herren Länder haben in außergewöhnlichem Maße die Kultur und Zivilisation der sie aufnehmenden Städte und Provinzen Deutschlands bereichert. Dabei haben diejenigen Gegenden am meisten profitiert, die den fremden Flüchtlingen das freundlichste Asyl boten und ihnen mit der größten Toleranz begegneten.

6. Von Portugiesen, Griechen, Türken und anderen Fremden

Unter den großen Handelsunternehmen Deutschlands zählt die in der Hamburger City angesiedelte, im Sommer 1992 überraschend in Schwierigkeiten geratene Firma Coutinho, Caro & Co Trading GmbH zur Spitzengruppe. Bis vor kurzem war der 1939 geborene Diplomkaufmann Andreas Coutinho ihr alleiniger Inhaber, doch hat er sich inzwischen zurückgezogen. Das Unternehmen erzielte jahrzehntelang Milliardenumsätze, vornehmlich mit dem Export von Erzeugnissen der Schwerindustrie, Maschinen und industriellen Anlagen sowie als Generalübernehmer von Hotel-, Kommunal- und allgemeinen Hochbauten. Außerdem ist die Hamburger Firma assoziiert mit Unternehmen desselben Namens in London, Paris, Antwerpen, Mailand, New York und Los Angeles. Sie hat ferner zahlreiche Tochtergesellschaften in Europa und in Übersee.

So weitreichende Verbindungen wie das heutige Hamburger Haus hatte die Familie Coutinho auch schon vor dreihundertfünfzig und mehr Jahren. Damals war sie in Lissabon, wo sie ihren Stammsitz hatte, aber auch in Amsterdam, auf Jamaica, von 1650 an auch auf Curaçao, an den wichtigen Handelsplätzen der brasilianischen Küste sowie in Dänemark und Hamburg vertreten.

1641 bereiste Francisco de Sousa Coutinho als Außerordentlicher Gesandter und bevollmächtigter Botschafter des Königs von Portugal die Höfe von Kopenhagen und Stockholm, und es ist anzunehmen, daß er auf dem Wege dorthin auch seine portugiesischen Geschäftsfreunde und Verwandten besuchte, die sich in Hamburg und an der zu Dänemark gehörenden holsteinischen Unterelbe, im erst 1616 gegründeten Städtchen Glückstadt, niedergelassen hatten.

Schon im späten 16. Jahrhundert waren – neben Engländern, Schotten, Franzosen, Italienern und Holländern – etliche Portugiesen in die Hansestadt eingewandert. Um 1595 war es ein knappes Dutzend Familien, die mit zahlreicher Dienerschaft im vornehmen Stadtviertel St. Nikolai wohnten. Siebzig Jahre später gab es bereits rund sechshundert Portugiesen in Hamburg, darunter nicht nur Kaufleute, sondern auch einige Ärzte, Gelehrte und Handwerker.

Schon 1603 hatte die Hamburger Bürgerschaft den Senat darauf aufmerksam gemacht, daß es mit dem angeblichen Christentum der sehr wohlhabenden und als große Herren und Damen auftretenden Portugiesen nicht weit her sei. Sie hätten sich nur zum Schein als Katholiken ausgegeben und wären in Wirklichkeit Juden. Der Senat hingegen erklärte – und dies auch noch 1604, nach einer neuerlichen Klage aus der Bürgerschaft –, ihm sei von einem Scheinchristen- oder Judentum der Portugiesen nichts bekannt. Das stimmte zwar nicht, aber die Senatoren waren aus politischen Gründen großzügig, hatten zudem das Spanien- und Portugalgeschäft im Auge, das durch die Zuwanderung der »Portugiesen« sehr gefördert worden war, und wußten auch, daß Altona und Wandsbek, auch Emden und Stade, den Marranen oder Juden aus Portugal das Gastrecht angeboten hatten.

In den folgenden zwanzig Jahren nahm die »portugiesische« Kolonie in Hamburg einen kräftigen Aufschwung, und der Senat schloß mehrere Verträge mit ihr, die die Niederlassung legalisierten. Dabei nahm man es mit der religiösen Betätigung der vornehmen Fremden nicht so genau. Man wußte es schließlich allgemein, daß sie in Wirklichkeit vor der Inquisition geflüchtete Juden waren und in Hamburg auch schon eigene Synagogen hatten.

»Es war die Zeit, da Christian IV. (von Dänemark) sich anschickte, vom neugegründeten Glückstadt an der unteren Elbe aus Hamburgs Handel zu beeinträchtigen und die ›Portugiesen‹ zu sich herüberlockte«, heißt es darüber in einer Untersuchung von Hermann Kellenbenz, »Sephardim an der unteren Elbe«, die über die Ansiedlung der Juden aus Portugal am gründlichsten unterrichtet. »Schon um dies zu verhindern, behielt der Senat seine tolerante Einstellung bei... Dann wurde Duarte Nuñes da Costa Agent des Königs Johann von Portugal und förderte den hamburgischen Handel nach den portugiesischen Häfen, was dem Hamburger Senat sehr angenehm war, und in den gleichen Jahren wirkte Dr. Rosales, auch Immanuel Bocarro Frances genannt, dem 1647 von Kaiser

Ferdinand III. Titel und Würden eines Pfalzgrafen verliehen wurden, als spanischer Resident. Bei den Abmachungen mit Spanien anläßlich der Westfälischen Friedensverhandlungen legte dieser sein Wort für den hansischen Handel ein, was der Hamburger Senat wohl zu schätzen wußte. Und es kam der reiche Teixeira, der mit seiner Familie der Hamburger Kämmerei beträchtliche Steuern entrichtete. In diesen Jahrzehnten erlebte die Hamburger Niederlassung der ›Portugiesen‹ eine bedeutende geistig-kulturelle Blüte. Freilich zeigte es sich schon bald, daß die Amsterdamer Niederlassung infolge günstigerer Verhältnisse die Gemeinde in Hamburg überflügelte...

Wenn auch nicht mit Amsterdam, so durfte sich die Hamburger Niederlassung mit den Gemeinden in Venedig und Livorno messen. Auch in Hamburg gesellten sich zum Kaufmann der Arzt, der gelehrte Rabbiner, Philosoph, Philologe und der Dichter. Auch hier konnten die ›Portugiesen‹ schließlich ihre Bücher drucken lassen...

Zweifellos besaßen die meisten ›portugiesischen‹ Kaufleute einen hohen Bildungsstand. Wenn einer den Lizentiatenmantel trug, wie Paulo Millão oder Francisco Dias de Brito, dann war dies nichts Besonders«, wobei anzumerken ist, daß nach damaligem Reichsrecht akademische Würden die Gleichstellung mit dem niederen Adel bedeuteten, wobei die Doktoren vor den bloß Adligen mit den Reichsrittern rangierten.

»Die hohe soziale Stellung verschiedener Angehöriger der Hamburger Niederlassung«, heißt es in der Untersuchung von Hermann Kellenbenz weiter, »wurde dadurch noch unterstrichen, daß sie auf ihre adlige Herkunft hinweisen konnten. So waren die Hamburger Abendana verwandt mit der reichen portugiesischen Adelsfamilie der Mendes de Brito, während die Texeira auf ihre Verwandtschaft mit der Adelsfamilie der Sampayo stolz waren.« Auch Dr. Rodrigo de Castro, der an »Sankt Nicolai Kerkhoff« ein schönes Bürgerhaus erworben hatte, betonte seine adlige Herkunft, und zwei Mitglieder der Familie Abas in Hamburg hatten schon 1614 von Kaiser Matthias ihre Zugehörigkeit auch zum deutschen Adel bestätigt bekommen.

Das waren wichtige Argumente, die der den portugiesischen Juden freundlich gesonnene Senat ihren Widersachern in der Bürgerschaft und einigen eifernden lutherischen Geistlichen entgegenhalten konnte, die sich vor allem daran stießen, daß die »Portugiesen« sich immer unverhohlener zu ihrem anfänglich verheimlichten Judentum bekannten.

»Sie kamen auch ungestört zu den Gottesdiensten in ihren Privatwohnungen zusammen«, heißt es in der Untersuchung von Kellenbenz. »1617 machte die Geistlichkeit zum erstenmal einen Vorstoß dagegen. In diesen Jahren ließ eine der wohlhabenden Familien, die Aboab-Faleiro, eine Synagoge, Keter Thora, vermutlich als Wohnhaus getarnt, einrichten. 1627 errichtete ein Aboab-Cardoso eine weitere, Talmud Thora, in seiner Behausung. Außer diesen beiden Synagogen wissen wir auch noch von einer dritten, Neve Schalom... Wenn der Hamburger Senat den ›Portugiesen‹ diese Freiheiten im Stillen nachsah, so geschah dies weniger aus einer toleranten Gesinnung heraus als aus vorwiegend wirtschaftlichen Erwägungen, die ja weitgehend die Hamburger Fremdenpolitik bestimmten. Man sieht es am Beispiel der kleineren Katholikenniederlassung der Stadt, die sich solcher Freiheiten nicht erfreuen durfte, denn unter ihnen befanden sich keine so kapitalkräftigen Leute... 1623 hatten schon 46 ›Portugiesen‹ Konten bei der neugegründeten Bank... In der zweiten Hälfte der vierziger Jahre, während der die Gemeinde auffallenden neuen Zuzug bekam« – es waren dann insgesamt etwa fünfhundert Portugiesen in Hamburg –, »begann eine Krisenzeit. Das Gefühl der Sicherheit... machte die Portugiesen, wenn nicht übermütig, so doch unvorsichtig... Die Art, in der die spitze Feder, das geschliffene Mundwerk des Dr. Dionysius Mussaphia mit der Geistlichkeit umfuhr, war ziemlich angriffslustig... Im Pastor von St. Peter, Dr. Johannes Müller, fand die judenfeindliche Bewegung ihren Sprecher... 1649 reichte er gegen die ›Portugiesen‹ ein geharnischtes Gutachten ein. Natürlich wurden nun auch mit der größten Spitzfindigkeit die schwachen Stellen in der Front des Gegners getroffen: er verwies darauf, daß die ›Portugiesen‹ das Laubhüttenfest und das Purim mit Gepränge feierten, mit Tuten und Blasen...; daß sie Aufwand treiben in ihren Bethäusern, bei den Hochzeiten, beim Begraben der Toten; daß sie christliche Ammen und Mägde in ihren Diensten halten und sie ›schänden‹; daß sie Bücher schreiben, in denen der christlichen Religion zuwider gelehrt wird, und daß sie diese Bücher in Hamburg drucken lassen.... ›Sie gehen umher, geschmückt mit goldenen und silbernen Stücken, mit köstlichen Perlen und Edelsteinen, sie speisen auf ihren Hochzeiten aus silbernen Gefäßen und setzen dabei eine solche Menge Schüsseln und Confecte auf und endlich fahren sie in solchen Carossen, die nur hohen Standespersonen zustehen, und gebrauchen bei solchen Carossen obendrein Vorreiter und großes Comitat‹ (Gefolge). Es wird gerügt, daß Gabriel Gomez seines Bruders Tochter geheiratet, daß Dr. Rosales sich von seiner Frau geschieden.« Aber Dr. Rosales, in dem die Geistlichkeit den Hauptsünder sah, führte gerade im Auftrag des Senats Verhandlungen in Münster und Osnabrück, um beim Westfälischen Frieden für Hamburg günstige Bedingungen herauszuschlagen, und zudem war er ja ein kaiserlicher Graf.

Kurz, der Senat erließ dann Verordnungen, um die Gegner der Juden zu beruhigen, und verbot den »Portugiesen« öffentliche Umzüge an Feiertagen, allzuviel Gepräge, den Erwerb von Immobilien und das Abhalten von Gottesdiensten, außer in Privathäusern. Aber heimlich verständigte sich der Senat mit der Gemeinde, die mit Wegzug drohte, daß nicht alles auch tatsächlich so streng gehandhabt werden würde, wie es die Verordnungen vorsahen.

Dennoch fühlten sich die »Portugiesen« in der Hansestadt nun nicht mehr so sicher. Der weitere Zuzug verminderte sich, und einige der schon in zweiter oder dritter Generation ansässigen »Portugiesen« zogen weg, ins dänische Holstein, in Hafenstädte der Ostsee oder nach Amsterdam, wo die Behörden weitaus großzügiger waren, die Geistlichkeit toleranter.

Noch etwa dreißig Jahre lang hielt die Blüte der »Portugiesen«-Gemeinde in Hamburg an, nicht zuletzt, weil eine sehr reiche Marranen-Familie von Köln nach Hamburg zuzog. Deren Oberhaupt, Diego Senior Teixeira de Sampayo, trat in Hamburg noch als Achtzigjähriger wieder zum Judentum über, sehr zum Ärger des Kaisers, der vom Senat seine Auslieferung verlangte, um den »Rückfälligen« der Inquisition zu übergeben – hauptsächlich aber, wie der hamburgische Gesandte am Kaiserhof dem Senat schrieb, um das Vermögen der Familie einzuziehen, das sich auf dreihunderttausend Gulden belaufen sollte.

Der Hamburger Senat lehnte die Auslieferung ab, zumal Teixeira – oder Texeira, wie er sich dann schrieb – Ministerresident der Königin Christine von Schweden wurde, die auch stets bei ihm wohnte, wenn sie nach Hamburg kam. Als die Kirchengemeinde von St. Michael Texeira um die Beschaffung von Kupferblech bat, mit dem sie ihr Kirchendach decken wollte, ließ der noble Alte das Gewünschte kommen und die Arbeiten ausführen, lehnte aber jede Bezahlung durch die lutherische Gemeinde ab, was auf die Hamburger Bürgerschaft großen Eindruck machte.

Auch Diegos Sohn Manuel, der ebenfalls erst in Hamburg zum Judentum zurückkehrte, vertrat nach dem Tode seines Vaters die diplomatischen und wirtschaftlichen Interessen Schwedens in der Hansestadt; ein anderer »Portugiese«, Nuñes da Costa, wurde Ministerresident des Königs von Portugal. Das gab der »Portugiesen«-Gemeinde noch eine Weile lang Rückhalt.

1663 konnte ein italienischer Graf, der Hamburg besuchte, das Vorhandensein von etwa einhundertzwanzig portugiesisch-jüdischen und weiteren vierzig bis fünfzig deutsch-jüdischen Familien feststellen. Das läßt darauf schließen, daß die »Portugiesen« damals etwa sechshundert Gemeindemitglieder hatten. Mit ihren Angestellten und Dienstboten waren es gewiß mehr als tausend Personen, und das war ein beträchtlicher Faktor im Hamburger Wirtschaftsleben. Sicherlich stellten die »Portugiesen« zu jener Zeit die stärkste Gruppe unter den ständig in Hamburg lebenden Ausländern dar, auch wenn sie in einer Senats-Anordnung, daß niemand »die hier residierenden fremden Nationen, es sei englische, französische, niederländische, portugiesische oder andere« kränken oder beleidigen solle, an letzter Stelle genannt wird.

Aber die Blütezeit ging schon zu Ende. Es gab Streitigkeiten religiöser und finanzieller Art innerhalb der »Portugiesen«-Gemeinde; wieder wanderten einige wohlhabende Familien ab – nach Holland, ins dänische Holstein oder in Hafenstädte der Ostsee, und einige traten zum Christentum über. Binnen weniger Jahrzehnte verschmolzen die Synagogengemeinden der »Portugiesen« mit denen der inzwischen weit zahlreicheren deutschen Juden in Hamburg und seinen Nachbarstädten Altona und Wandsbek, und es war vorbei mit der »portugiesischen« Exklusivität. Nur einige Familiennamen wie die der Cassuto, Coutinho oder Caro erinnerten noch an die Anfänge. Doch auch hinsichtlich der Namen begann schon im frühen 18. Jahrhundert die Eindeutschung: Miquel Henriques, beispielsweise, verwandelte sich in Michel Hinrichsen, anfangs noch mit den Beinamen »der Portugies« oder »der Glückstädter«, denn in Glückstadt hatte Henriques 1671 das Bürgerrecht erhalten.

1927 erschien als Privatdruck in einer Auflage von nur dreihundert Exemplaren eine »Gedenkschrift anläßlich des 275jährigen Bestehens der portugiesisch-jüdischen Gemeinde in Hamburg«, verfaßt von Alfonso Cassuto. Darin wird eine Stiftung der Familie Texeira erwähnt, die »für alle Zeiten« die Aussteuer jüdischer Waisen sichern sollte. Tatsächlich bestand diese Stiftung noch bis in unser Jahrhundert hinein und trug den Namen des königlich schwedischen Ministerresidenten Senior Texeira de Sampayo.

Bevor der reiche »Portugiese« Texeira nach Hamburg zog und sich dort erst offen zum Judentum bekannte, hatte er in der Reichsstadt Köln gelebt als einer der vielen Ausländer, die sich ständig in der alten Domstadt am Rhein aufhielten. Köln war einer der wichtigsten Handelsplätze des Reiches und wie schon in Römerzeiten, gab es dort Kolonien der verschiedenen Nationen, wobei Spanier und Italiener eine besondere Rolle spielten, aber auch Griechen, Portugiesen und andere Völker stark vertreten waren.

So gab es beispielsweise – und gibt es noch heute als Straßennamen – innerhalb des mittelalterlichen Festungsrings den »Kleinen Griechenmarkt«. Was die Spanier betrifft, so erinnert an sie der im Zweiten Weltkrieg weitgehend zerstörte Spanische Bau. Doch ansonsten war die Zuwanderung nach Köln natürlich am stärksten aus nähergelegenen Ländern, vor allem aus den Niederlanden, aus Belgien und Frankreich.

In der zweiten Hälfte des 16. Jahrhunderts wurden zahlreiche holländische Reformierte durch die spanische Schreckensherrschaft in den Niederlanden aus ihrer Heimat vertrieben. Viele von ihnen ließen sich im benachbarten Rheinland nieder, allein in Köln fast zweitausend, unter ihnen der Vater von Peter Paul Rubens, auch die Eltern des Malers Jost van den Vondel, der in Köln geboren wurde, sowie die Familien des – zusammen mit Egmont – von den Spaniern hingerichteten Admirals Hoorn. Es waren meist begüterte Leute, weshalb die Stadt Köln gegen die Aufnahme dieser Flüchtlinge nichts einzuwenden hatte, solange sie sich still verhielten und weder den Erzbischof noch das mächtige Spanien allzusehr reizten.

Die meisten dieser sich »Geusen« nennenden Holländer kehrten später wieder in ihre Heimat zurück, doch einige blieben und wurden in Köln heimisch, führten dort auch die in den Niederlanden weit entwickelte Tuchindustrie ein und bildeten ein protestantisches Element in der katholischen Domstadt.

Beinahe wäre, zwar nicht die Reichsstadt, aber das sie umgebende Gebiet des Kurerzbistums Köln calvinistisch geworden wie die Niederlande, doch gerade die hierfür den Anstoß gebende Affäre bewirkte schließlich das Gegenteil:

Im Jahre 1582 überraschte der Erzbischof von Köln und Kurfürst des Reiches, Gebhard von Waldburg, sein Domkapitel und seine rund zweihunderttausend Untertanen mit der Mitteilung, daß er zum calvinistischen Glauben übergetreten sei und demnächst auch seine Geliebte, die Stiftsdame Agnes v. Mansfeld, zu ehelichen gedenke, was er einige Monate später auch tat. Vorsichtshalber hatte er sich, ehe er seinen sensationellen Entschluß bekanntgab, eine starke Söldnertruppe in sein Kurfürstentum geholt. Mit dieser bewaffneten Macht gedachte er sich als Landesherr zu behaupten, was enorme politische Auswirkungen, weit über Kurköln hinaus, gehabt hätte. Ein Calvinist an der Spitze des Kurerzbistums Köln wäre für Hugenotten und Waldenser, niederländische Reformierte und die Calvinisten der Schweiz zu einer Zentralfigur geworden!

Doch die katholische Partei mit dem Papst und dem Kaiser an der Spitze widersetzte sich seinen Absichten. Spanische und bayerische Truppen fielen in Kurköln ein, schlugen die Söldner des Kurfürsten, eroberten sein Schloß Poppelsdorf bei Bonn, sprengten auch die für uneinnehmbar gehaltene Godesburg mit einer Pulvermine in die Luft und zwangen den Ex-Erzbischof zur Flucht nach Holland. Ein Bayern-Prinz wurde an seiner Stelle Kurfürst, und das Land blieb katholisch.

Infolgedessen wurden die kurerzbischöflichen und reichsstädtischen Gebiete von Köln im 17. Jahrhundert kein Zufluchtsort für Hugenotten, Wallonen und Waldenser, sondern Bollwerke der Gegenreformation, nicht zuletzt unter dem Einfluß spanischer Jesuiten, die sich in der Reichsstadt Eingang und bald auch Einfluß verschafft hatten.

So ließen sich im 17. und frühen 18. Jahrhundert zwar etliche Franzosen, Wallonen und zahlreiche Norditaliener in der Reichsstadt nieder, aber es waren keine um ihres Glaubens willen Vertriebene, und die Flüchtlinge, die nach Köln einwanderten, kamen häufig in Staatskarossen und mit viel Dienerschaft, beispielsweise 1641 die von ihrem früheren Günstling, dem

Kardinal Richelieu, verbannte Königin von Frankreich und Mutter Ludwigs XIII., Maria von Medici. Der Rat der Stadt Köln stellte ihr den Gronsfelderhof in der Sternengasse als Wohnsitz zur Verfügung. Dort starb sie schon im Jahr darauf. Ein anderer vornehmer Frankreich-Flüchtling, der im Februar 1650 am kurkölnischen Hof Zuflucht suchte, war der Nachfolger Richelieus als Staatskanzler Frankreichs, Kardinal Mazarin, der jedoch von Geburt Italiener war und eigentlich Giulio Mazarini hieß. Mazarin, vom Parlament und der Adelsfronde Frankreichs als »Feind des Vaterlands« geächtet und verbannt, leitete sogar noch von seinem Kölner Exil aus die Geschicke Frankreichs weiter und kehrte 1651 mit einer in Köln angeworbenen Truppe von siebentausend Mann wieder nach Paris (und zu seiner Geliebten und heimlich Angetrauten, der Königin Anna) zurück.

Im späten 17. und frühen 18. Jahrhundert kamen indessen auch viele andere, zunächst weniger berühmte Zuwanderer nach Köln, die sich dort ständig niederließen und wesentlichen Anteil an der Entwicklung der Stadt hatten.

So war zum Beispiel der italienische Bankier Canto der erste Kölner Bürger, der im frühen 17. Jahrhundert den Mut hatte, sich ein Palais bauen zu lassen, was bis dahin nur dem reichen Adel und den Prälaten vorbehalten war. Um 1730 zog aus Soumagne bei Lüttich die Familie Du Mont nach Köln, deren Nachkommen 75 Jahre später die dann bald weit über Köln hinaus angesehene »Kölnische Zeitung« nebst »Kölner Stadtanzeiger« dazu die Schaubergsche Druckerei, erwarben, ein Presseunternehmen, das noch heute im Besitz der Familie Neven Du Mont ist, wobei die Nevens aus Maastricht kamen. Eine andere Einwandererfamilie, Boisserée, hat für die deutsche Kunst- und Kulturgeschichte große Bedeutung erlangt. Die schon in Köln 1783 und 1786 geborenen Brüder Sulpice und Melchior Boisserée begannen um 1804 die aus Kirchen und aufgehobenen Klöstern während der Revolutionszeit abhanden gekommenen Kunstschätze, vor allem niederländische und rheinische Gemälde des 14., 15. und 16. Jahrhunderts, systematisch zu sammeln. Ihre umfassende Gemäldesammlung bildete später den Grundstock für die Münchner Pinakothek.

Etwa jeder zehnte Kölner Kaufmann war italienischer Herkunft. In den Verzeichnissen der »sämmtlichen Kauffmannschaft beim edlen Rheinstrohm, besonders der Stadt Cölln«

des 18. Jahrhunderts finden sich unter insgesamt 237 Firmen sogar 27 Italiener, wobei gegen Ende des Jahrhunderts vor allem die Guaita und die Farina eine bedeutende Rolle spielen. Noch heute gibt es in Köln etliche Kölnisch Wasser-Hersteller des Namens Farina.

Von 1789 an, nach dem Ausbruch der Französischen Revoluton, flohen Abertausende von Aristokraten nebst ihren Familien, Mätressen, Lakaien und sonstigem Gefolge ins Rheinland. Diese Flüchtlinge wurden nicht, wie die Hugenotten, als Refugiés, sondern als Émigrés, als Emigranten, bezeichnet. Der Kurerzbischof Maximilian Franz von Köln, ein Sohn der habsburgischen Kaiserin Maria Theresia und Bruder der – dann in Paris hingerichteten – Königin Marie Antoinette von Frankreich, verhielt sich diesen Flüchtlingen gegenüber abweisend. Er erkannte die politischen Gefahren, die der Aufenthalt der vielen Emigranten für das Rheinland und damit auch für sein Herrschaftsgebiet mit sich brachten. Auch fürchtete er von den französischen Aristokraten überhaupt schlimme Folgen, »sowohl im Physischen als im Moralischen«, wie er nach Wien schrieb. So gestattete er ihnen im Kurfürstentum nur den Durchzug und eine Übernachtung, aber die Emigranten setzten sich dennoch in Köln fest, vornehmlich auf reichsstädtischem, aber auch auf kurerzbischöflichem Gebiet, zunächst sehr zu Freude der Kölner Gastwirte und Gewerbetreibenden, denn die mit viel Geld und Wertsachen aus Frankreich an den Rhein Geflüchteten lebten auf großem Fuße, gaben verschwenderische Feste und kauften, was ihnen gefiel, ohne zu feilschen. Außer mit Frivolitäten befaßten sie sich nur mit phantastischen Plänen zur Rückeroberung ihrer Macht und Züchtigung der Aufrührer in Frankreich, doch im Oktober 1794 war der ganze Spuk vorüber, denn da räumten Österreicher, Preußen und mit ihnen die ruhmlose Reichsarmee das gesamte linke Rheinufer und übergaben es der französischen Revolutionsarmee. Das war das Ende der reichsstädtischen, aber auch der kurerzbischöflichen Herrschaft, und Köln wurde französisch-republikanisch.

In den zwanzig Jahren bis 1816, in denen Köln zur Republik, dann zum Kaiserreich Frankreich gehörte, nahm die Stadt einen beträchtlichen Aufschwung. Während der republikanischen Zeit wurden alle Standesvorrechte beseitigt und die Gleichheit aller Bürger proklamiert, ebenso unbedingte Toleranz in nationaler und konfessioneller Hinsicht. Nun konnten auch Lutheraner, Calvinisten und Juden ungehindert überall ihren Wohnsitz nehmen, und davon profitierten Tausende, die sich in Köln niederließen, darunter auch sehr zahlreiche Franzosen, die sich häufig mit Kölnerinnen verheirateten. Das waren keine geflüchteten Aristokraten mehr, sondern Beamte des neuen Mutterlandes und Geschäftsleute, die in Köln Filialen gründeten, und viele eingesessene Familien sahen solche Verbindungen gern, weil sie sich davon Vorteile durch bessere Beziehungen zur neuen Regierung versprachen. Von französischer Seite aus wurden diese Einheiraten systematisch gefördert. Es gab sogar zur vertraulichen Information der französischen Beamten und Offiziere ein amtliches Verzeichnis aller heiratsfähigen Töchter Kölns und aller jüngeren Witwen, wobei es darin beispielsweise hieß:

»Nr. 18 Sybille v. B., 44 Jahre alt, noch recht gut für ihr Alter, etwas pockennarbig, vornehm erzogen, gute Führung, angenehmes Wesen. Der verstorbene Vater war Reichsbaron und Großgrundbesitzer. Fundiertes Einkommen der Witwe Sybille v. B.: 20 000 Francs...«

Neben dieser offiziellen Heiratsvermittlung zur verstärkten Französisierung der Bevölkerung (und besseren Versorgung der Offiziere und Beamten) trug auch das neue Gesetzbuch, der Code Napoléon, wesentlich dazu bei, daß das Völkergemisch, das schon in spätrömischer Zeit für Köln charakteristisch war, noch bunter wurde. Denn der Code Napoléon verbot ausdrücklich jede Nachforschung nach der Vaterschaft nichtehelicher Kinder. Kein Soldat aus der Vielvölkerarmee Napoléons, der während seines Aufenthalts in der Hauptdurchgangsstation Köln die dortige Einwohnerschaft vermehrte, hatte zu befürchten, zu Unterhaltszahlungen herangezogen zu werden.

Der Code Napoléon behielt auf dem linken Rheinufer auch noch lange nach dem Sturz des Franzosenkaisers seine Gültigkeit – bis zum 1. Januar 1901, als das einheitliche Bürgerliche Gesetzbuch in Kraft trat. So konnte in Köln nicht, wie es in den meisten deutschen Kleinstaaten in der Zeit der Reaktion, die nach Napoléons Sturz begann, jener Zustand weitgehend wiederhergestellt werden, der vor der Französischen Revolution bestanden hatte. Die kleinlichen Beschränkungen des Zuzugs- und Bürgerrechts sowie der Gewerbefreiheit, vor allem für nationale und konfessionelle Minderheiten, sowie die feudalen Abhängigkeits- und Fronverhältnisse der Landbevölkerung ließen sich links des Rheins, trotz aller Bemühungen der Behörden, nicht mehr »restaurieren«.

Köln hatte außerdem seine Unabhängigkeit als Freie Reichsstadt nicht wiedererlangen können. Es wurde – wie auch das geistliche Kurfürstentum des Erzbischofs – von Preußen annektiert. Dieses aus dem Kurfürstentum Brandenburg hervorgegangene Königreich der Hohenzollern war zwar ein Militär- und Obrigkeitsstaat *par excellence,* hatte aber nichts dagegen einzuwenden, wenn seine Untertanen anderen Bekenntnisses oder anderer Muttersprache waren als der Landesherr, wenn sie nur gehorchten, fleißig waren und pünktlich ihre Steuern zahlten.

Ganz anders waren die Verhältnisse in München, einer Stadt, die mehr als ein Jahrtausend nach Köln als mönchische Siedlung gegründet worden war und erst im ausgehenden 12. Jahrhundert Mauern und eine bürgerliche Verfassung erhalten hatte. Noch gegen Ende des 18. Jahrhunderts zählte München, inzwischen Residenz der Kurfürsten von Bayern, die bald darauf von Napoléons Gnaden Könige wurden, kaum 35 000 Einwohner.

Als Hauptstadt eines bis dahin durch und durch katholischen Landes hatte München weder Hugenotten noch Waldenser oder andere Glaubensflüchtlinge aufgenommen. 1801 erhielt dort erstmals ein Protestant das Bürgerrecht.

Juden, die zu Beginn der Münchner Stadtgeschichte noch relativ zahlreich vertreten gewesen waren, gab es seit dem späten 13. Jahrhundert kaum noch. Blutige Verfolgungen, zumal in Zeiten der Pest, und harte Bedrückung hatten die Bildung einer größeren Gemeinde verhindert, und immer wieder waren auch die wenigen vertrieben worden, zuletzt 1715. Erst in den letzten Jahren des 18. Jahrhunderts, als Bayern stärker unter französischen Einfluß geriet, gab es in München etwa dreißig jüdische Familien, die aber kein Bürgerrecht hatten und zum Teil entwürdigenden Bestimmungen unterworfen waren.

So ließe sich vermuten, daß es noch um 1800 kaum Fremde und schon gar keine Nichtkatholiken in der bayerischen Landeshauptstadt gegeben hätte, aber das Gegenteil ist richtig: In München waren damals mehr Ausländer als in den meisten anderen deutschen Städten, darunter auch mindestens tausend, die weder Christen noch Juden, sondern Moslems waren, dazu zahlreiche Italiener, Franzosen und Spanier, ja sogar einige inzwischen eingebürgerte Familien, die aus so fernen Ländern wie Armenien oder Portugal stammten.

Beginnen wir mit dem Hof und der Regierung: 1799 war Kurfürst Karl Theodor, der schon drei Jahre zuvor München verlassen hatte und vor den einrückenden Franzosen geflohen war, im sächsischen Exil gestorben. Da er zwar zahlreiche Kinder seiner Mätressen, aber keinen legitimen Thronerben hinterlassen hatte, wurde sein Nachfolger Maximilian Joseph von Pfalz-Zweibrücken, ein gebürtiger Mannheimer. Dessen bisheriges Herrschaftsgebiet wurde bald darauf von Frankreich annektiert, und auch in seiner neuen Heimat Bayern erlebte er schon in seinem ersten Regierungsjahr einen erneuten Einfall französischer Truppen. Unter dem neuen Kurfürsten zum mächtigsten Mann in Bayern wurde Maximilian de Garnerin, Seigneur de la Thuille de Montgelas, dessen Vater, ein Savoyarde, 1742 in bayerische Dienste getreten war. So war der kurfürstliche Premierminister Montgelas, der eigentliche Schöpfer des bayerischen Staates, immerhin ein gebürtiger Münchner, stammte – wie man heute sagen würde – aus der zweiten Gastarbeitergeneration, und er heiratete 1803 eine Gräfin Arco, deren Familie schon etwas früher aus Norditalien nach Bayern eingewandert war.

Am bayerischen Hof, im Ministerium und im Offizierskorps des 1806 zum Königreich gewordenen Kurfürstentums Bayern wimmelte es von Zugewanderten, vor allem aus Frankreich und Italien. Teils waren es Revolutionsflüchtlinge, teils hatten Max I. Joseph und sein Premier Montgelas sie herbeigerufen, und nach dem Sturz Napoléons suchten wiederum viele seiner Protegés Zuflucht am Münchner Hof, wie beispielsweise die Grafen Tascher de la Pagerie, seit 1700 Plantagenbesitzer auf der Insel Martinique. Denn Napoléons erste Gemahlin, Joséphine, war eine gebürtige Tascher de la Pagerie (und verwitwete Vicomtesse de Beauharnais). Der Neffe der Ex-Kaiserin Joséphine, der in Bayern Asyl fand, heiratete dann eine Deutsche.

Seit damals (und bis heute) ist der schon vor der Französischen Revolution durch ständigen Zuzug aus dem Ausland allenfalls zu einem Viertel »deutsche« Adel Bayerns noch bunter gemischt worden. Namen wie die der Grafen Pocci, Bullion, Ferrari, Montjoye, Spreti, Bray, Basselet de La Rosée, Seyssel d'Aix, Du Moulin-Eckart, Pestalozza, Dürckheim-Montmartin, Rambaldi, Thurn-Valsássina, Piatti, Almeida, Deym v. Střitež, Moy, Butler v. Clonebough, auch germanisierte wie die der Grafen Hundt (des Stammes Belli) oder Namen des längst heimisch gewordenen niederen Adels wie Dall'Armi, Maffei, Branca, DuPrel, Bonnet-Meautry, Lamezan, Messina, Ostini, Riccabona, Ribeaupierre, Michel-Raulino, Moreau, Maillot de la Treille, Hoenning O'Carroll, Ruffin, Vequel, Beck-Peccoz, Cetto, Godin, Bally, Le Suivre, Malaisé, Ausin, Traitteur, Destouches, Gilardi, Fabri, Le Bret-Nucourt, Langlois, Culon, Grainger, Polignac, Rebay, Rarécourt, Savoye, Scanzoni, Aretin oder Hérigoyen, legen dafür Zeugnis ab, und die Reihe ließe sich beliebig fortsetzen.

Was die Familie der Freiherren v. Aretin betrifft, so verdanken sie ihre Anwesenheit in Bayern der Gattin des Kurfürsten Max II. Emanuel, einer polnischen Prinzessin. Die lebenslustige Frau war ihres Gemahls und dessen zahlreicher Amouren überdrüssig geworden und hatte sich nach Venedig abgesetzt, woraufhin ihr die Apanage gesperrt worden war. Aber heimkehren konnten sie und ihr kleiner Hofstaat nicht, weil sie dann erst ihre schon sehr hohen venezianischen Schulden hätten bezahlen müssen.

»Erst ging es uns in Venedig ziemlich scheißig«, erinnerte sich später einer ihrer Begleiter, der Hofmarschall Graf Preysing, »dann aber kam der armenische Knabe, hei, da war der Himmel voller Geigen und wir alle wieder wohlauf!«

Der armenische Knabe, Aroutinoun Caziadur, war noch ein Kind, das in Begleitung treuer Diener vor den Türken geflohen war, ein Sohn eines armenischen Kleinkönigs, wie versichert wurde, auch ungeheuer reich. Das Kind und sein Schatz brauchten Schutz, die Kurfürstin dringend Geld, und so adoptierte sie den Jungen kurzerhand und übernahm die Verwaltung seines großen Vermögens.

Nun hing für die Kurfürstin, ihre Liebhaber und das ganze Gefolge »der Himmel wieder voller Geigen«. Später nahm sie Aroutinoun mit nach München, und als er das Jünglingsalter erreicht hatte, hoffte der kurfürstliche Hof auf eine Gelegenheit, ihm bei Erreichung der Volljährigkeit die Herausgabe seines Erbes verweigern zu können. Diese kam, als der temperamentvolle Armenier 1725 einen vorwitzigen Lakaien kurzerhand erstach.

Zwar war ein toter Lakai damals wahrlich kein Grund, einen Prinzen zu bestrafen, doch in diesem Fall war man streng: Dem neunzehnjährigen Aroutinoun wurden Rang und Vermögen aberkannt, er selbst nach Ingolstadt verbannt, wo er als Hauptzolleinnehmer seinen Lebensunterhalt verdienen mußte. Der Hofmeister der Kurfürstin, der schon die Ankunft des armenischen Knaben in Venedig so anschaulich geschildert hatte, notierte sich bei dessen Abgang in die Provinz:

»Daß der Armenier den Lakaien erstach, ist traurig, hat aber auch sein Gutes: Wir sind ihn los!«

Erst fünfundvierzig Jahre später, als die Kurfürstin längst verstorben, der armenische Schatz nur noch eine blasse Erinnerung war, rehabilitierte Kurfürst Max III. Joseph seinen Adoptiv-Onkel kurz vor dessen Tode. Er ernannte ihn zum Freiherrn und gab ihm – Aroutinoun Caziadur klang allzu fremd für bayerische Ohren – den Namen »v. Aretin«.

Das geschah 1769. Rund dreißig Jahre später, in der napoleonischen Zeit, kamen drei Enkel dieses ersten, noch in Armenien geborenen Freiherrn v. Aretin in kurfürstlich, bald sogar königlich bayerischen Diensten zu hohen Ämtern: Der erste, Georg Freiherr v. Aretin, wurde Generalkommissär im annektierten Tirol. Der zweite, Adam, wurde die rechte Hand des Premierministers Graf Montgelas, später Bevollmächtigter Bayerns beim Frankfurter Bundestag. Der dritte schließlich, Christoph, brachte es unter Montgelas zum Chefkommissär und war zuständig für die gründliche Plünderung der Kunstschätze und Bibliotheken der aufgehobenen Abteien und anderen geistlichen Herrschaften, später Präsident des Appellationsgerichts in München.

Unter Montgelas und unter Assistenz der Brüder v. Aretin verwandelte sich das sehr rückständige Bayern rasch in einen modernen Staat nach französischem Muster, straff zentralistisch und bürokratisch verwaltet und ausgerichtet. Die Landeshauptstadt München aber entwickelte sich in den ersten Jahrzehnten des 19. Jahrhunderts zu einer prächtigen, von großen Künstlern gestalteten Residenz.

Dazu trugen, wie schon in früheren Epochen, so viele ausländische, nach München zugewanderte Baumeister und Gartenarchitekten, Bildhauer, Maler, Fassadengestalter und andere Künstler bei, daß es den Rahmen dieser Betrachtung sprengen würde, sie alle aufzuzählen. Einige wenige Beispiele seien herausgegriffen:

Der Architekt François de Cuvilliés aus Soignies, der 1725 nach Bayern gekommen war, hatte im kurfürstlichen Auftrag die Amalienburg in Nymphenburg sowie das Residenztheater in München geschaffen, daneben noch manches andere, was zu den hervorragendsten Denkmälern des französischen Rokoko in Deutschland gehört, beispielsweise die Ausstattung der »Reichen Zimmer« und des Porzellankabinetts in der Residenz sowie das Erzbischöfliche Palais, ursprünglich Palais Holnstein, in der Kardinal-Faulhaber-Straße. Sein Sohn François, genannt Cuvilliés der Jüngere, schuf das Karlstor und entwarf auch die meisterhafte Fassadenauflockerung an der Theatinerkirche, die von zwei Italienern, Agostino Barelli und Enrico Zuccali, erbaut wurde. Das daran anstoßende Kloster, heute Sitz des Staatsministeriums für Unterricht und Kultus, wurde zunächst von dem bayerischen Hofbaumeister Lorenzo Perti aus Como begonnen, von Giovanni Viscardi vollendet. Von Viscardi stammen auch die Arkaden und Pavillons der Schloßanlage Nymphenburg, deren Mitteltrakt Barelli erbaute.

Das Palais Gise in der Prannerstraße, erbaut um 1760, wird dem bedeutendsten Schüler Cuvilliés', Lespilliez, zugeschrieben, das klassizistische Almeida-Palais in der Brienner Straße stammt von Jean Baptiste Métivier aus Rennes, das Palais Montgelas am Promenadenplatz dagegen von Josef Emanuel v. Herigoyen.

Die Familie d'Hérigoyen aus Ustaritz am Nordrand der Pyrenäen war von baskischem Adel und im 18. Jahrhundert nach Bayern eingewandert. Josef Emanuel d'Hérigoyen, 1746 in Lissabon geboren, starb 1817 in München und war zuletzt königlich bayerischer Hofbaudekorateur. Sein Sohn Karl Emanuel v. Herigoyen, geboren 1807 in Regensburg, wurde bayerischer Regierungs- und Oberforstrat und heiratete die Tochter des Münchner Akademiedoktors und Oberbaurats Gärtner.

Der Garten des Schlosses Nymphenburg erhielt erst italienische, von 1701 an durch Charles Carbonet französische Gestaltung. Münchens berühmter Englischer Garten aber wurde im späten 18. Jahrhundert von einem Amerikaner, Benjamin Thomson, angelegt, einem außergewöhnlichen Mann, dem Bayern noch vieles andere zu verdanken hat.

Thomson, 1752 in dem Dorf Rumford, der heutigen Hauptstadt Concord des Staates New Hampshire, geboren, kam aus sehr armer Familie und verlor früh seine Eltern. Ein Pfarrer nahm ihn auf und ließ ihn ein College in Massachusetts besuchen. Thomson schlug sich dann als Physiklehrer durch, geriet in die Wirren des amerikanischen Unabhängigkeitskriegs, kämpfte auf britischer Seite und brachte es bis zum Kommandeur eines Dragonerregiments in Charleston. 1783 nach Friedensschluß mußte er Amerika verlassen und wandte sich nach Bayern, wo ihn Kurfürst Karl Theodor zum Oberst eines Kavallerieregiments, später zum General, Staatsrat und Kriegsminister, auch zum Grafen von Rumford (nach seinem Geburtsort), ernannte. Rumford-Thomson wurde indessen nicht nur der Reorganisator der bayerischen Armee, sondern nahm sich vor allem der städtischen Unterschicht Münchens an, die größtenteils vom Betteln lebte. Er ließ Manufakturen zur Arbeitsbeschaffung, Quartiere für Obdachlose und Volksküchen einrichten, erfand billige Lampen und Sparöfen, die große Verbreitung fanden, führte den massenhaften Anbau von Kartoffeln ein und entwickelte Rezepte, um diese billige Volksnahrung populär zu machen. Wahrscheinlich ist er der Erfinder der Kartoffelknödel und »Reiberdatschi«, bestimmt der der Rumford-Suppe, die er als ebenso billiges wie nahrhaftes und wohlschmeckendes Vorgericht populär machte. Nachdem er seinen Münchner Aufenthalt mit der Anlage des Englischen Gartens gekrönt hatte, ging er 1798 nach London, gründete dort 1800 die Royal Institution, stiftete zwei Preise für nützliche Entdeckungen, wandte sich dann nach Paris, heiratete die Witwe des berühmten Chemikers Lavoisier und lebte als Privatgelehrter und vielseitiger Schriftsteller bis zu seinem Tod im Jahre 1814 im Vorort Auteuil.

Doch nicht nur der bayerische Adel und die Hofgesellschaft sowie die zahlreichen Künstler, Baumeister und Gelehrten, die München zu einer Stadt der Musen und der Wissenschaften machten, kamen zu einem ungewöhnlich großen Teil als Zuwanderer aus fernen Ländern. Auch die Mittel- und Unterschichten waren häufig Einwanderer oder deren Nachkommen. Sie stammten meist aus Italien, Böhmen oder Ungarn, nicht wenige auch aus Griechenland und der Türkei.

Daß sich so viele Griechen in München aufhielten, war die Folge der Begeisterung König Ludwigs I., des ältesten Sohns von Max I. Joseph, für den Befreiungskampf Griechenlands von der Herrschaft der Türken. Dieser langwierige, äußerst blutige und grausam geführte Kleinkrieg konnte nur durch die Intervention der europäischen Mächte zugunsten der Griechen entschieden werden, und 1832 wurde König Ludwig von Bayerns jüngerer Sohn, Otto, von der Londoner Konferenz zum König von Griechenland proklamiert. Drei Jahrzehnte lang versuchte Otto, auch mit Hilfe bayerischer Truppen und Verwaltungsbeamter, das verwüstete Land und seine unter der Türkenherrschaft dezimierte und verwilderte Bevölkerung zu befrieden. Dann wurde er von Aufständischen gestürzt und kehrte nach Bayern zurück, mit ihm nicht nur etliche Griechen aus den oberen Rängen seiner Regierung und Armee, sondern auch Dienerschaft, deren Familien sowie einige griechische Frauen von bayerischen Soldaten und Beamten. Doch auch schon vor Griechenlands Befreiung vom türkischen Joch und Ottos Thronbesteigung muß es zahlreiche griechische Flüchtlinge in München gegeben haben, denn bereits 1829 wurde ihnen die St.-Salvator-Kirche, die 1803 säkularisiert worden war, für Gottesdienste nach griechisch-orthodoxem Ritus überlassen, und es bestand damals bereits eine größere griechische Gemeinde.

Was aber die Münchner Türken betrifft, so waren diese nur zum geringeren Teil als Händler oder Gewerbetreibende an die Isar gekommen – und auch in andere bayerische Städte, vor allem nach Regensburg, wo ein lebhafter Orienthandel bestand und es eine »Fröhliche Türkengasse« schon im 17. Jahrhundert gab –, sondern zunächst unfreiwillig, als Kriegsgefangene.

Nach dem Sieg über das türkische Heer, das im späten 17. Jahrhundert Wien belagert hatte, war der bayerische Kurfürst 1686 mit zahlreichen türkischen Kriegsgefangenen nach München zurückgekommen. Sie wurden zum Kanalbau und an den Webstühlen der kurfürstlichen Tuchfabrik in der Au als Arbeiter verwendet. Andere wurden Sänftenträger bei Hofe, beaufsichtigt von einem Münchner Sesselmeister, der für ihr Wohl zu sorgen hatte.

Alle Einzelheiten waren durch eine besondere Instruktion geregelt, worin es hieß:»... Hat er die Türken, welche zum Tragen gebraucht werden, in Obacht zu halten, daß sie... nicht schlämplich dahergehen, sondern sich allezeit sauber halten. An Fleischtagen sollen sie zu Mittag gutes Ochsen- oder

Rindfleisch, auch Suppen und Kraut, zu Nacht wiederum Fleisch nebst Reis oder Gerste... und Salat haben... Zum Trunk gebührt einem bei jeder Mahlzeit eine halbe Maß Bier. Sollen sie stets in guter Freundschaft erhalten werden...«

7. Von der Integration und vom Frankfurter und Berliner Modell

Was die Münchner Türken des späten 17. und frühen 18. Jahrhunderts betrifft, nach denen noch heute die Türkenstraße in München-Schwabing benannt ist, so heißt es dazu in einer lokal-geschichtlichen Untersuchung von Karl Spengler:

»Viele der damaligen Türken sind ... nicht mehr in ihre Heimat zurückgekehrt. Sie ließen sich hauptsächlich in der Au nieder, und noch um die Mitte des vorigen Jahrhunderts fanden sich dort Nachkommen, ... die zwar noch ihre osmanischen Namen, aber keinen Fez mehr trugen. Sie holten sich beim Damenwirt oder bei den Paulanern nicht anders wie die gewachsenen Auer ihre abendliche Maß Bier, die Mohammed seinen Getreuen doch so streng verboten hatte.«

Für München, das gegen Ende des 17. Jahrhunderts, als die Türken in die Stadt kamen, kaum zehntausend Einwohner zählte – Ende des 18. Jahrhunderts waren es etwa 35 000, erst um 1840 annähernd 100 000 –, stellten die fast tausend türkischen Kriegsgefangenen einen Bevölkerungsanteil von beinahe zehn Prozent dar. An ihre Integration hatte zunächst wohl niemand gedacht; man hielt die fremdgläubigen und fremdsprachigen Männer wie Sklaven, ließ sie tagsüber arbeiten und schloß sie nachts ein. Frauen und Kinder sollten von ihnen unbedingt ferngehalten werden, und ab und zu mußten die Behörden an diese Vorschrift erinnern, wohl weil sie nicht eingehalten wurde.

Denn wie wäre es sonst zu erklären, daß die Gefangenen von 1684 in größerer Anzahl Nachkommen hinterließen, die vier Generationen später zur vorstädtischen Bevölkerung der Au rechts der Isar, rund um den großen Mariahilfplatz, gehörten? Da unterschieden sie sich von den anderen Auern nur noch durch ihre türkischen Namen, die sie dann, so scheint es, spätestens wenn sie sich, etwa aus Anlaß einer Heirat mit einer Katholikin, taufen ließen, germanisierten oder zumindest der deutschen Zunge etwas anglichen – nach dem Vorbild der Aretins und vieler anderer. Denn gegen Ende des 19. Jahrhunderts waren die Türken-Nachfahren mit der auf fast eine halbe Million Menschen angewachsenen Bevölkerung der Isarmetropole so verschmolzen, daß keine Spur des türkischen Elements mehr aufzufinden war.

Diese totale Integration dauerte immerhin rund zweihundert Jahre oder sechs bis sieben Generationen. Das ist eine sehr lange Zeit, gemessen an der weit schnelleren Verschmelzung sehr viel größerer Einwanderergruppen. Lag das an den Türken, ihren fremden Sitten und Gebräuchen, ihrer islamischen Religion? Standen sie der deutschen Sprache, Kultur und Zivilisation soviel ferner als etwa die Franzosen oder Italiener? Wollten sie womöglich gar nicht Deutsche werden und verzögerten dadurch den Integrationsprozeß?

Oder muß man die Ursachen dafür, daß ihre Verschmelzung mit der übrigen Bevölkerung so lange dauerte, bei ihrer deutschen Umgebung suchen? Wurden sie nicht anfangs wie Sklaven gehalten, eingeschlossen, von den Einwohnern Münchens isoliert und von diesen als Exoten angesehen, weil sie Moslems waren, Feze trugen, merkwürdige Namen hatten und zudem arm, ungebildet und zerlumpt waren? (Gegen reiche Exoten hatte man schon damals nichts, selbst nicht bei Hofe, im Gegenteil, wie das Beispiel des ersten Aretin-Aroutinoun gezeigt hat.)

Doch ehe wir versuchen, zu entscheiden, an wem es lag – an den Türken, an den Deutschen oder möglicherweise an beiden, vielleicht auch nur an besonders ungünstigen Umständen –, sei zunächst geschildert, wie anderswo die Integration mehr oder weniger großer und fremder Einwanderungsgruppen vonstatten ging, beispielsweise in Frankfurt am Main.

Die bis 1866 unabhängige Reichs-, dann Freie Stadt Frankfurt am Main hatte gegen Ende des 18. Jahrhunderts weniger als 40 000 Einwohner, hundert Jahre später, bei der Volkszählung von 1900, knapp 290 000. Im 17. und frühen 18. Jahrhundert war die damalige Reichsstadt das wichtigste Zentrum der nach Deutschland geflüchteten Hugenotten gewesen, die Drehscheibe ihrer Masseneinwanderung. Aber die meisten Hugenotten hatten sich von Frankfurt am Main aus auf andere Städte und Dörfer verteilt, nur wenige hatten sich dort niedergelassen. Die in Frankfurt blieben, waren meist sehr wohlhabende und entsprechend angesehene Kaufmanns- und Bankiersfamilien, beispielsweise die Gontard, de Bary, du Fay und d'Orville. Diese und andere Frankfurter Hugenotten hatten so gut wie keine Integrationsprobleme, weder Schwierigkeiten mit dem Rat noch mit der Einwohnerschaft. Anfangs heirateten sie noch vorzugsweise untereinander und sprachen zu Hause und mit ihresgleichen Französisch, aber von der ersten in Frankfurt geborenen Generation an auch ebenso fließend Deutsch. Schon im frühen 19. Jahrhundert waren sie ganz und gar assimiliert.

Nicht ganz so reibungslos vollzog sich die Integration der Italiener, die seit der Mitte des 17. Jahrhunderts in Frankfurt am Main ansässig wurden. Die Tatsache, daß noch bis weit ins 18. Jahrhundert hinein der Kurszettel der Frankfurter Börse in italienischer Sprache abgefaßt wurde, gibt einen falschen Eindruck vom damaligen italienischen Einfluß. Es handelte sich nur noch um eine Tradition, die aus der Zeit vor dem Dreißigjährigen Krieg stammte, als es innerhalb der reichsstädtischen Kaufmannschaft noch eine starke und angesehene »italienische Nation« gegeben hatte. Sie war aber – wie auch in Köln, Mainz oder Augsburg – während des langen Krieges verschwunden, weil fast alle fremden Kaufleute das von Soldatenhorden, Hungersnöten und Seuchen geplagte Deutschland fluchtartig verlassen hatten.

Die Italiener, die gegen Ende und bald nach dem Dreißigjährigen Krieg wieder nach Frankfurt am Main kamen, waren in der großen Mehrzahl keine Großkaufleute und Bankiers mehr wie zuvor, sondern meist Händler, Krämer und Hausierer in »italienischen Waren«, vor allem in Südfrüchten wie Orangen, Zitronen und Pomeranzen. Frankfurt am Main war neben Mainz ihr beliebtestes Einwanderungsziel in Westdeutschland und die Ausgangsbasis für die Ausbreitung des Südfrüchtehandels im Rheinland.

Diese italienischen Krämer hatten in Frankfurt erhebliche Schwierigkeiten, sich dauernd niederzulassen. Sie lagen in ständigem Kampf mit dem Magistrat und der einheimischen Kaufmannschaft. Erst von etwa 1720 an ließ der Widerstand gegen die italienische Ansiedlung nach, und nun setzte der Integrationsprozeß ein und ging nicht minder rasch vonstatten wie bei den Hugenotten. Je wohlhabender die Nachkommen der Einwanderer geworden waren, desto schneller und gründlicher assimilierten sie sich. Nur ein Frankfurter Beispiel sei hier genannt, nämlich das des aus Tremezzo am Comer See stammenden Kaufmanns Pietro Antonio Brentano. Er heiratete in zweiter Ehe die Tochter Maximiliane (»Maxe«) des kurtrierischen Kanzlers de la Roche und nannte sich nun schon Peter Anton Brentano. Beider Tochter war Elisabeth genannt Bettina oder Bettine, die im Hause ihres Schwagers, des 1779 in Frankfurt am Main geborenen Juristen Karl v. Savigny, den Geheimrat Johann Wolfgang v. Goethe kennenlernte und dessen Korrespondenz mit ihr später unter dem Titel »Goethes Briefwechsel mit einem Kinde« veröffentlichte.

Zu dieser Zeit war sie bereits mit dem märkischen Junker Achim v. Arnim verheiratet, der zusammen mit Bettinas Bruder Clemens »Des deutschen Knaben Wunderhorn« veröffentlicht hatte. Als Bettine v. Arnim wurde sie, die Tochter eines italienischen Einwanderers, eine der bekanntesten deutschen Frauengestalten des 19. Jahrhunderts.

Eine so rasche Integration, verbunden mit gesellschaftlichem Aufstieg, war für die Frankfurter Italiener und Franzosen durchaus möglich. Indessen gab es eine weit größere Gruppe von Fremden, denen dies verwehrt war. Diese Gruppe machte gegen Ende des 18. Jahrhunderts, als Frankfurt rund 38 000 Einwohner zählte, mit rund dreieinhalbtausend Männern, Frauen und Kindern fast zehn Prozent der reichsstädtischen Bevölkerung aus, war aber ohne Bürgerrechte und eingepfercht in einen engen Stadtbezirk von wenigen Gassen, der bewacht und nachts sowie an allen Sonn- und christlichen Feiertagen verschlossen wurde.

»In frühen Zeiten zwischen Stadtmauer und Graben wie in einen Zwinger eingeklemmt« - so Goethe in »Dichtung und Wahrheit« -, waren die Frankfurter Juden dort zu leben gezwungen. Die schmalen, vierstöckigen Häuser, die sich über der Gassenmitte fast berührten, weil sie sich nach oben hin immer weiter vorschoben, hatten nur eine Fassadenbreite zwischen 1,50 Meter und äußerstenfalls vier Metern. Die fürchterliche Enge der oft in Viertel-, Achtel-, ja Zwölftel- und sogar Achtzehntelanteile aufgesplitterten Häuser hat der Soziologe Siegfried Kracauer detailliert beschrieben:

»Das Erdgeschoß umfaßte in der Regel drei Räume. Von der Haustüre aus gelangte man in den vordersten Raum; er war nur durch das Haustüroberlicht erleuchtet, dahinter die Küche mit dem Treppenaufgang, indirekt durch Glastüren belichtet, das hintere Gelaß durch Fenster zum Hof beleuchtet. Bei manchen Häusern gelangte man von der Straße aus in einen Gang, der nur ganz schmal war und neben dem sich ein Zimmer befand. Hinter diesem erweiterte sich der Gang zu einem Mittelraum ohne direktes Licht. Von hier trat man in die an der Rückfront liegende Küche. Steile Wendeltreppen mit Handseilen führten zu den oberen Stockwerken, zunächst zum Vorplatz, der auch öfters als Küche dienen mußte. Er trennte das einzige nach der Straße liegende Zimmer von dem einzigen Hinterzimmer.«

Wenn mehrere Familien sich die wenigen Räume teilten, tauschten sie in bestimmten Zeitabständen ihre Zimmer miteinander, damit jeder einmal in den Genuß von Tageslicht und Lüftung kam. Nicht selten führte der Platzmangel auch zu Verschachtelungen der Häuser; man verschob die Scheidewände zwischen zwei Nachbarhäusern, gewann so auf der einen Seite mehr Platz, verkleinerte aber den anstoßenden Raum im Nebenhaus.

Als der Schriftsteller Ludwig Börne um 1810 seine Kusine in der Judengasse besuchen wollte und in das Haus ging, aus dessen Obergeschoß er sie hatte aus dem Fenster schauen sehen, wurde er im Hauseingang von einer Bewohnerin belehrt, »daß die Cousine gar nicht hier wohnte... Die Tür, die unter dem Fenster der Cousine lag, führte in ein ganz anderes Haus...«

Das Getto, in das der Frankfurter Magistrat auf Betreiben der Geistlichkeit die jüdischen Einwohner der Reichsstadt gepfercht hatte, war trotz der dort herrschenden Armut und des offensichtlichen Elends der meisten dort hausenden Juden eine gute Einnahmequelle für die Stadtkämmerei. Denn die Grundstücke und Häuser der Judengasse, auch die von den Juden auf eigene Kosten errichteten oder erweiterten Gebäude, gehörten der Stadt. Die Verträge, die den Pachtzins und alles übrige regelten, mußten alle drei Jahre erneuert werden, wobei stets hohe Gebühren anfielen. Außerdem hatten die Juden, neben den üblichen Steuern, für jeden Gettobewohner ein »Schutzgeld« zu entrichten. Schließlich wurden bei jeder sich bietenden Gelegenheit »Sonderabgaben« von den Juden eingefordert, die ihrerseits in ihren Erwerbsmöglichkeiten aufs äußerste beschränkt waren. Sie konnten keinen Grund erwerben oder außerhalb des Gettos bebauen, waren von allen

Zünften ausgeschlossen und durften daher – außer im und für das Getto – kein Handwerk ausüben, auch keinen Handel betreiben, außer den mit verfallenen Pfändern. Was ihnen blieb, war der den Christen verbotene Geldverleih zu Wucherzinsen, was nicht gerade zu ihrer Beliebtheit beitrug.

Von ganz wenigen Wohlhabenden oder gar Reichen abgesehen, die – wie die Rothschilds – durch Geldwechsel, Münzhandel oder Vermittlung von Staatsanleihen an kleine und große Länder des Reichs zu Vermögen gekommen waren, fristeten die meisten Bewohner der Judengasse ein Dasein am Rande des Existenzminimums. Diese Mittellosen fielen nicht der Stadt Frankfurt, sondern der Judengemeinde zur Last, denn das Getto war exterritorial; es hatte im Rahmen der vom Magistrat gezogenen Grenzen eine kommunale Selbstverwaltung und eigene Gerichtsbarkeit in internen Angelegenheiten.

Die drückende Enge, der Mangel an Licht und Luft sowie die kläglichen sanitären Verhältnisse machten die Frankfurter Judengasse zu einem abstoßenden Ort. Die Absperrung der entrechteten Juden von der übrigen Bevölkerung während mehrerer Jahrhunderte, ihre bittere Armut und der damit verbundene soziale Abstieg hatten sie von ihrer christlichen Umwelt verschieden gemacht, nicht nur in Kleidung, Benehmen und Sprache, sondern auch – wie Kracauer es ausgedrückt hat – »durch den Mangel an Selbstgefühl und alle Symptome einer unterdrückten Minorität«, die »einen ganz anderen Bildungsgang genommen hatte«.

Johann Wolfgang v. Goethe, 1749 in der Reichsstadt Frankfurt zur Welt gekommen, schrieb über seine Jugendeindrücke von der Judengasse: »Die Enge, der Schmutz, das Gewimmel, der Akzent einer unerfreulichen Sprache, alles zusammen machte den unangenehmsten Eindruck, wenn man auch nur am Tor vorbeigehend hineinsah. Es dauerte lange, bis ich allein mich hineinwagte, und ich kehrte nicht leicht wieder dahin zurück, wenn ich einmal den Zudringlichkeiten so vieler etwas zu schachern unermüdet fordernder oder anbietender Menschen entgangen war...«

Einen Absatz weiter heißt es in Goethes »Dichtung und Wahrheit«, einem Werk, das erst nach 1810 entstanden ist:

»Indessen blieben sie doch das auserwählte Volk Gottes, und gingen, wie es nun mochte gekommen sein, zum Andenken der ältesten Zeiten umher. Außerdem waren sie ja auch

Menschen, tätig, gefällig, und selbst dem Eigensinn, womit sie an ihren Gebräuchen hingen, konnte man seine Achtung nicht versagen. Überdies waren die Mädchen hübsch…«

Als der schon über sechzigjährige Dichterfürst diese freundlich-herablassenden Anmerkungen zu seinen Jugenderinnerungen schrieb, war unter dem Einfluß der Französischen Revolution und der napoleonischen Herrschaft der Gettozwang der Frankfurter Juden gerade aufgehoben worden. Sie kämpften noch um ihre bürgerliche Gleichstellung, die sie erst 1824 rechtswirksam durchzusetzen vermochten, zumindest auf dem Papier, denn erst 1849 wurden sie zu Staatsämtern zugelassen, erst 1864 brachte ihnen die Abschaffung der Zünfte und die Verkündung der allgemeinen Gewerbefreiheit den Zugang zu allen bürgerlichen Berufen. Aber schon 1866, als Frankfurt seine Selbständigkeit verlor und preußisch wurde, veränderte sich ihr Status insofern, als die preußischen Konservativen ihren Einfluß dahingehend geltend machten, daß der Eintritt in den höheren Staatsdienst und das Offizierskorps ungetauften Juden nur im Ausnahmefall gestattet wurde, nämlich wenn sie sehr reich und womöglich schon geadelt waren. Wie das auch noch Jahrzehnte später gehandhabt wurde, zeigt der Fall des in Frankfurt am Main arbeitenden Chemikers und Bakteriologen Paul Ehrlich: Der Begründer der modernen Chemotherapie wurde zwar nach seiner Auszeichnung mit dem Nobelpreis im Jahre 1908 mit zahllosen Orden bedacht, erhielt auch allerlei schöne Titel und galt den deutschen Lexika als »Deutschlands genialster Forscher auf dem Gebiet der Medizin«. Aber er konnte kein regelrecht beamteter Ordinarius an einer deutschen Universität werden. Denn Seine Exzellenz Geheimrat Professor Dr. Dr. h. c. Paul Ehrlich, Ritter hoher Orden, war Jude, und er dachte nicht daran, sich zur Erlangung eines Lehrstuhls taufen zu lassen.

Die Taufe war nicht erst im 19. Jahrhundert das – wie der gerade zum Christentum übergetretene Dichter Heinrich Heine es spöttisch genannt hat – »Entrée-Billet« zur guten Gesellschaft. Schon seit vielen Jahrhunderten, auch bereits ehe es die Begriffe »Deutsche« und »Deutschland« überhaupt gab, konnten sich Juden von aller Bedrückung und Verfolgung durch die Taufe befreien, und dann standen ihnen bei entsprechenden Fähigkeiten alle Laufbahnen offen; sie konnten Premierminister, Generalfeldmarschall, Präsident des Obersten

Gerichts oder auch Kardinalerzbischof werden (und einige stiegen tatsächlich in solche Positionen auf).

Der Glaubenswechsel machte aus dem fremden, rechtlosen, allenfalls geduldeten Gettobewohner einen freien, ratsfähigen Bürger, der zu allen Zünften, Kammern und Universitäten zugelassen war. Das Festhalten an der jüdischen Religion bedeutete hingegen jahrhundertelang eine verachtete, gedemütigte, elende und ständig gefährdete Existenz außerhalb der deutschen Gesellschaft, ein Paria-Dasein, begleitet von derbem Spott, Verwünschungen und Steinwürfen, sehr häufig auch den Tod auf dem Scheiterhaufen, am Galgen oder unter den Pikenstichen und Axthieben einer aufgehetzten Menge.

Wenn aber der bloße Taufakt – und nur dieser – aus einem Juden nicht allein einen Christen, sondern dann auch sofort einen gleichberechtigten Frankfurter, Kölner oder Berliner Mitbürger machte, dann konnten die in Deutschland schon seit Römertagen ansässigen Juden kein fremdes Volk sein. Aber was waren sie dann?

Hatten sie nicht eine eigene Sprache, ein seltsam klingendes Deutsch mit mancherlei hebräischen Wörtern, auch eine eigene Tracht, ein eigentümliches Aussehen? Kurz, waren sie nicht »Semiten«, während die Deutschen Nachfahren der Germanen waren?

Nun, daß die Deutschen nur zu allenfalls einem Drittel germanischer Herkunft waren und sind, haben wir bereits festgestellt. Was aber die angeblich vorderasiatische Herkunft alles Jüdischen angeht, so trifft sie nur zu für die mosaische Religion sowie für diejenigen Bekenner eines einzigen, unsichtbaren Gottes, die, im ersten nachchristlichen Jahrhundert von den Römern aus Judäa vertrieben oder als Sklaven weggeführt, die Gesetze des Moses bis in die letzten Winkel der damals bekannten Welt verbreiteten. Aber deshalb die Juden, zumal diejenigen, die viele Jahrhunderte später in Mitteleuropa lebten, pauschal als Orientalen oder, wie es die Nazis taten, als »artfremd« zu bezeichnen, ist ebenso unsinnig, wie wenn man alle Christen des Abendlands schlicht »Levantiner« nennen wollte.

In ihrer überwältigenden Mehrheit waren die Juden, die im frühen Mittelalter die aus den römischen Siedlungen am Rhein hervorgegangenen Städte in stattlicher Anzahl bewohnten, beileibe keine reinblütigen Nachkommen des ohnehin kleinen, im todesmutigen Kampf mit den römischen Kolonialherren nahezu aufgeriebenen biblischen Volkes, sondern hatten allenfalls eine »echt jüdische« Urgroßmutter, an der ein Legionär, ein griechischer Kaufmann oder ein keltischer Bauer Gefallen gefunden hatte, eine Großmutter, deren Ehemann germanisch-römischer Abstammung war und eine Mutter (denn deren Religion allein entscheidet nach jüdischem Gesetz über die automatische Zugehörigkeit zum Judentum), die sich mit einem anderen Juden noch bunter gemischter Herkunft verheiratet hatte. Das kann schon deshalb gar nicht anders sein, weil die zigtausend Juden, die bis ins 11. Jahrhundert hinein die Städtchen an Rhein, Main und Donau bevölkerten, zum Teil sogar beherrschten, und dann die Ahnen aller Juden Mittel-, Ost- und Südosteuropas, auch der meisten nach Amerika ausgewanderten Juden wurden, unmöglich zu mehr als einem winzigen Bruchteil von den Vertriebenen und Verschleppten aus Judäa abstammen konnten.

Tatsächlich haben sämtliche anthropologischen Messungen und sonstigen Forschungen – von denen Rudolf Virchows über diejenigen Fishbergs und auch die der emsigen NS-Rasse-forscher bis zu den neueren Blutgruppen- und Rhesusfaktor-Vergleichen der UNESCO – keinerlei Verwandtschaft der mitteleuropäischen Juden mit orientalischen Völkern feststellen können, nicht einmal physische Ähnlichkeiten mit den Juden anderer Kulturkreise, etwa des Jemen oder Bucharas. (Die Rasseforscher der Nazizeit hätten gern biologische Kriterien für die Unterscheidung von »Ariern« und »Nichtariern« entdeckt, fanden aber keine. So mußten Taufscheine, nicht »das Blut« für die Bestimmung der »Rasse« herhalten.)

Dagegen erwies sich, daß sie zu jenem abendländischen Völkergemisch gehören, von dem am Anfang dieses Buches die Rede war. Die deutschen Juden haben sich während der fast zwei Jahrtausende ihrer Seßhaftigkeit an Rhein, Main und Donau in demselben reichen Maße mit Nachbarn, Eroberern, Flüchtlingen oder Sklaven vermischt wie die Christen. Es wäre weltfremd, wollte man annehmen, daß die fremden Krieger, die in Deutschland einfielen und wieder verschwanden, bei der mehr oder weniger gewaltsamen Ausübung ihrer Siegerrechte streng unterschieden hätten zwischen getaufter und ungetaufter Weiblichkeit; oder daß umgekehrt die Juden, wenn sie, was nicht selten geschah, in heidnischer Umwelt Proselyten machten, ihre freigelassenen Sklaven mittels Beschneidung in den Bund Moses aufnahmen oder ihre keltisch-germanischen Mägde, ehe sie sie heirateten, Jüdinnen werden ließen, dabei das »nordisch-germanische Bluterbe«, von dem die Nazis schwärmten, sorgfältig ausgespart hätten.

Nein, bis zu den ersten Kreuzzügen, nahezu ein Jahrtausend lang, lebten die zahlreichen Juden der deutschen Städte zwischen Rhein und Elbe unangefochten und hoch geachtet unter den Christen und verhielten sich, von den unterschiedlichen religiösen Bräuchen abgesehen, keine Spur anders als ihre christlichen Nachbarn.

Aber dann kamen, erstmals im Frühjahr 1096, von Frankreich her die Kreuzfahrer an den Rhein: Glaubenseiferer, Abenteurer und in beider Gefolge Tausende von beutegierigen Vagabunden. Zwar war ihr Ziel Palästina und die Befreiung der heiligen Stätten, an denen Jesus Christus zur Welt gekommen, gekreuzigt worden und wiederauferstanden war, von der Herrschaft der »ungläubigen« Moslems sowie auch möglichst viel irdischer Lohn für soviel frommen Wagemut. Aber Jerusalem war weit, auch unterwegs ließen sich gottgefällige Werke verrichten; man konnte auch schon am Rhein »Ungläubige« bekehren oder umbringen und dabei viel Beute machen.

So wurden die jüdischen Gemeinden Westdeutschlands die ersten Opfer. Sie leisteten zwar bewaffneten Widerstand; oft halfen ihnen auch ihre christlichen Freunde und Nachbarn, und einige Juden, die sich weder gegen die Übermacht behaupten noch fliehen oder sich verstecken konnten, zogen die »Bekehrung« dem Märtyrertod vor. Aber die meisten blieben standhaft, gingen zu Tausenden unter, und als in den folgenden Jahrhunderten immer neue Kreuzfahrerscharen durch Deutschland zogen, gab es bald nur noch versprengte Reste der einstmals blühenden jüdischen Gemeinden. Wer den Gemetzeln hatte entfliehen können, wanderte ostwärts nach Polen aus (wobei die deutsche Bürgertracht und die mittelhochdeutsche Sprache von den Juden bis in unser Jahrhundert bewahrt wurden – Kaftan, Pelzhut und das zu achtzig Prozent deutsche Jiddisch verbreiteten sich mit ihnen in ganz Ost- und Südosteuropa).

Nach den ersten Kreuzzügen begann für die meisten der in Deutschland verbliebenen Juden ein stetiger sozialer Abstieg, begleitet von immer neuen Bedrückungen und Verfolgungen, der mit ihrer Einschließung in Gettos, Verdrängung aus allen Berufen und Beschränkung auf anrüchigen Geldverleih zu Wucherzinsen seinen Tiefpunkt erreichte. Sie waren zwar wahrlich nicht die einzige Gruppe, die in dieser Epoche des »finsteren Mittelalters« um ihres Glaubens willen verfolgt und gequält wurde, aber für sie war das allmähliche Absinken vom freien, geachteten waffentragenden Bürger zum rechtlosen, verhöhnten und gedemütigten Gettobewohner besonders bitter.

Um so verblüffender war es für ihre christliche Umwelt, als sich, kaum hatten die Stürme der Französischen Revolution die morschen Reste des mittelalterlichen Heiligen Römischen Reiches hinweggefegt und mit der Beseitigung der Zwergstaaten und ihrer strengen Hierarchien auch die deutschen Juden aus ihrer Knechtschaft befreit, aus den bis dahin verachteten Bewohnern der überfüllten und verwahrlosten Judengassen wieder vollwertige Mitbürger entwickelten.

Besonders erstaunte dieses »Wunder« diejenigen Städter, deren Magistrate, wie der der Reichsstadt Frankfurt am Main, die dortigen Juden noch bis weit ins 19. Jahrhundert hinein kaum als Menschen, schon gar nicht als gleichberechtigt angesehen hatten. Weniger wunderte man sich hingegen in anderen Teilen Deutschlands, wo das »Frankfurter Modell« der Judenbehandlung nicht zur Anwendung gekommen war, wobei sich das für uns interessanteste Beispiel in der brandenburgisch-preußischen Landeshauptstadt Berlin finden läßt.

Der Große Kurfürst hatte, wie schon kurz erwähnt, 1671 einige der wohlhabenden Juden Wiens auffordern lassen, in seine Hauptstadt zu ziehen und dort »mit allen Freyheiten, zumal ungehinderter Ausübung ihrer Religion«, ansässig zu werden. Doch die Wiener Juden, die bis dahin im Getto gelebt hatten – wenngleich in einem geräumigen und keineswegs verwahrlosten – und deren Vertreibung auf Druck der katholischen Geistlichkeit hin schon begonnen hatte, wollten dennoch nicht so ohne weiteres nach Berlin auswandern. Sie stellten Bedingungen, die erst mühsam ausgehandelt werden mußten, und schließlich kamen von den aufgeforderten und erwarteten fünfzig Familien zunächst nur fünfzehn in die wenig attraktive, sehr abgelegene brandenburgische Hauptstadt.

Berlin begann damals gerade erst, sich aus einem armseligen Provinznest mit schmutzigen, ungepflasterten, nachts stockfinsteren Gassen, in die die Haustierställe ragten und die Nachtgeschirre geleert wurden, allmählich zu einer ansehnlichen Metropole zu entwickeln, vornehmlich unter dem Einfluß der zahlreichen Neubürger, die – wie schon geschildert – vor allem aus Frankreich, Belgien, Holland, der Schweiz und Italien, aber auch aus Böhmen, Polen, Schottland und anderen Ländern, nach Berlin eingewandert waren und dort fast drei Viertel der Bevölkerung ausmachten.

Die Wiener Juden, deren Anzahl sich durch weiteren Zuzug rasch vermehrte und deren Gemeinde im Jahre 1700 schon mehr als tausend Köpfe zählte, bildeten im frühen 18. Jahrhundert bereits ein wichtiges, für das Aufblühen Berlins unentbehrliches Element. Ihre Läden und Handwerksbetriebe, Manufakturen, Bankgeschäfte und Außenhandelsfirmen hatten die höchsten Umsätze und zahlten die meisten Steuern. Ihre Häuser und Gärten zählten bald zu den schönsten der Stadt.

Während in der Reichsstadt Frankfurt am Main und an vielen anderen Orten Deutschlands die mittelalterlichen Judengassen und abgesperrten Gettos bis ins 19. Jahrhundert hinein fortbestanden, lebten die Juden, die seit 1671 nach Berlin gekommen waren, von Anfang an, wie einstmals vor Beginn der Kreuzzüge am Rhein, in Nachbarschaft mit und in ganz normalen Beziehungen zu ihren christlichen Mitbürgern.

In jeder Straße Berlins gab es bereits im frühen 18. Jahrhundert mindestens ein jüdisches Ladengeschäft, so wie es auch überall französische und italienische Läden gab. Schon 1714 wurde mit großen Feierlichkeiten und sogar in Anwesenheit des Hofes die erste öffentliche Synagoge in der Heidereutergasse eingeweiht, das erste offiziell zugelassene nichtchristliche Gotteshaus in Berlin.

In Brandenburg-Preußen herrschte, im krassen Gegensatz zu den meisten anderen Staaten Deutschlands und Europas, eine für die Zeit erstaunliche Toleranz gegenüber anderen Religionen, Sekten und erst recht gegenüber fremden Nationalitäten. Es konnte dort, wie es Friedrich II. 1740 kurz nach seinem Regierungsantritt verkündete, »jeder nach seiner Fasson selig werden«. Der einzige Maßstab, den die diversen brandenburgisch-preußischen Herrscher hinsichtlich des Werts oder Unwerts der Menschen kannten, war deren Nützlichkeit für ihren Staat. Das war in erster Linie eine Frage ihrer wirtschaftlichen

Tüchtigkeit und Steuerkraft, aber es gehörte auch dazu, daß sich die unterschiedlichen Nationalitäten und Konfessionen nicht ständig miteinander stritten, sondern Ruhe hielten und sich ganz der Vermehrung des Wohlstands widmeten, des eigenen wie des allgemeinen.

Das Wehgeschrei der Berliner Zünfte bei Beginn der Hugenotteninvasion, die jämmerlichen Klagen des Magistrats über die erdrückende, die Eingesessenen ruinierende Konkurrenz der »Fremden«; die geharnischten Proteste, nun auch schon der Hugenotten, als immer mehr Norditaliener, Wallonen, Polen, Böhmische und Mährische Brüder und schließlich viele tausend Salzburger Protestanten ins Land strömten; die dringenden Beschwerden, gemeinsam vorgetragen von den Zünften, dem Magistrat und den Oberen der Französischen Kolonie, über die wachsende Anzahl jüdischer Geschäfte sowie die nicht minder larmoyanten Petitionen der Juden, den »ruinösen« Wettbewerb der anderen betreffend – das alles ließ die brandenburgisch-preußische Regierung kalt. Die Hauptsache war für sie, daß genug Steuern einkamen, daß der Handel »florierte« und daß der Hohenzollern-Staat an Wirtschaftskraft, Einwohnerzahl und Ansehen deutlich zunahm, was offensichtlich der Fall war.

Die soziale Gleichstellung der Juden ging zwar, was die entsprechenden Gesetze und Verordnungen betraf, sehr langsam voran, und das von Friedrich II. 1750 erlassene »Generaljudenprivileg« war sogar ein von Mirabeau als »eines Kannibalen würdig« gerügter deutlicher Rückschritt. Aber erstens war Brandenburg-Preußen dem übrigen Deutschland, nicht allein der Reichsstadt Frankfurt, weit voraus, was die Beseitigung der die Gleichstellung der Juden behinderten Schranken betraf; zweitens wurden die diskriminierenden Gesetze, auch das Generalprivileg des »Alten Fritz«, sehr lasch gehandhabt, zumindest was die eingesessenen und wohlhabenderen Juden in den preußischen Städten betraf, und drittens galten die wirklich einschneidenden Bestimmungen, nämlich daß Juden weder in das Offizierskoprs, die Justizkollegien und die eigentliche Staatsverwaltung eintreten noch ein – mit ständischen Rechten wie der Polizeigewalt und der niederen Gerichtsbarkeit ausgestattetes – Rittergut erwerben konnten, auch für das nichtjüdische Bürgertum, weil dies angestammte und zäh verteidigte Domänen der adligen Junker waren.

Tatsächlich ging der gesellschaftliche Aufstieg der preußischen und besonders der Berliner Juden viel rascher vonstatten, als es der jeweilige Stand der Gesetzgebung erkennen läßt. Schon 1700 wurde Ruben Elias Gumperz königlicher Provinzialoberrezeptor in Cleve und Mark und damit als erster Jude preußischer Beamter. Es gab im 18. Jahrhundert schon eine stattliche Anzahl von jüdischen Medizinalräten, Oberhofbankiers, Kommerzkollegien-Assessoren, Chausseebau-Inspektoren, Posthaltern und Generallandschaftsagenten, ja auch einen Hofrat, von dem noch die Rede sein soll, und sogar einen Wirklichen Geheimen Rat, Benjamin Veitel Ephraim, dessen Vater sich das schönste Bürgerhaus Berlins, das Palais Ephraim, hatte erbauen lassen und wo schon um die Mitte des 18. Jahrhunderts politische und literarisch einflußreiche Kreise verkehrten.

Alles in allem bewährte sich das »Berliner Modell« glänzend, und zwar für alle Beteiligten. Der Wohlstand der Stadt und ihrer neuen Bürgerschaft wuchs stetig.

Was die Berliner Juden betraf, so waren sie gegen Ende des 18. Jahrhunderts, als in Frankfurt am Main für sie noch immer der Zwang bestand, im engen Getto zu wohnen, von dem man – wie schon der junge Goethe – »den unangenehmsten Eindruck hatte«, ins Berliner Bürgertum bereits weitgehend integriert.

Gemeinsam mit den Damen und Herren der Französischen Kolonie, die sich längst als Urberliner fühlten, und den anderen angesehenen Bürgern, fast nur Zugewanderten, rümpfte das nun ebenfalls schon alteingesessene jüdische Bürgertum der Hauptstadt die Nase, wenn neue Flüchtlinge nach Berlin kamen: Polen, die vor den Truppen des Zaren, dann königstreue katholische Emigranten aus Frankreich, die vor der Revolution nach Berlin geflohen waren.

Die seit über einem Jahrhundert ansässigen Berliner Juden hatten sich, wie vor ihnen schon die Hugenotten, soweit assimiliert, daß sie sich nur noch durch ihren Glauben von anderen Berlinern unterschieden. »An ihren Kleidern und Sprache erkennt man nur wenige«, heißt es dazu im »Lexicon von Berlin und der umliegenden Gegend« von 1806, und diese wenigen waren die aus Polen gerade erst Zugewanderten. »Ihre Nahrungszweige sind Handel, Fabriken und Manufacturen und einige freye Künste. Man findet unter ihnen sehr reiche

Leute, große Bankiers, Gelehrte, Ärzte und Künstler. Sie haben ihre Oberältesten, freye Religionsausübung, eine Synagoge, eine Buchdruckerey, in welcher hebräische Bücher gedruckt werden, mehrere Schulen und wohltätige Anstalten und eine öffentliche Freyschule... Sie wurde 1778 gestiftet, und hat ihre ... Einrichtung hauptsächlich den Herren David Friedländer und Isaak Daniel Itzig zu verdanken... Die Lehrgegenstände sind: deutsche, französische und hebräische Sprache, Rechnen, Religion, Naturgeschichte, Mathematik, Geographie und Buchhalten. Die Lehrer waren 1804 neun, theils Juden, theils Christen... In der Schule ist ein schön gearbeitetes marmornes Brustbild Moses Mendelssohns von Tassaert aufgestellt...«

Antoine Tassaert aus Antwerpen, 1788 in Berlin gestorben, dessen Marmorbüsten von Mendelssohn und von Zieten, dem Reiterführer des »Alten Fritz«, später in die Nationalgalerie aufgenommen wurden, war der Lehrer Johann Gottfried Schadows, des Schöpfers der Quadriga auf dem Brandenburger Tor, der seit 1785 mit der Tochter Marianne des jüdischen Juweliers Devidels aus Wien verheiratet war. Beider Sohn war der Maler und Direktor der Düsseldorfer Kunstakademie Friedrich Wilhelm v. Schadow; dessen Nachfolger als Akademiedirektor war Eduard Bendemann, der aus einer angesehenen jüdischen Familie Berlins stammte und mit Schadows Schwester Lida verheiratet war. Beider Sohn Felix v. Bendemann brachte es zum Admiral der kaiserlichen Marine und war zuletzt Chef der Flottenstation der Nordsee.

Zum Direktor der Berliner Kunstakademie, an der die eingangs erwähnte Marmorbüste Moses Mendelssohns für die Jüdische »Freyschule« von Tassaert geschaffen worden war, wurde 1793 Daniel Nikolaus Chodowiecki berufen, der seit 1743 in Berlin lebte. Chodowiecki, Sohn eines polnischen Vaters und einer hugenottischen Mutter aus der Dauphiné, war in Danzig aufgewachsen, in Berlin Mitglied der Französischen Kolonie geworden und hatte auch seinerseits eine Refugiée, die Demoiselle Barez, geheiratet, mit der er zu Hause zeitlebens nur Französisch sprach. Als Künstler aber vollzog er ganz bewußt die Abkehr vom französischen Stil; er hat, zumal als Illustrator, neue Wege gefunden und wesentlich beigetragen zur Verbreitung der deutschen Klassiker wie zur bürgerlichen Aufklärung. Auch war er ein großer Bewunderer Moses Mendelssohns.

Der kleine, verwachsene und durch die Entbehrungen seiner Jugend kränkliche Moses Mendelssohn war kein Nachfahre der vornehmen Wiener Juden, die 1681 nach Berlin gekommen waren. Er hatte sich 1743, im selben Jahr wie Chodowiecki, in Berlin niedergelassen, damals erst vierzehn Jahre alt. Von Dessau aus war er zu Fuß in die preußische Hauptstadt gezogen, wo es keine Judengasse gab. Nach autodidaktischem Studium war er bald ein anerkannter Gelehrter geworden, zuerst unter Entbehrungen, dann von der Fürsorge eines wohlhabenden jüdischen Fabrikanten lebend, dem er zunächst die Kinder unterrichtete, dann die Bücher, zuletzt das Geschäft überhaupt führte. Mit Gotthold Ephraim Lessing war er zeitlebens eng befreundet und wurde dessen Vorbild für »Nathan, den Weisen«.

Moses Mendelssohn wurde der Wegbereiter der jüdischen Emanzipation. Er lehrte nicht nur seine Glaubensgenossen, sondern auch die ihre Prosa vernachlässigenden Christen ein »richtiges, klares und anmutiges Deutsch«, und er wurde der erste deutsche Schriftsteller jüdischer Religion von Weltrang. Johann Gottfried Herder schrieb über ihn in seinen »Fragmenten über die neuere deutsche Literatur«:

»Sokrates führte die Weltweisheit unter die Menschen; Moses ist der philosophische Schriftsteller unserer Nation, der sie mit der Schönheit des Stils vermählt; ja, er ist's, der seine Weltweisheit in ein Licht der Deutlichkeit zu stellen weiß, als hätte es die Muse selbst gesagt.«

Die Nachkommen Moses Mendelssohns, die sich dann vom frühen 19. Jahrhundert an mit den »besseren Kreisen« der Hugenotten-»Kolonie« und den zum kultivierten Bürgertum übergegangenen Teil des preußischen Adels auf das innigste verbanden, sich auch alle taufen ließen, geben ein eindrucksvolles Beispiel für die totale Verschmelzung ab, die das »Berliner Modell« bewirkte. Unter ihnen und ihren Ehepartnern finden sich die Träger von mehr als vierzig Adelsnamen – die von geadelten jüdischen Familien, zum Beispiel »von Simson«, gar nicht mitgezählt –, darunter Arnim, Schwerin, Winterfeld, Bonin, Raumer, Richthofen und Kleist, außerdem die Namen von rund einem Dutzend hugenottischer Familien aus der »Kolonie« wie Dirichlet, du Bois Reymond, Souchay, Thévoz, Jeanrenard, Longard und Biarnez.

Natürlich haben sich die Nachfahren Moses Mendelssohns auch mit den meisten der alteingesessenen jüdischen Familien

Berlins verbunden – mit den Veits, den Riess', den Hitzigs, den Friedländers, den Bendas oder Bendemanns –, aber auch mit Familien wie den Laupichlers, die von vertriebenen Salzburger Protestanten abstammten – kurz, die Mischung entsprach ziemlich genau derjenigen der bürgerlichen Oberschicht Berlins, auch darin, daß kräftige Einschüsse aus der Provinz, zumal aus dem jüdischen und christlichen Bürgertum von Breslau und Königsberg, zu verzeichnen waren.

Auch hinsichtlich ihrer Berufe und ihres sozialen Status entsprachen die zahlreichen Nachfahren des Moses und deren Ehepartner exakt dem Gesamtbild der gutbürgerlichen Oberschicht der preußischen Hauptstadt. Wir finden unter ihnen eine Reihe von bedeutenden Bankiers und Industriellen, einige hohe Richter und Staatsbeamte, ein Dutzend Berufsoffiziere und ebenso viele Rittergutsbesitzer, einige hervorragende Techniker und Architekten, etliche Verlagsbuchhändler, namhafte Pädagogen, mehrere in der Sozialarbeit aktive Frauen, darunter drei Ordensschwestern, eine stattliche Reihe bekannter Schriftsteller, Komponisten, auch Musiker, Schauspieler und andere Künstler, viele Ärzte, mehrere Anwälte und insgesamt einunddreißig Universitätsprofessoren der verschiedensten Fachgebiete, darunter mindestens sechs, die man als Gelehrte von Weltruf bezeichnen kann.

Man könnte nun meinen, die totale Integration der Nachkommen Moses Mendelssohns und ihrer aus jüdischen, hugenottischen und märkischen Adelsfamilien stammenden Ehepartnern in die kulturtragende bürgerliche Oberschicht der preußischen Hauptstadt stellte eine seltene Ausnahme dar und könnte keineswegs als Regelfall für das »Berliner Modell« gelten. Doch das Gegenteil ist richtig: Es *war* der Regelfall.

Es läßt sich sogar sagen, daß es ohne die relativ freien Entfaltungsmöglichkeiten, die das »Berliner Modell« den Einwanderern unterschiedlicher Nationalität, Religion und Muttersprache bot, fraglich gewesen wäre, ob es in Berlin eine kulturtragende bürgerliche Schicht überhaupt schon so früh und in solcher Breite gegeben hätte. Denn es war – wie schon Franz Mehring bemerkt hat – für Preußen geradezu charakteristisch, »daß es in ihm keine Städte gab, keine Städte im historischen Sinne des Wortes: Die Gemeinwesen, die sich so nannten, waren zur einen Hälfte Domänen, zur anderen Hälfte Garnisonen.«

So wäre es auch noch im frühen 19. Jahrhundert in Berlin gewesen, denn ehe die Einwanderer gekommen waren, hatten die Kleinstädte und Dörfer im Umkeis der kurfürstlichen Residenz, aus denen sich die Hauptstadt Berlin dann erst bildete, nur ein paar tausend Einwohner, und ein kraftvolles eingesessenes Bürgertum fehlte ganz und gar. Die Beamtenschaft des Kurfürsten und die vom Hof besoldeten Architekten, Künstler oder Gelehrten hatten mit den Handwerkern und Kleinhändlern von Berlin und Köln nichts gemein; allenfalls die Dienerschaft ging mit Angehörigen der ansässigen Bäcker-, Schlächter-, Gastwirt- oder Futtermittelhändler-Familien Ehen ein.

Die wenigen Gebildeten, die es in Berlin, Kölln und den Dörfern ringsum gab, ehe die Einwanderer kamen – nur einige Pfarrer, die drei (!) Lehrer des Gymnasiums Zum Grauen Kloster und ihr Direktor sowie deren gewiß kaum zahlreicheren Kollegen vom Gymnasium in Kölln, ein paar Apotheker, Advokaten und Medici zweifelhafter Kompetenz –, versauerten in diesen märkischen Nestern, wo die meisten Einwohner nicht einmal ihren Namen schreiben konnten.

Erst die sich rasch vergrößernde Französische Kolonie, die Wiener Juden und die vielen Fremden aus aller Herren Länder, die sich vom späten 17. Jahrhundert an dort niederließen, bildeten allmählich, indem die einzelnen Gruppen miteinander und mit der hauchdünnen Schicht der gebildeten Einheimischen verschmolzen, ein kraftvolles und selbstbewußtes Berliner Bürgertum. Dieses entwickelte dann ziemlich rasch eine eigene, die anderen größeren Städte, erst Preußens, dann ganz Deutschlands und zeitweise sehr weit darüber hinaus beeinflussende Kultur und Zivilisation.

Anders als in Hamburg, Köln, Frankfurt, Lübeck, Nürnberg oder Augsburg, wo alteingesessene großbürgerliche Familien die von den Fürsten unabhängigen Stadtstaaten regierten, anders auch als in den Residenzen der sächsischen, bayerischen oder württembergischen Landesherren, bedurfte es in Berlin nicht erst des Anstoßes durch die Französische Revolution, damit durch religiöse Toleranz und allmähliche Beseitigung der Standesunterschiede jeder Tüchtige seine Chance erhielt. Brandenburg-Preußen und besonders Berlin waren auf Fremde aller Art und die Bildung einer bürgerlichen Intelligenz einfach angewiesen.

Insofern war das Brandenburg-Preußen des Großen Kurfürsten und seiner Nachfolger den Vereinigten Staaten von Amerika des 19. Jahrhunderts ähnlich. Deren damals rasch wachsende Bedeutung beruhte ganz wesentlich auf dem Zustrom
von Menschen unterschiedlichster Nationalität, Sprache und
Kultur und deren schneller Verschmelzung ohne Rücksicht auf
Standes- oder Glaubensbarrieren.

Ähnliches war im alten Europa nur in Berlin möglich. Wo
sonst hätte schon um 1770, fast zwei Jahrzehnte vor der Französischen Revolution, ein jüdisches Bürgerhaus regelmäßig den
Besuch christlicher Theologen und anderer Gelehrter, hoher
Staatsbeamter, auch von Grafen und Herzoginnen, ja sogar
von königlichen Prinzen haben dürfen?

Dies war tatsächlich damals schon möglich im Hause von
Markus Herz, einem 1747 in Berlin geborenen, dort 1803 gestorbenen Juden, der in Königsberg Medizin und Philosophie studiert hatte und dort ein enger Freund Immanuel Kants geworden war. Dieser große Philosoph schottischer Herkunft – der
sich ursprünglich Cant schrieb – hatte Herz, als dieser sich 1770
als Arzt in Berlin niederließ, wärmstens an Moses Mendelssohn empfohlen. Markus Herz und seine schöne Frau Henriette versammelten dann schon bald in ihrem Salon alle
geistig Interessierten, Juden und Christen, die sich für die
Kantschen Thesen interessierten: die Brüder v. Humboldt, den
bei den Mährischen Brüdern in Herrnhut aufgewachsenen
Ernst Daniel Schleiermacher, den jungen Ludwig Börne, die
Herzogin von Kurland, auch die Brüder des Königs mit ihrem
Gefolge. Dr. Herz, der zum Hofrat und Professor der Akademie ernannt wurde, hat wie außer ihm nur ein anderer Berliner
Jude, Lazarus Bendavid, die neue Philosophie seines Freundes
bekanntgemacht und dafür gesorgt, daß sie eine lebendige
Macht in der deutschen Bildung jener Tage wurde.

Es ließen sich noch viele Beispiele dafür anführen, wie im
absolutistischen Preußen und besonders in Berlin die
anderswo unüberwindlichen Schranken zwischen Hof und Bevölkerung, Adel und Bürgertum durchbrochen wurden, wie
sich andere als rein finanzielle Beziehungen zwischen Juden
und Christen anbahnten, wie die überall sonst streng geschie-
denen Gruppen allmählich miteinander verschmolzen.

Der Aufstieg Brandenburg-Preußens zur Vormacht in Mitteleuropa, schließlich zur Weltmacht, wurde – ganz ähnlich dem

der USA – von diesem Verschmelzungsprozeß wesentlich beeinflußt und gefördert.

Ein Gegenbeispiel ist die einstige Weltmacht Spanien, in deren Reich »die Sonne nicht unterging«. Spaniens Niedergang bis zur weltpolitischen Bedeutungslosigkeit, sein Abstieg vom Gipfel des Reichtums zur bitteren Armut und Hilfsbedürftigkeit, begann damit, daß dort alle »Ungläubigen«, Mauren und Juden, mit Feuer und Schwert vertrieben, keine »ketzerischen« Flüchtlinge aus dem benachbarten Frankreich hereingelassen und alle verbliebenen Spuren von Andersartigkeit oder gar religiöser Abweichung mit blindwütigem Fanatismus von der Inquisition bis ins 19. Jahrhundert hinein radikal ausgetilgt wurden.

Die industrielle Revolution, die im übrigen Westeuropa und in Preußen bereits begann, als man in Spanien noch Ketzer verbrannte, brauchte aber noch dringender als die vorindustrielle Epoche den Erfahrungsaustausch zwischen den Völkern, die Mithilfe landfremder Ingenieure und Wissenschaftler bei der Einführung neuer Techniken und nicht zuletzt auch häufig eine Vielzahl ausländischer Arbeitskräfte.

8. Industrielle Revolution und Ausländer-»Probleme«

1826 wurde in der spanischen Provinzhauptstadt Valencia der Schullehrer Cajetano Ripoll vom Inquisitionsgericht schuldig gesprochen. Der etwa fünfundvierzigjährige Ripoll hatte nach zweijähriger Untersuchungshaft im geistlichen Kerker und nach wiederholter Folter gestanden, zwar die zehn Gebote zu achten und an Gott zu glauben, nicht aber an die Dreieinigkeit, die Mittlerrolle der Heiligen zwischen Gott und den Menschen oder gar an die – erst 1854 zum Dogma erhobene – Unbefleckte Empfängnis der Gottesmutter Maria.

Ripoll mußte auch zugeben, seine Schüler nicht zum täglichen Besuch der heiligen Messe und zum Niederknien auf den Straßen vor Kruzifixen, Madonnenbildern und Heiligenstatuen angehalten zu haben. Schließlich bekannte er, nach abermaliger Folter, daß er seine Schüler stets mit »Gelobt sei Gott« anstatt mit dem vorgeschriebenen »Ave Maria« begrüßt hätte. Darauf befand das kirchliche Tribunal, Ripoll sei ein heimlicher Jude und verurteilte ihn zum Tode. Er wurde aber nicht, wie es bis dahin üblich gewesen war, auf dem Scheiterhaufen verbrannt. Er starb – so fortschrittlich war man in Spanien bereits! – am öffentlichen Galgen.

Ebenfalls im Jahre 1826 wurde der preußische Sekondeleutnant Meno Burg zum Premierleutnant befördert, und zwar, wie er, ein ungetaufter Jude, selbst dazu bemerkt hat, »ganz in meiner Reihenfolge, ohne alle Hindernisse, ohne irgendeine Schwierigkeit«. Schon als er 1815 durch königliche Kabinettsorder zum Leutnant ernannt worden war, hatte ihm sein damaliger Brigadekommandant, Major Huét, seine Hochachtung für die bewiesene Treue zum jüdischen Glauben ausgesprochen, derentwegen er ihn »um so mehr liebe«. Gleichzeitig verurteilte der Major jeden Glaubenswechsel, der nicht aus religiöser Überzeugung resultierte, als »eine große Blasphemie«.

Premierleutnant Burg war nicht der erste preußische Offizier jüdischen Glaubens; während der Befreiungskriege 1813–1815 hatte es unter den sehr zahlreichen jüdischen Freiwilligen mindestens vierundzwanzig – namentlich bekannte – Soldaten gegeben, die wegen »Tapferkeit vor dem Feind« ausgezeichnet und zu Offizieren befördert worden waren, einer sogar, der Gardejäger Meyer Hilsbach aus Breslau, zum Leutnant bei einem exklusiven Garderegiment. Aber nach Friedensschluß waren diese jüdischen Offiziere wieder aus dem aktiven Militärdienst ausgeschieden. Meno Burg wurde der erste jüdische Berufsoffizier in Preußen.

Der König und seine Ratgeber aus dem preußischen Junkertum hatten »schwerste Bedenken« gegen diese »Verletzung der christlichen Prinzipien der Krone Preußens«. Es wurde Meno Burg nahegelegt, »Seiner Majestät zuliebe« sich taufen zu lassen. Aber Burg dachte nicht daran, diesen bequemen Weg zu gehen. Er erklärte, er sei und bleibe Jude *und* Offizier; er werde jede Diskriminierung, jede Verweigerung einer ihm zustehenden Beförderung oder Auszeichnung als Kränkung seiner Ehre ansehen und sofort um seine Dienstentlassung bitten. Dies aber, den dann unvermeidlichen Eklat und die voraussehbaren Reaktionen des Bürgertums und der wirtschaftlich sehr starken jüdischen Fabrikanten und Bankiers in Berlin und anderen preußischen Städten, scheuten König und Regierung. So stieg Meno Burg, stets pünktlich befördert, weiter auf, wurde Hauptmann, schließlich Major, erhielt den Roten Adlerorden und im Jahr darauf den Vorsitz im Ehrenrat der Offiziere der von ihm geleiteten Artillerieschule.

Ebenfalls im Jahre 1826 entdeckte der Physiklehrer Georg Simon Ohm aus der Hugenottengemeinde Erlangen, der gerade erst als Lehrer an die preußische Kriegsschule in Berlin berufen worden war, das nach ihm benannte »Ohmsche Gesetz«, »nach welchem die Metalle die Kontaktelektrizität leiten«.

Ein Schüler Ohms war der – 1888 geadelte – Gutspächterssohn Werner Siemens, der als Achtzehnjähriger aus Lenthe nach Berlin kam und in das preußische Ingenieur-Korps eintrat, weil sein Vater, dessen Familie aus Polen stammte, zu arm war, um dem technisch hochtalentierten Sohn ein Universitätsstudium zu ermöglichen.

Werner Siemens besuchte in Berlin die »Vereinigte Artillerie- und Ingenieurschule«, die aus der Artillerieschule des

Majors Meno Burg hervorgegangen war, und hörte dort die Vorlesungen Ohms, aber auch die von Heinrich Gustav Magnus, der aus einer angesehenen jüdischen Gelehrtenfamilie Berlins stammte und dort Physik und Technologie lehrte. Der junge Siemens, der sich bald durch die Erfindung einer Reihe von wichtigen technischen Neuerungen einen Namen machte, gründete dann 1847 in Berlin, zusammen mit dem Mechaniker Halske, die Telegraphenbauanstalt Siemens & - Halske, die Keimzelle des heutigen weltweiten Siemens-Konzerns.

Ebenfalls im Jahre 1826 trat in Berlin bei der Egells'schen Eisengießerei der gelernte Zimmermann August Borsig aus Breslau, der nach beendeter Lehre das 1821 gegründete Königliche Gewerbe-Institut zu Berlin absolviert hatte, als Volontär ein. Er bewährte sich dort so hervorragend, daß ihm schon bald die Leitung des Betriebes anvertraut wurde. 1837 gründete Borsig dann eine eigene Maschinenbauanstalt und setzte sich zum Ziel, im Bereich des zukunftsträchtigen Eisenbahn-, besonders des Lokomotivbaus, in das bestehende britische Monopol auf diesem Gebiet einzubrechen.

Schon 1816 hatte der Engländer George Stevenson seine erste Lokomotive gebaut. 1825 fand sie erstmals Verwendung auf der Strecke Stockton-Darlington. Wirtschaftliche Bedeutung erlangte Stevensons Erfindung im Jahr darauf, als die britische Regierung die Genehmigung zum Bau einer öffentlichen Dampfeisenbahn von Liverpool nach Manchester erteilte.

Damit und mit dem ebenfalls 1826 in Angriff genommenen Bau des ersten Eisenbahntunnels begann – während in Spanien noch die Inquisition wütete – in Großbritannien, dann auch in den USA und auf dem westeuropäischen Festland das technische Zeitalter mit einem geradezu fieberhaften Eisenbahnbau, der auch ein halbes Jahrhundert später seinen Höhepunkt noch nicht erreicht hatte.

In Deutschland wurde die erste Dampfeisenbahn für den öffentlichen Verkehr am 7. Dezember 1835 auf der nur sechs Kilometer langen Strecke von Nürnberg nach Fürth eröffnet, die erste größere von Dresden nach Leipzig 1839. 1840 waren schon rund 550 Streckenkilometer in Betrieb, 1850 bereits über sechstausend, 1860 über elftausend, 1870 beinahe zwanzigtausend und gegen Ende des Jahrhunderts schon mehr als fünfzigtausend Kilometer.

Der deutsche Eisenbahnbau hatte anfangs große Schwierigkeiten zu überwinden, die ärgste davon war die Kleinstaaterei. Einige deutsche Fürsten wehrten sich wütend gegen die Errungenschaften der Technik; sie fürchteten den Anbruch eines neuen, demokratischen Zeitalters, in dem die Bürger, bisher ihre Untertanen, das Sagen haben könnten. Kurfürst Friedrich Wilhelm I. von Hessen-Kassel setzte noch 1850 gegen alle Vorstellungen seiner Räte ein Verbot durch, in seinem Ländchen Eisenbahnen, Fabriken und sonstigen »neumodischen Unfug« zu betreiben. König Ernst August von Hannover, ein besonders engstirniger Landesherr, erklärte zornig: »Ich will keine Eisenbahn in meinem Land! Ich will nicht, daß jeder Schuster und Schneider so rasch reisen kann wie ich!«

Eine andere große Schwierigkeit war der Mangel an erfahrenen Ingenieuren und Technikern, zunächst für den Bau der Strecken, dann für die Bedienung und Wartung der Lokomotiven. Auch fehlte es an leistungsfähigen deutschen Betrieben, die den Bedarf an Schienen, Brückenteilen und sonstigen für den Gleisbau benötigten Eisenprodukten, erst recht den an rollendem Material für den Bahnbetrieb sowie Signalanlagen hätten herstellen können.

»Da in Deutschland kein Facharbeiterstamm vorhanden war, der die neuen Produktionsverfahren beherrschte«, heißt es dazu in einer Untersuchung von Horst Wagenblass, »Der Eisenbahnbau und das Wachstum der deutschen Eisen- und Maschinenbauindustrie 1835 bis 1860«, »mußten in den zwanziger und dreißiger Jahren des 19. Jahrhunderts weitgehend ausländische Fachkräfte angeworben werden, um die fortschrittlichen Herstellungsmethoden in der deutschen Eisenindustrie einsetzen zu können. Bei den ausländischen Arbeitskräften spielten die Engländer die entscheidende Rolle. Auch noch in den 1840er Jahren waren die in den deutschen Eisenwerken tätigen Engländer und Belgier für die Entwicklung dieser Industrie von äußerster Wichtigkeit, weil es zunächst nicht gelang, einen deutschen Facharbeiterstamm in größerem Umfang auszubilden.«

Während man mit Hilfe der aus England und in kleinerem Umfang auch aus Belgien herangeholten Facharbeiter daranging, eine den Unternehmen dieser Länder ebenbürtige deutsche Eisen- und Maschinenbau-Industrie allmählich aufzubauen, importierte man nahezu alles, was man für den

Eisenbahnbau in den deutschen Staaten benötigte, auch die Schienen. Die erste Lokomotive kam Ende 1836, zerlegt und in fünfzehn Kisten verpackt, von der Firma Rothwell & Co in Bolton; von den weiteren 177, die bis 1843 auf deutschen Eisenbahnstrecken in Dienst gestellt wurden, lieferte die Firma R. Stephenson in Newcastle 56, die Firma Sharp & Roberts in Manchester 55, andere britische Hersteller – zum Beispiel Fenton, Murray & Co in Leeds, Kirtley & Co in Warrington oder E. Bury in Liverpool – kleinere Stückzahlen. Von der Maschinenfabrik W. Norris in Philadelphia kamen 36 Lokomotiven, aber zunächst nur acht solcher »Dampfrösser« von Borsig in Berlin, und natürlich kamen mit den importierten Loks auch Ingenieure und Spezialtechniker aus den Lieferländern. Denn wer sonst hätte die Ungetüme montieren, fahren, warten und reparieren, wer hätte weiteres Bedienungspersonal ausbilden können?

So schickte die Firma Stephenson ihren Mechaniker William Wilson, der dann den ersten deutschen Eisenbahnzug von Nürnberg nach Fürth fuhr. Wilson bekam dafür von der Eisenbahngesellschaft ein Anfangsgehalt von jährlich 1600 Gulden – doppelt soviel wie der Direktor der Gesellschaft!

Für die Lokomotiven der Dresden-Leipziger Bahn kamen John Robson, John Greener und ein weiterer Lokführer namens Pierpoint von England nach Sachsen, und im Frühjahr 1839 trafen in München zwei britische Ingenieure, Hall und Ashton, ein, um die Montage der von der Firma Stephenson gelieferten Lok-Teile zu überwachen. Sie brachten zwei englische Lokomotivführer mit, und auch für die Leitung des Streckenbaus, der Tunnelbohrungen, der Einrichtung von Stellwerken und Signalanlagen sowie für den Brückenbau kamen immer mehr Engländer nach Deutschland.

Diese »Entwicklungshelfer« kehrten zwar in der Regel wieder in ihre Heimat zurück, wenn ihre Kontrakte abgelaufen und genügend deutsche Fachingenieure, Mechaniker und Lokomotivführer ausgebildet waren (wobei angemerkt sei, daß unter den ersten drei namentlich bekannten preußischen Lokführern einer ein Hugenotten-Nachkomme namens Gérard, einer, Maxwell, ein naturalisierter Engländer war, der sich in Berlin niedergelassen und dort geheiratet hatte. Der dritte war Jakob Bernstein, Sohn des Rabbiners der jüdischen Gemeinde in Danzig; dessen Sohn Eduard wurde einer der führenden

Sozialdemokraten und gehörte fast drei Jahrzehnte lang dem Reichstag an).

Aber nicht wenige der englischen Eisenbahningenieure und Lokomotivführer blieben auch nach Ablauf ihrer Verträge in Deutschland, vor allem im Rhein-Ruhr-Gebiet, wo die stürmisch einsetzende Industrialisierung ihnen glänzende Verdienstmöglichkeiten bot.

Auch englische Unternehmer ließen sich im frühen 19. Jahrhundert in Berlin und im Rheinland, aber auch im Königreich Sachsen nieder. So errichtete Evan Evans die erste Maschinenspinnerei in Harthau bei Chemnitz, Whitefield die größte Spinnerei in Chemnitz selbst. Die Brüder John und James Cockerill aus Lancashire, die dann beide Aachenerinnen heirateten, errichteten von Seraing bei Lüttich aus ein Industrieimperium, das sich von Belgien über Aachen und Stolberg ins Ruhrgebiet hinein und weiter bis Cottbus, ja bis nach Polen erstreckte. Sie beschäftigten in den ersten Jahrzehnten vorwiegend Engländer und Belgier als Ingenieure und Mechaniker, und die meisten davon wurden in Deutschland seßhaft. Wie groß die deutschen – Steinkohlenzechen, Hüttenwerke, Spinnereien, Maschinen-, Tuch-, Glas- und Papierfabriken umfassenden – Wirtschaftsinteressen der Familie Cockerill waren, zeigt das »Jahrbuch der Millionäre im Deutschen Reich« von 1912, wo mehr als ein Dutzend Cockerill-Nachfahren aufgeführt sind, als reichste Frau Lucy Fleischer verwitwete Gräfin Adelmann geborene Cockerill mit einem versteuerten Vermögen von mehr als 36 Millionen Goldmark.

Schließlich sei noch die britische Imperial Continental Gas Association erwähnt, die 1825 in Hannover, 1826 in Berlin die Straßenbeleuchtung mittels Leuchtgas, später auch die Versorgung mit Haushaltsgas einführte. Auch diese Gesellschaft arbeitete in Deutschland vorwiegend mit englischen Fachkräften, denn in den deutschen Staaten fehlte es bis in die Jahrhundertmitte hinein an Facharbeitern, besonders in den Ostprovinzen sowie in den mitteldeutschen Zwergstaaten.

Doch auch im industriell schon weiter entwickelten Westen Deutschlands herrschte ein starker Mangel an geeigneten Arbeitskräften für die neuen Betriebe. Der preußische Regierungspräsident v. Struensee, zuständig für den einen Großteil des heutigen Ruhrgebiets umfassenden Regierungsbezirk Arnsberg, äußerte sich im August 1843 nach einer Inspektionsreise durch das Industriegebiet sehr pessimistisch, was die Möglichkeit der Heranbildung deutscher Fachkräfte betraf. »Von den deutschen Arbeitern wird behauptet«, berichtete er der Regierung in Berlin, »daß sie es niemals zu derjenigen Fertigkeit brächten, die zur Darstellung feinen Eisens nöthig wäre.«

Zwar erwiesen sich diese Befürchtungen dann doch als unbegründet, aber noch während des ganzen 19. Jahrhunderts importierte die rheinisch-westfälische, sächsische und Berliner Industrie Hunderttausende von ausländischen Arbeitskräften aus westlichen Industriestaaten, aber auch aus Böhmen, Mähren, Russisch- und Österreichisch-Polen, aus Slowenien und nicht zuletzt auch aus Italien, gar nicht gerechnet die Zigtausende von preußischen Polen, die – wie schon eingangs dargestellt – aus der ostdeutschen Landwirtschaft und dem oberschlesischen Bergbau ins Rhein-Ruhr-Gebiet strömten.

Gleichzeitig mit dieser starken und stetigen Einwanderung herrschte in den meisten Gegenden Deutschlands Massenarbeitslosigkeit, und diese wiederum war, da es noch keine Sozialversicherung und kaum mehr als Almosen an Unterstützung gab, die Ursache des »Pauperismus«.

Mit diesem aus England stammenden Schlagwort bezeichnete man die Massenarmut, die schier grenzenlose, in ihren Ausmaßen heute in Deutschland kaum noch vorstellbare Verelendung der Unterschicht in der Epoche der beginnenden und fortschreitenden industriellen Revolution.

»Es handelt sich dabei nicht um die natürliche Armuth, wie sie als Ausnahme in Folge physischer, geistiger oder sittlicher Gebrechen oder zufälliger Unglücksfälle immerfort Einzelne befallen mag«, heißt es dazu in der »Allgemeinen deutschen Real-Encyklopädie für die gebildeten Stände«, erschienen 1846 bei F. A. Brockhaus in Leipzig, »auch nicht um die vergleichsweise Dürftigkeit, bei der doch eine sichere Grundlage des Unterhalts bleibt. Der Pauperismus ist da vorhanden, wo eine zahlreiche Volksklasse sich durch die angestrengteste Arbeit höchstens das nothdürftigste Auskommen verdienen kann, auch dessen nicht sicher ist, in der Regel schon von der Geburt an und auf Lebenszeit solcher Lage geopfert ist, keine Aussicht der Änderung hat, darüber immer tiefer in Stumpfsinn und Roheit versinkt, den Seuchen, der Branntweinpest und viehischen Lastern aller Art, den Armen-, Arbeits- und Zuchthäusern fortwährend eine immer steigende Zahl von Rekruten liefert und dabei immer noch sich in reißender Schnelligkeit ergänzt und vermehrt. Diese Erscheinung ist vorhanden; sie ist in Europa am schlimmsten in England, Frankreich und Belgien hervorgetreten, fängt aber auch in Deutschland, besonders... wo es eigene Fabrikprovinzen gibt,... sich zu zeigen an,... also in den gebildetsten, reichsten, industriösesten und geistig bewegtesten Ländern...«

Dieser Pauperismus hatte eine ganze Reihe von Ursachen, die hier nur angedeutet werden können: Auf der einen Seite hielten die Fürsten, der Landadel, die Magistrate und Zünfte am Althergebrachten, an ihren Privilegien und an halbfeudalen oder ständischen Ordnungen stur fest, auf der anderen Seite gingen die bürgerlichen Unternehmer allzu stürmisch und rücksichtslos vor, wobei ihnen die Ausbeutung der überreichlich vorhandenen menschlichen Arbeitskraft oftmals »wirtschaftlicher« erschien als der Einsatz teurer Maschinen. Das sprunghafte Ansteigen der Bevölkerungszahl mancher Regionen verschärfte den Wettbewerb am Arbeitsmarkt, drückte die Löhne noch mehr und vergrößerte das Elend.

Hinzu kamen starke Konjunkturschwankungen, Mißernten und Seuchen wie die große Choleraepidemie von 1832 und der »Hungertyphus«, der 1846–48 vor allem in Schlesien grassierte. Nicht zuletzt aber fehlte der Arbeiterschaft noch jeder gewerkschaftliche Rückhalt. Die politisch völlig ahnungslosen, ungebildeten und in Unmündigkeit gehaltenen Land- und Industriearbeiter verhielten sich oft sehr unsolidarisch und verschlechterten damit noch die allgemeinen Arbeits- und Lebensbedingungen, und schließlich gab es nicht die geringste gesetzliche Sicherung gegen die durch Arbeitslosigkeit, Krankheit, Unfall- oder altersbedingte Invalidität verursachte Not.

Anfangs sah man im Eisenbahnbau das Heilmittel gegen die Massenarbeitslosigkeit. Der enorme Bedarf an Arbeitskräften, der teils direkt, teils indirekt durch die Verlegung immer neuer Schienenstränge entstand, müßte ja, so glaubte man, den allermeisten Notleidenden wieder Arbeit und Brot bringen. Man versuchte dies noch dadurch zu fördern, daß man auf den Einsatz von Maschinen so weit wie möglich verzichtete, wenn dadurch mehr Menschen Arbeit fanden. In diesem Punkt kamen sich die Fürsorge der Behörden und die Profitgier der Unternehmer sogar mitunter entgegen. So lehnte 1843 die Eisenbahnbau-Kommission die ihr vom Direktor der Taunus-

Eisenbahn wärmstens empfohlene Anschaffung eines »amphibischer Patent-Ausgraber« genannten Dampfbaggers rundweg ab: »Die Anwendung von Maschinen zur Entbehrlichmachung von Menschen müßten wir als eine Calamität betrachten..., die mit der Sorge um Abwendung des allgemeinen Nothstandes... in direktem Widerspruch stände.«

Die Kommission wies auf das Überangebot »arbeitsfähiger Individuen« männlichen und weiblichen Geschlechts hin, das so groß sei, daß man auch für die mühseligsten Arbeiten kein Zugvieh, sondern Menschen verwende.

Auch die Bauunternehmer und »Akkordanten« lehnten den Bagger ab, denn er sollte 27 000 Gulden kosten, und das war weit mehr als die Lohnsumme, die seine Verwendung einsparen konnte.

Trotz solcher Entscheidungen wirkte sich der Eisenbahnbau keineswegs so aus, wie viele Regierungen gehofft hatten. Er beseitigte nur zu einem geringen Teil die lokale und regionale Arbeitslosigkeit, denn die Unternehmer, die für den Bau der einzelnen Streckenabschnitte Kontrakte mit den deutschen Staaten oder mit privaten Gesellschaften geschlossen hatten, vergaben ihrerseits die Arbeiten an Kolonnenführer, sogenannte »Akkordanten« die selten auf einheimische Arbeitslose zurückzugreifen brauchten, sondern ihre »Spezialisten«, überwiegend »fremde Gesellen«, schon mitbrachten.

Die Akten der mit dem Eisenbahnbau in den deutschen Staaten befaßten Behörden sind voll von Klagen über die ungenügende Berücksichtigung der einheimischen Bevölkerung bei der Einstellung von Arbeitskräften sowie von Zurückweisungen solcher Beschwerden mit dem Hinweis, man könne den Akkordanten nicht vorschreiben, wen sie einzustellen hätten.

Tatsächlich waren Hunderttausende von Nichtdeutschen, Männer und Frauen, beim Eisenbahnbau in den deutschen Staaten beschäftigt. Sie kamen aus allen benachbarten Ländern, aber auch aus Süditalien, Irland und den Balkanländern. Böhmen, Polen und Italiener waren besonders zahlreich. Etwa zwölf bis fünfzehn Prozent der Eisenbahnbauarbeiter waren Frauen, wobei nicht feststellbar ist, ob es sich bei diesen ebenfalls um »Fremde«, sei es aus anderen Gegenden Deutschlands oder aus dem Ausland, gehandelt hat oder überwiegend um Einheimische. Es sind einzelne Fälle bekannt, wo Güter nahe einer Baustelle Mägde nach der Ernte zum Bahnbau »abstellten«, weil sie in der Landwirtschaft nicht benötigt wurden. Auch gibt es zahlreiche Klagen über die »Entsittlichung« des weiblichen Gesindes infolge Umgangs mit den »rohen Gesellen« vom nahen Eisenbahnbau. Und wie es an den Baustellen ansonsten zuging, ist einer Schilderung aus dem April 1845 zu entnehmen, die in der »Eisenbahn-Zeitung« erschien:

»Der Eisenbahnbau hat immer ein Zusammendrängen größerer Massen von Handlangern, Taglöhnern, Gesellen usw. auf einzelnen Punkten der Bahn zur Folge. Die oft aus weiter Ferne zusammengeströmten Arbeiter können aber auf den einzelnen Baustellen oder in deren Nähe nicht immer genügend Herberge mit Obdach und Lagerstätte, noch weniger zu jeder Zeit eine gesunde und nahrhafte Verköstigung finden... Hier findet dann fast immer ein Einlagern in Zelten und Hütten, Scheunen und Ställen neben unregelmäßiger Verköstigung statt. Selbst aber da, wo Herberge und Verköstigung wohl zu finden wären, wird ihre Erlangung nur zu oft durch Verteuerung der Preise erschwert, während die Arbeiter selbst meist bereitwilliger sind, ihr Geld zur Anschaffung geistiger Getränke... zu verwenden.«

Insgesamt hat der Eisenbahnbau, dessen Intensität erst in den beiden letzten Jahrzehnten des 19. Jahrhunderts, als schon rund 50 000 Kilometer fertiggestellt waren, wieder abflaute, eine Vielzahl von Ausländern ins Land gebracht, ohne daß sich genaue Zahlen angeben ließen. Eine Schätzung wird – wie ganz allgemein bei der durch die industrielle Revolution bewirkten Einwanderung – auch noch dadurch sehr erschwert, weil es sich zu einem großen Teil um Binnenwanderungen nichtdeutscher Inländer, wie der ins Ruhrgebiet einströmenden Polen, gehandelt hat, außerdem nicht festzustellen ist, wie viele Ausländer wieder in ihre Heimatländer zurückgekehrt oder anderswohin abgewandert sind und wie viele sich für immer in Deutschland niedergelassen haben.

Es gibt noch einen weiteren Faktor, der erheblich dazu beigetragen hat, daß über die Niederlassung zahlreicher Nichtdeutscher in Deutschland keine umfassenden und zuverlässigen Informationen zu erhalten sind: den im frühen 19. Jahrhundert erwachenden deutschen Nationalismus.

Das Streben, vor allem des Bürgertums und damit auch der meisten Wissenschaftler, nach einem Nationalstaat der Deutschen hat ganz wesentlich zur Vernachlässigung des Umstands geführt, daß die Bewohner der vielen deutschen Klein- und Mittelstaaten zu einem oft sehr beträchtlichen Teil gar keine Deutschen waren.

Es paßte nicht zu den politischen Vorstellungen der Bürger des erst im Entstehen begriffenen deutschen Nationalstaats, auch nicht zu den Hoffnungen, die man an den Eisenbahnbau knüpfte, der die Vielstaaterei überwinden helfen sollte, daß es in Deutschland andere Völker als die Deutschen gab. Das von diesen Vorstellungen geprägte Geschichtsbild ließ deshalb viele Tatsachen einfach außer acht, etwa den eigentlich nicht zu leugnenden Umstand, daß gerade Preußen, die neue Vormacht des werdenden Reichs, ein in seinen Kernprovinzen überwiegend von Slawen bewohntes Land war.

Für die Bürger des 19. Jahrhunderts waren die vielen Attribute im Titel des Preußenkönigs – »souveräner und oberster Herzog in Schlesien wie auch der Grafschaft Glatz... Herzog zu Pommern... sowie auch der Wenden und Kassuben... Markgraf der Ober- und Nieder-Lausitz, Fürst zu Rügen usw.« – nur noch Leerformeln. Die fast ausgerotteten Preußen, die Reste der ihnen verwandten Litauer, die unterjochten Pommern, Kassuben, Sorben und Masuren – sie waren, meinte man, doch weitgehend »eingedeutscht«, auf jeden Fall so belanglos wie die preußischen Polen, deren Anzahl – mehr als drei Millionen – nur etwas größer war.

Tatsächlich spielten diese slawischen Völker für die in den preußischen Kernprovinzen dominierende Landwirtschaft eine ganz ähnliche Rolle wie die Negersklaven für die von Plantagenbesitzern beherrschten amerikanischen Südstaaten – mit einigen wesentlichen Unterschieden: Sie wurden in Preußen zwar ebenso rechtlos gehalten und rücksichtslos ausgebeutet wie die aus Afrika importierten Arbeitskräfte in Amerika, aber sie waren nicht einzeln verkäuflich wie in den USA noch in den sechziger Jahren des 19. Jahrhunderts. Die ostelbischen Gutsuntertanen gehörten vielmehr zum lebenden Inventar der Domänen und Rittergüter. Nur das Gut als Ganzes, mit dem Vieh und soundsoviel »Seelen« genannten Untertanen, wurde vererbt, verkauft oder verschenkt.

Ein weiterer wesentlicher Unterschied bestand darin, daß die Sklaven Ostelbiens die gleiche Hautfarbe wie ihre Herren hatten und daß es auch keine anderen unverwechselbaren kör-

133

perlichen Merkmale gab, an denen man erkennen konnte, ob ein Kind zur Herrenkaste oder zu den Untertanen gehörte. So ließen die sexuellen Beziehungen zwischen beiden Gruppen, die in Preußen ebenso häufig waren wie im Süden der USA, anders als dort keine »Rassen«probleme entstehen.

Schließlich bildeten in Preußen, im Gegensatz zum Amerika des 18. und frühen 19. Jahrhunderts, die ostelbischen Gutsuntertänigen die Kader der Mannschaften in der Armee, ihre Herren, die Junker, das Gros des Offizierskorps. Das von politischen Hoffnungen geprägte Geschichtsbild der deutschen Bürger in der Ära der industriellen Revolution aber wollte in dieser preußischen Armee, deren Kern aus Polen, Litauern, Kassuben, Wenden, Pommern und Masuren bestand, etwas besonders Deutsches sehen, in den preußischen Herrschern, die diese Armee geschaffen hatten, also im »Soldatenkönig« Friedrich Wilhelm und in dessen Sohn, dem »Großen Friedrich«, die frühen Vorkämpfer für die deutsche Einigung.

Doch abgesehen davon, daß die Politik dieser Preußenkönige, zumal die Friedrichs II., die Reichsinteressen so gut wie nie berücksichtigte, ihnen vielmehr häufig und meist ganz bewußt schweren Schaden zufügte, war das preußische Heer nur in sehr geringem Maße deutsch. Die Inländer unter den Soldaten waren größtenteils Nichtdeutsche, und nur unter den »Ausländern«, die man mit mehr oder weniger großem Zwang für die Armee angeworben hatte, gab es in etwas größerer Anzahl Deutsche aus nichtpreußischen Ländern.

Über das Verhältnis von Ausländern und Preußen in der Armee der Hohenzollernkönige gibt es nur wenige ungefähre Angaben, die verschiedene Zeiten betreffen. E. R. Huber schreibt: »Nur zu einem Teile konnte das Heer gemäß dem Kantonsystem« – das heißt: aus dem Land – »gebildet werden... Friedrich Wilhelm I. hatte etwa ein Drittel Ausländer in der Armee, und Friedrich der Große hatte sich 1742 das Ziel gesetzt, die Zahl der Ausländer auf zwei Drittel zu steigern; wenn ihm das auch nur zur Hälfte gelungen ist, so bestand sein Heer doch sicher zur Hälfte aus Nichtpreußen. Im Testament von 1752 erhob er die Forderung: ›Die Kompanie-Infanterie soll nicht über 60 Mann aus dem Kanton haben. Der Rest muß aus dem Ausland angeworben werden. Die Kompanie Kavallerie darf in Friedenszeiten nur 30 Mann aus dem Kanton bekommen‹... Nach dem Testament von 1768 standen damals

90 000 Ausländer und 70 000 Inländer im Heer… Da aber die Inländer in Friedenszeiten fast sämtlich während zehn und mehr Monaten im Jahr beurlaubt waren«, – sie wurden auf den Gütern zur Feldarbeit gebraucht – »setzte sich das eigentliche ›stehende‹ Heer überwiegend aus Landfremden zusammen. Seit 1763 befanden sich nur annähernd 15 v. H., seit 1768 nur mehr 5,6 v. H. Inländer dauernd im Dienst«, eben jene »unsicheren Kantonisten« aus den ostelbischen Gutsbezirken, die polnisch, litauisch, kassubisch, masurisch oder sorbisch sprachen; nur die Kommandosprache war Deutsch und wurde den Rekruten häufig erst mit viel Prügel beigebracht. Die Bürger der preußischen Städte und auch die Landbewohner der westelbischen Territorien Preußens wurden in der Regel nicht zur Armee eingezogen oder kauften sich frei.

So bildeten also Ausländer und nichtdeutsche Inländer das Gros der Armee des von der bürgerlichen Geschichtsschreibung bis ins 20. Jahrhundert hinein als »Wegbereiter der deutschen Einheit« gepriesenen »Alten Fritz«.

Die Ausländer stammten übrigens nur zu einem sehr geringen Teil aus anderen deutschen Staaten, von denen die meisten keine preußischen Werber duldeten; die Sachsen in der friderizianischen Armee waren Kriegsgefangene, die bei der ersten sich bietenden Gelegenheit zum »Feind« überliefen. Die meisten Ausländer waren Nichtdeutsche: Holländer, Italiener, Welschschweizer, Ukrainer, Ungarn oder Schotten, ja auch Sibiriaken, die der Zar von Rußland dem auf »lange Kerls« ganz versessenen »Soldatenkönig« Friedrich Wilhelm I. kompanieweise geschenkt hatte.

Preußens leichte Kavallerie, Husaren und Ulanen, kam schwadronsweise aus dem Ausland. Bei den Schwarzen Husaren, als »Leibhusarenbrigade« bis 1918 in Oliva bei Danzig in Garnison, und auch bei den grünuniformierten Székely-Husaren legte man in Preußen besonderen Wert darauf, nur Reiter aus Ungarn – vornehmlich verfolgte Protestanten – aufzunehmen. Auch die Ulanen, in Preußen zunächst Bosniaken genannt, kamen von weit her und landeten auf sehr skurrile Weise beim Preußenkönig, wie die folgende Schilderung von Hans Bleckwenn, die seiner Darstellung »Unter dem Preußen-Adler. Das brandenburgisch-preußische Heer 1640–1807« entnommen ist, anschaulich zeigt: »Der noch immer wirksame ›Tatarenschrecken‹ brachte 1745 den feindnachbarlichen Kurfürsten von Sachsen, der zugleich König von Polen war, auf die Idee, alte Greuel zu wiederholen. Schon das Gerücht von der sich in Polen sammelnden tatarischen Reiterarmee genügte, daß die Berliner in Bürgerkompanien zusammentraten und alte Schanzen und Mauern wieder instandzusetzen versuchten, denn die Feldarmee war leider in Schlesien beschäftigt. Aber die Berge gebaren eine Maus: der sächsische Kammerherr, der die Löhnung für die wilden Reiter nach Polen bringen sollte, fand die Warschauer Spieltische angenehmer, und auch hier galt: kein Geld, keine Tataren! Und fast alles verlief sich.

Fast alles, denn der bosnische Juwelenhändler Stefan Serkis hatte in der Hoffnung auf fette Beute sein Privatvermögen in eine ›Fahne Bosniaken‹, also eine Schwadron leichter Lanzenreiter, gesteckt. Angesichts des drohenden Ruins bot er sein ganzes Unternehmen dem König von Preußen an, den er hatte ausplündern wollen...« Der ging darauf ein, und die Schwadron – Türken, Armenier, Krimtataren und Bosniaken – kam ins ostpreußische Städtchen Goldap in Garnison. Dort hat die Truppe Spuren bis ins 20. Jahrhundert hinterlassen, und es blieb auch nicht bei der einen Schwadron: 1760 verbreitete sich bei den Moslems des russischen Zarenreiches das Gerücht, der Sultan wolle den Heiligen Krieg zugunsten Preußens erklären. Wenig später konnte man bei der preußischen Armee ein ganzes Ulanenregiment zu zehn Schwadronen aus mohammedanischen Überläufern errichten. 1772 und 1793–95, nach den Teilungen Polens, als Bialystok, Warschau und Piotrków Trybunalski preußisch wurden, nahmen die inzwischen vermehrten Ulanenregimenter den tatarischen Kleinadel der ehemals polnischen Gebiete, die Nachkommen der Goldenen Horde des Dschingis-Khan und Batu-Khan, in die preußische Reiterei auf. »Noch 1807«, heißt es bei Bleckwenn, »haben diese Mohammedaner mit dem Sieg von Preußisch-Eylau dem König für die Sicherung ihrer angestammten Lebensform und Glaubensfreiheit gedankt«, wobei anzumerken ist, daß das Zusammenleben der ostpreußischen Kleinstädter mit den »heidnischen Türken« ihrer Garnison nicht ganz problemlos verlief. Ein Ulanenleutnant, der mit seiner Dienstmagd Zwillinge, beides Jungen, gezeugt hatte, mußte sich erst um Hilfe an König Friedrich II. wenden, weil das Lutherische Konsistorium zu Lyck die Mutter der Kinder bestrafen, die Beschneidung der Buben nicht gestatten wollte. Der König wies die Herren vom Konsistorium sehr drastisch an, sich aus »militärischen Angelegenheiten« herauszuhalten, widrigenfalls sie von ihm allerhöchstselbst, möglicherweise überreichlich, beschnitten werden würden. Den Tatarenleutnant aber ermunterte Seine Majestät, so viele kleine Mohammedaner zu zeugen, wie er wolle.

Eine weitere Gruppe von Moslems in der preußischen Armee waren die Janitscharen, deren Brauchtum bei der Militärmusik und deren Schellenbaum bis ins 20. Jahrhundert hinein erhalten blieb; außerdem gab es die Leib-Haiducken des Königs, eine Freischar kroatischer Panduren sowie, beim Regiment Garde-du-Corps, zeitweise einige Dutzend Schwarzafrikaner, darunter zwölf baumlange Senegalesen, die Friedrich Wilhelm I. beim Verkauf seiner kleinen westafrikanischen Kolonie Neubrandenburg an die Holländer von diesen als hochwillkommene Dreingabe erhalten hatte.

Was schließlich das preußische Offizierskorps betraf, so wurde sein Kern von ostelbischen Junkern gebildet, deren Interessen alles andere als »deutsch« waren. Diese stockkonservativen Gutsherrensöhne fürchteten, in einem staatlich geeinten Deutschland ihre Privilegien und ihren Einfluß zu verlieren. Fortschrittlicher und auch von deutschem Patriotismus beseelt waren im frühen 19. Jahrhundert eigentlich nur zwei Gruppen im preußischen Offizierskorps und im höheren Staatsdienst: einige Angehörige von Refugié-Familien und die Nichtpreußen, meist bürgerlicher Herkunft: der Rheinländer Friedrich Karl Freiherr vom und zum Stein; der von Friedrich II. wegen Aufsässigkeit und »Verkehrs mit den Polen« gemaßregelte und schließlich davongejagte Mecklenburger Gebhard Leberecht v. Blücher, mit einer Hugenottin verheiratet und Gesinnungsgenosse des Freiherrn vom Stein; der hannoversche Bauernsohn Gerhard Johann David Scharnhorst; der in Sachsen geborene August Wilhelm Neithardt v. Gneisenau, Sohn eines aus Österreich geflüchteten Protestanten; der ebenfalls aus Sachsen gebürtige, von vertriebenen böhmischen Protestanten abstammende Husarenrittmeister Ferdinand Baptista v. Schill; der aus Maastricht gebürtige Hugenotte, René Guilleaume de l'Homme de Courbière, der als einziger preußischer Festungskommandant 1806 nicht kampflos vor Napoléon kapitulierte und die Weichselfestung Graudenz bis zum Juli 1807 erfolgreich verteidigte; der ebenfalls aus einer

Hugenottenfamilie stammende, in Celle geborene Generalleutnant Wilhelm Antoine v. L'Estocq, der mit Scharnhorst zusammen die Schlacht von Preußisch-Eylau entschied, die einzige dieses Krieges, die von Napoléon nicht gewonnen wurde; der in Ostpreußen geborene, aus einer böhmischen Flüchtlingsfamilie stammende Stabskapitän Hermann v. Boyen, später Major im Generalstab und Mitarbeiter Scharnhorsts; der Kriegsrat Joseph Zerboni di Sposetti, der von italienischen Einwanderern nach Schlesien abstammte und schon 1796 leidenschaftlich gegen die Mißwirtschaft und Korruption der preußischen Junker in Armee und Staatsverwaltung protestiert hatte und dafür eingekerkert worden war; schließlich, um ein letztes Beispiel zu nennen, der für die Rettung der preußischen Kriegskasse mit dem Pour le mérite ausgezeichnete Kriegskommissar im Stabe Blüchers, Simon Kremser, ein Jude aus Breslau.

Die Namen dieser und einiger anderer Männer, von denen etliche als »die großen Preußen« in die bürgerliche Geschichtsschreibung eingegangen sind, mußten im 19. Jahrhundert dazu herhalten, den halbslawischen Junkerstaat der Hohenzollern zum Schrittmacher der ersehnten nationalen Einigung Deutschlands hochzustilisieren. Dabei wollten weder die tonangebenden Junker noch die Hohenzollern selbst das Aufgehen Preußens in Deutschland; es waren im wesentlichen deren Gegenspieler, die bürgerliche Intelligenz, die wiederum vornehmlich von Einwanderern der zweiten und dritten Generation und von nach völliger Gleichberechtigung strebenden Juden gebildet wurde, sowie die wenigen Westdeutschen im preußischen Staatsdienst wie Stein oder Hardenberg, die die wirtschaftlichen und politischen Erfordernisse der neuen Zeit erkannten.

Auch in den anderen Staaten Deutschlands des frühen 19. Jahrhunderts waren es fast ausschließlich die gebildeten und gutsituierten Bürger, die sich für die Idee des »einen großen deutschen Vaterlands« begeisterten, und unter diesen Bürgern hatten Juden und Nachkommen von Einwanderern das am stärksten entwickelte *deutsche* Nationalgefühl.

Die kleinen und großen Landesherren – trotz Beseitigung der meisten Zwergstaaten und aller geistlichen Fürstentümer immerhin noch rund vierzig! – widersetzten sich begreiflicherweise jeder Einschränkung ihrer Souveränität; ihr Kometenschweif von Hofleuten, Räten, Marschällen, Flügeladjutanten, Lakaien, Leibkutschern und Hoflieferanten bis hin zum fürstlich schwarzburg-rudolstädtischen Hofkaminkehrermeister und zum herzoglich anhalt-dessau-köthenschen Oberhofkonditor wehrte sich verbissen gegen alles, was ihrer eigenen Bedeutung abträglich sein konnte. Die breite Masse der Bevölkerung jedoch, in ihrer großen Mehrheit arme Kleinbauern, Guts- oder Manufakturarbeiter, ländliche Handwerker, Knechte oder Mägde, Tagelöhner, Dienstboten oder zum Militär eingezogene Soldaten, hatten im frühen 19. Jahrhundert, auch soweit diese Angehörigen der Unterschicht deutscher Muttersprache waren, noch kein deutsches Nationalgefühl entwickelt. Diese in fast gänzlicher Unbildung und Unmündigkeit gehaltenen Menschen waren politisch apathisch.

Für die nationale Einigung warben und kämpften überall nur die Angehörigen der wirtschaftlich erstarkten bürgerlichen Schichten, die kleinen und großen Industriellen, die Kaufleute und Bankiers, die Advokaten, Ingenieure, Ärzte und Baumeister sowie ein großer Teil der Professoren- und Studentenschaft der deutschen Universitäten.

Ihr schwärmerischer Idealismus wurde von sehr handfesten wirtschaftlichen und politischen Argumenten gestützt: Handel und Industrie brauchten einen großen Markt. Die Kleinstaaten mit ihren Zollschranken, höchst unterschiedlichen Gesetzen und Vorschriften, Zunft- und Gewerbeordnungen sowie ihrer verwirrenden Vielfalt von sehr verschiedenen Maßen, Gewichten und Währungen waren unerträgliche Hindernisse. Die rasch fortschreitende Industrialisierung brauchte einheitliche Regelungen und eine straffe Zentralverwaltung, und auch für einen gebührenden Anteil am Welthandel war ein starker deutscher Staat erforderlich.

Ironischerweise waren just diese von nationaler Begeisterung erfüllten Bürger des frühen 19. Jahrhunderts größtenteils die Söhne und Töchter, Enkel oder Urenkel von Einwanderern, ihre konservativen und partikularistischen Gegner hingegen in der großen Mehrzahl Alteingesessene. Lediglich eine größere Gruppe in Deutschland war zugleich alteingesessen und ganz überwiegend *für* die nationale Einigung des Vaterlands: die deutschen Juden. Sie erhofften sich von einer neuen, größeren und moderneren staatlichen Ordnung, neben den schon beschriebenen wirtschaftlichen Vorteilen und mehr Freiheit für alle Bürger, endlich auch die eigene vollständige Gleichberechtigung, die nach den Befreiungskriegen und dem Untergang Napoléons durch die einsetzende Reaktion wieder stark eingeschränkt worden war.

»Wie ich selbst Jude und Deutscher zugleich bin«, schrieb 1837 der Königsberger Arzt Dr. Johann Jacoby an einen christlichen Freund, »so kann in mir der Jude nicht frei werden ohne den Deutschen und der Deutsche nicht ohne den Juden ... Ich gestehe Dir ein, es wäre mir lieb, meine Fesseln zu brechen und gleich Euch wenigstens in dem Gefängnisse mich bewegen zu können. Mit solcher Gleichstellung wäre aber immer noch wenig gewonnen; ob das Gefängnis weiter oder enger, ... ist nur ein geringer Unterschied für den, der nicht etwa nach der Bequemlichkeit, sondern nach Freiheit sich sehnt. Diese Freiheit kann aber nicht dem einzelnen zuteil werden; nur wir alle zusammen erlangen sie, oder keiner von uns ..., und nur allein die Zerstörung des Gefängnisses kann uns zum Ziel führen ...«

Johann Jacoby, der zum eigentlichen Initiator der als »Verfassungsstreit« bekannten Auseinandersetzung zwischen dem liberalen Bürgertum und der preußischen Krone wurde, wollte allerdings keine nationale Einigung, wie sie dann von dem preußischen Junker Otto v. Bismarck vollzogen wurde, keinen Bund der kleinen und großen Monarchien unter hohenzollernscher Oberherrschaft. Er wollte ein einheitliches, freiheitliches und demokratisches Deutschland, ohne Fürsten und Adelsvorrechte. Auch gehörte er zu den wenigen, die auch Freiheit und Unabhängigkeit für die polnische Nation verlangten.

Doch mit diesen Forderungen blieben Jacoby und seine radikaldemokratischen Gesinnungsfreunde Außenseiter. Die Mehrheit der nationalgesinnten Bürger tat so, als wohnten in Deutschland nur Deutsche: als hätte es niemals eine Unterwerfung fremder Nationalitäten gegeben, und als wären nicht ihre eigenen Vorfahren Einwanderer gewesen, so wie es jetzt die Arbeiter ihrer neuerrichteten Fabriken, Zechen, Hüttenwerke und Eisenbahnen waren.

Jacoby und seine Freunde wollten ein Höchstmaß an Freiheit und Toleranz, die Beseitigung jeder Diskriminierung von Angehörigen anderer Nationen und Glaubensgemeinschaften, eine offene Gesellschaft, die zum allseitigen Nutzen von ihren gleichberechtigten Bürgern nicht mehr forderte als die Einhaltung der von allen gemeinsam beschlossenen Gesetze.

Schließlich, im März 1848, gerieten die bis dahin teilnahmslosen Unterschichten in Aufruhr, zumal in den großen Städten. In dem rasch errungenen Sieg der demokratischen Revolution in Berlin und Wien sah die bürgerliche Intelligenz die große Chance, ihre radikalen Vorstellungen von einer deutschen Republik zu verwirklichen. Doch innerhalb weniger Monate zerstob dieser Traum: Das Großbürgertum, die rheinischen Kapitalisten, die Eigentümer der großen Industrieunternehmen, die Bankiers und Eisenbahn-Großaktionäre, machten ihren Frieden mit den alten Mächten und schlossen einen Kompromiß, der die Monarchien rettete und lediglich ihre Anpassung an die wirtschaftlichen Erfordernisse erreichte. Das Kleinbürgertum, ohnehin mehr auf Besitzerhaltung denn auf Kampf eingestellt, folgte dem Beispiel der wirtschaftlich Stärksten, und die litauischen, masurischen und kassubischen Regimenter des Königs von Preußen konnten die letzten revolutionären Funken in Sachsen, Baden und der Rheinpfalz mit ihren Nagelstiefeln austreten.

»Ausländer, Fremde sind's zumeist/die unter uns gesät den Geist/der Rebellion. Dergleichen Sünder/gottlob sind selten Landeskinder…«, spottete Heinrich Heine in seinem Gedicht, »Aus Krähwinkels Schreckenstagen«. Aber er meinte damit lediglich die Bemühungen der Magistrate – im speziellen Fall: des Senats der Hansestadt Hamburg –, anderen als den eigenen braven »Landeskindern« die Schuld an den revolutionären Ereignissen zu geben (wobei in Hamburg mit »Ausländern« Altonaer und Wandsbeker gemeint waren, die angeblich als Rädelsführer aufgetreten waren).

Heinrich Heine, der schon seit 1831 in Paris im Exil lebte und dessen Schriften mit allen anderen des »Jungen Deutschland« in seiner Heimat verboten waren, konnte noch nicht ermessen, als er seine Spottverse schrieb, was sich in den folgenden Jahren dann wirklich ereignete: Da wurden nämlich etliche Millionen Deutsche, meist Sympathisanten der gescheiterten bürgerlichen Revolution von 1848/49, wirklich zu Ausländern im heutigen Sinne, meist zu Bürgern der Vereinigten Staaten von Nordamerika.

Denn nach 1849 setzte die größte Auswanderung von Deutschen ein, die es in der Geschichte bis dahin gegeben hatte. Auch nachdem die erste große Emigrationswelle vorüber war, hörte der Auswandererstrom aus Deutschland nicht etwa völlig

auf, sondern dauerte in verringertem Umfang an, jahrzehntelang, bis gegen Ende des 19. Jahrhunderts.

Gleichzeitig begann eine erst langsame, dann sehr rasche,
schließlich geradezu stürmische Entwicklung der deutschen
Industrie, begünstigt von der Beseitigung aller innerdeutschen
Zollschranken, endlicher Gewerbefreiheit, wichtigen Erfindun-
gen und Entdeckungen sowie von einer sehr unternehmer-
freundlichen Gesetzgebung der seit 1871 zum Deutschen Reich
unter einem Hohenzollern als Kaiser und einem preußischen
Junker als Kanzler vereinigten deutschen Königreiche, Herzog-
und Fürstentümer.

Angesichts der vielen Millionen Auswanderer, durchweg
gesunde, tatkräftige junge Leute, die Deutschland in den Jahren der Reaktion verlorengegangen waren, konnte es nicht
ausbleiben, daß im letzten Viertel des 19. Jahrhunderts alle
Industrie- und Gewerbezweige, aber auch die ostdeutsche
Landwirtschaft, über einen Arbeitskräftemangel jammerten,
der nur durch verstärkte Einwanderung behoben werden
könnte.

9. Kein schöner Land
in dieser Zeit...

Das »Allgemeine deutsche Conversations-Lexicon für die Gebildeten eines jeden Standes, herausgegeben von einem Vereine Gelehrter« und erschienen bei Herrmann Reichenbach in Leipzig im Jahre 1834 wußte über »Auswanderung« unter anderem zu berichten, es handele sich dabei um »das Verlassen eines Landes, um den Wohnsitz anderswo aufzuschlagen. Der Trieb nach Freiheit ist einem jeden lebenden Wesen von der Natur gegeben; aber auch der Wunsch, da zu verweilen, wo es ihm wohl geht und wo sich an die bekannten Gegenstände die Erinnerung frühern Glücks anschließt. Das Thier sucht sein Lager wieder auf und der Mensch weilt gern da, wo er die harmlosen Jahre seiner Jugend verlebte. Es ist daher kein gutes Zeichen für den Staat, wenn dessen Angehörige sich entschließen, Familienbande zu zerreißen und Alles mit dem Rücken anzusehen, um in einem andern Lande ein fernes Glück zu suchen... Hauptsächlich soll der Staat dahin streben, in seinem Innern solche Zustände zu gründen und zu erhalten, bei denen wenigstens nicht Noth und Unzufriedenheit die Menschen forttreibt...«

Die deutschen Staaten mußten demnach in der ersten Hälfte des 19. Jahrhunderts vieles versäumt haben, denn die Deutschen verließen ihr Land in immer größeren Scharen. Bis 1845 waren bereits etwa zwei Millionen Menschen aus Preußen und aus den übrigen Staaten des späteren Deutschen Reichs ausgewandert, vor allem in den frühen zwanziger und dreißiger Jahren, als der politische Druck besonders stark auf der Studentenschaft und der bürgerlichen Intelligenz gelastet hatte. Dabei ist zu berücksichtigen, daß die Gesamteinwohnerzahl dieses Auswanderungsgebiets um 1820, als der Strom einsetzte, erst bei etwa 20 Millionen lag, um 1845 bei wenig mehr als 30 Millionen. Da war es ein sehr fühlbarer Verlust, wenn rund zwei Millionen Menschen einer Generation das Land verlassen hatten, zumal es sich bei den Auswanderern hauptsächlich um gesunde und kräftige junge Leute von überdurchschnittlicher Intelligenz, Tatkraft und Willensstärke handelte. Es gehörte viel Entschlossenheit und Zähigkeit dazu, alle Verwandten und Freunde sowie die gewohnte Umgebung hinter sich zu lassen und in die unbekannte Ferne zu ziehen, wobei anzumerken ist, daß der allergrößte Teil der Auswanderer jener Epoche und auch der Zeit danach die lange Schiffsreise nach Amerika antrat. Die meisten wanderten in die Vereinigten Staaten ein, eine kleine Minderheit in Kanada, Brasilien oder anderen lateinamerikanischen Ländern. Schließlich sei auch noch erwähnt, daß unter den deutschen Auswanderern der ersten Hälfte des 19. Jahrhunderts und auch noch der frühen fünfziger Jahre der Anteil der Männer mit Gymnasial- oder gar Hochschulbildung weit höher lag als bei der Gesamtbevölkerung Deutschlands.

Im Jahre 1845 verließen weitere 68 000, 1846 schon fast 95 000, 1847 knapp 110 000 Deutsche ihre Heimat. In den beiden Revolutionsjahren 1848/49 ging die Anzahl der Auswanderer etwas zurück, auf durchschnittlich 85 000 jährlich, und 1850 – manche warteten wohl noch ab, wie sich die Dinge nach der gescheiterten Revolution in den deutschen Ländern entwikkeln würden – sank die Anzahl der nach Übersee Weggezogenen auf 82 000.

Aber in den folgenden Jahren nahm die Entschlossenheit enorm zu, anderswo das Glück zu suchen und der Enge, der Armut und dem reaktionären Druck, der auf den deutschen Ländern lastete, zu entgehen: 1851 wanderten 112 000 Deutsche aus, 1852 sogar 162 000. Im Jahre 1853 war nur ein geringfügiger Rückgang, auf 157 000, zu verzeichnen, aber 1854 stieg die Auswanderungswelle noch einmal steil an und erreichte die Rekordhöhe von 252 000.

Von da an bis zur Reichsgründung im Jahre 1871 blieb es, bei leicht steigender Tendenz, bei einer Auswanderung von rund hunderttausend Menschen jährlich, so daß von 1845 bis Ende 1871 innerhalb einer Generation insgesamt noch einmal etwa 2,9 Millionen Deutsche ihr Vaterland verlassen hatten. Dazu ist anzumerken, daß das neue Deutsche Reich (nach der Volkszählung vom 1. Dezember 1871) 41 058 792 Einwohner hatte, davon etwa 1,5 Millionen, die durch die Annexion von Elsaß-Lothringen hinzugekommen waren.

Bis 1875 verließen nochmals rund 400 000 Deutsche das neue Kaiserreich der Hohenzollern, das aus den vier Königreichen Preußen, Bayern, Württemberg und Sachsen sowie aus sechs Großherzogtümern, vier Herzogtümern, acht Fürstentümern, drei Freien Städten – Hamburg, Bremen und Lübeck – und dem »Reichsland« Elsaß-Lothringen bestand. Damit hatten innerhalb von nur fünfundfünfzig Jahren über fünf Millionen Deutsche ihrer Heimat für immer den Rücken gekehrt, und außerdem waren etwa 250 000 Polen preußischer Staatsangehörigkeit ausgewandert.

Von den nun rund 41 Millionen Bürgern des Deutschen Reichs waren 1875 schon fast 26 Millionen oder beinahe zwei Drittel Preußen, darunter – nach amtlichen Angaben – 2,63 Millionen oder 10,1 Prozent Polen sowie 1,3 Prozent andere Slawen, Litauer und Kuren in den Ostprovinzen. Rund eine weitere Million Polen, die in der amtlichen Statistik nicht mehr als solche ausgewiesen wurden, lebten in den preußischen Provinzen Westdeutschlands, vorwiegend im westfälischen Industrierevier. Ebenfalls von der Statistik nicht erfaßt waren die inzwischen nach Berlin und in die noch nicht eingemeindeten Industrievororte der Hauptstadt eingeströmten Polen, Sorben, Tschechen und Slowaken preußischer Staatsangehörigkeit sowie die inzwischen naturalisierten slawischen und jüdischen Einwanderer, die aus Rußland (einschließlich Russisch-Polen) und aus Österreich-Ungarn, hier vor allem aus Böhmen, nach Berlin gekommen waren. Doch aufgrund von Einzelnachweisen für bestimmte Stadtviertel und Jahre kann man annehmen, daß im Großraum Berlin mit 1875 rund einer Million Einwohnern mindestens 200 000, wahrscheinlich aber mehr als 300 000 Neubürgern lebten, die ursprünglich polnischer oder anderer slawischer Muttersprache waren, sich aber schon weitgehend assimiliert hatten.

Die slawischen Preußen und die aus Rußland und Österreich-Ungarn Eingewanderten bildeten den Hauptteil der Industriearbeiterschaft nicht nur Berlins, sondern auch der anderen Industriebezirke in Rheinland-Westfalen, Oberschlesien und der Provinz Sachsen; nur im Köln-Aachener Industriebezirk überwogen wallonische, holländische und italienische »Gastarbeiter«.

Die Industrie Preußens, der Vormacht im Deutschen Reich, hatte sich – wie es in einer zeitgenössischen Darstellung heißt –

»vor allen anderen deutschen Staaten mächtig entwickelt, nur in einzelnen Zweigen von England und Belgien, weniger von Frankreich, übertroffen, in anderen Zweigen, zum Beispiel der Gußstahlfabrikation, unbestritten die erste Stelle behauptend. Der rheinisch-westfälische, der schlesische und der sächsisch-märkische Industriebezirk zählen zu den ersten Mitteleuropas, einige Städte – wie Berlin und Elberfeld – zu den Hauptfabrikstädten des Kontinents. Die wichtigsten Industriezweige sind: Metall-, besonders Eisenfabrikation (Produktion im Jahre 1875: 7 Millionen Centner Gußwaaren, 17 Millionen Centner gefrischtes Eisen, 2,2 Millionen Centner Rohstahl, 4,8 Millionen Centner Gußstahl), die Wollspinnerei (circa 780 000 Spindeln), ferner Baumwollindustrie, Fabrikation von Seiden- und Sammetwaaren, Leinen, Tuch und tuchartigen Stoffen; in zweiter Linie chemische Produkte, Seide, Leder, Spiritus, Zucker, Glaswaaren, Porzellan, Steingut, Papier, Tabak, Cigarren, Holzwaaren, Brauerei etc« – eine sehr stolze Bilanz, zumal wenn man bedenkt, daß die meisten neuen Techniken erst, wie beim Eisenbahnbau, von ausländischen Ingenieuren und Technikern den deutschen Arbeitern beigebracht worden waren, und daß diese Arbeiter zum allergrößten Teil aus der Landwirtschaft und dem ländlichen Handwerk kamen.

Doch so sehr man sich auch darüber freute, daß man es schon so weit gebracht hatte – die durchschnittliche Qualität der deutschen Industrieerzeugnisse lag ganz erheblich unter der ihrer westlichen, insbesondere der britischen, belgischen und amerikanischen Konkurrenz. Das geradezu vernichtende Urteil, das der Vertreter des Deutschen Reiches auf der Weltausstellung des Jahres 1876 in Philadelphia, der Direktor der Berliner Gewerbeakademie Professor Franz Reuleaux, über die dort ausgestellten Erzeugnisse der deutschen Industrie im Vergleich zu denen ihrer ausländischen Wettbewerber fällte, lautete kurz und knapp: »Billig und schlecht!«

Sein Votum löste, neben Empörung und Ärger, auch viel Betroffenheit aus. In der angesehenen »Vossischen Zeitung« wurde in Leserzuschriften und Kommentaren der Wirtschaftsredaktion eingehend erörtert, ob nicht die »massenhafte Auswanderung« nach Amerika »von thatkräftigen jungen Technikern und begabten Ingenieuren sowie von noch weit mehr hervorragend ausgebildeten Handwerkern, besonders in den 50er Jahren« etwas damit zu tun haben könnte, daß die Industrie der USA sich so glänzend entwickelt, die des Deutschen Reiches damit nicht Schritt gehalten habe. Das Fazit lautete: »Es muß nun ein neuer Stamm von Spezialisten gebildet werden!«, und dabei sollte jeder willkommen sein, der Talent, Fleiß und guten Willen zeigte, ganz gleich, wo er herkäme. Außerdem müßte alles getan werden, damit tüchtige junge Menschen im Lande blieben, anstatt auszuwandern; es sollte ihnen größerer Anreiz gegeben werden, im Vaterland entsprechend ihren Fähigkeiten vorwärtszukommen, zum Beispiel durch staatliche Darlehen zur Gründung einer eigenen Existenzgrundlage.

Wenn dies auch leere Worte blieben, so ging aber tatsächlich, jedoch konjunkturbedingt und nicht als Folge einer neuen Politik, die Auswanderung in den folgenden Jahren stark zurück. Bis 1879 verließen insgesamt nur noch knapp 120 000 Menschen das Deutsche Reich, in vier Jahren also nicht mehr als zuvor in einem Jahr.

Aber dann setzte infolge einer Wirtschaftskrise, die zu Massenentlassungen bei der Industrie führte, eine neue Auswanderungswelle ein: Von 1880 bis 1885 verließen insgesamt fast eine Million Deutsche ihr Vaterland, das sie doch angeblich so dringend brauchte, wenn auch – wegen des schlechten Geschäftsgangs – nur als Reserve für bessere Zeiten... Auch in den folgenden acht Jahren, bis 1893, hielt die Auswanderung nur wenig vermindert an. Weitere 850 000 Deutsche gingen dem Reich und seiner Wirtschaft verloren. Dann erst ebbte der Auswandererstrom allmählich ab: Bis zum Ende des Jahrhunderts schnürten nur noch knapp 200 000 junge Leute ihr Bündel und versuchten ihr Glück in Amerika.

Trotz dieser das ganze 19. Jahrhundert hindurch anhaltenden, erst 1894 deutlich nachlassenden Abwanderung, bei der etwa so viele Menschen das Gebiet des Deutschen Reichs verließen und in Übersee eine neue Heimat fanden, wie heute in den Stadtstaaten Hamburg und Bremen, in Berlin, Köln, Frankfurt, München, Düsseldorf und Hannover insgesamt leben, nahm die Bevölkerung Deutschlands in diesen Jahrzehnten keineswegs ab, sondern nahm stetig zu. Dabei blieb die Landbevölkerung lange Zeit hindurch nahezu konstant und verminderte sich dann allmählich, während die Mittel- und Großstädte ständig wuchsen. Am stürmischsten ging jedoch die Entwicklung im Ruhrgebiet vonstatten; sie übertraf selbst die von Berlin, was die Schnelligkeit der Bevölkerungszunahme betraf.

Wie das vonstatten ging, sei an einem Beispiel dargestellt, das einem Bericht von Georg Werner aus dem Jahre 1929 entnommen ist:

»Zeche Neumühl liegt in Hamborn, einem Orte an der Mündung der Emscher in den Rhein. Hamborn setzt sich aus einigen Bauernschaften zusammen, deren eine, die an die Orte Sterkrade, Oberhausen und Meiderich grenzt, Neumühl heißt. Hamborn hatte im Jahre 1890 zirka achttausend Einwohner. Zu dieser Zeit begann der Großindustrielle August Thyssen in der Gemeinde die Schächte Deutscher Kaiser abzuteufen und erbaute das Hüttenwerk gleichen Namens. Die Familie Haniel errichtete von 1893 an die Schachtanlage Neumühl. Diese Orte zogen riesige Arbeitermengen an. Im Jahre 1900 war die Einwohnerzahl bereits auf 33 000 gestiegen, dann aber nahm sie jedes Jahr um zirka 10 000 zu, bis mit der Erreichung von 150 000 diese wilde Entwicklung abschloß.

Ein Muster dieser amerikanischen Entwicklung war die Zeche Neumühl. 1893 begann mit 28 Arbeitern das Abteufen. Die Zeche hatte 1895 erst 69, 1900 schon 1872... und 1904 bereits 4895 Mann Belegschaft... Eine solche Mammutanlage wie Neumühl ist in Deutschland wohl nur einmal errichtet worden...« Was dagegen keineswegs einmalig war, schilderte Werner an anderer Stelle:

»Als 1904 an einem Tage die Zusammensetzung der Belegschaft festgestellt wurde, setzte sie sich zusammen aus 3108 Deutschen, von denen 1340 polnisch als Muttersprache redeten, ferner 1095 Österreichern aus Krain und Steiermark, Slowener oder Cuditsche genannt, aus 240 Holländern, 156 Italienern, 53 Russen, 33 Belgiern und vier sonstigen Ausländern.« Aus dem weiteren Bericht ergibt sich, daß auch die meisten der nicht oder nicht ausschließlich Polnisch sprechenden deutschen Bergleute aus den preußischen Ostprovinzen Zugewanderte oder Westfalen-Polen der zweiten Generation waren.

Über die Zustände, die in dieser buntscheckigen Gesellschaft am Rande Hamborns herrschten, sagt Werners Bericht lakonisch: »Neumühl war ›Wild-West‹. Der Schnapsausschank in der an der Zeche gelegenen Wirtschaft Ostrop betrug monatlich zirka 300 Hektoliter. Allmonatlich wurde mindestens ein Mensch totgeschlagen.«

Diese erschreckenden Feststellungen sind nur begreiflich, wenn man sich vor Augen führt, in welcher trostlosen Umwelt diese Arbeiter lebten, wie sie ausgebeutet und schikaniert wurden und aus welchen noch jämmerlicheren Verhältnissen sie ins Ruhrgebiet gekommen waren. Die meisten von ihnen stammten ja aus dem ostelbischen Landproletariat, das – ähnlich wie die »freigelassenen« Sklaven auf den Plantagen der amerikanischen Südstaaten – auch nach der offiziellen Aufhebung der Leibeigenschaft im frühen 19. Jahrhundert in völliger Abhängigkeit von der »Herrschaft« und in größtmöglicher Unbildung und Unwissenheit gehalten wurde.

Jede Gutsarbeiterfamilie war der Herrschaft des Gutseigentümers oder seines Inspektors unterworfen und zur Arbeit nach seiner Willkür mit allen verfügbaren Kräften, auch der der Kinder, verpflichtet. Geldlohn erhielt sie nach Art eines Taschengelds; Urlaub oder Freizeit, außer als kurze Frühstücks-, Mittags- oder Vesperpause, wurde ihr nicht gewährt. Ihre elenden Behausungen gehörten dem »Herrn«; wer davongejagt wurde – was selten vorkam, denn Arbeitskräfte waren auf dem Lande bald sehr knapp –, verlor auch von einer Stunde zur anderen das Wohnrecht und wurde mit Frau und Kindern obdachlos. Nach der Einführung des Bürgerlichen Gesetzbuchs im Jahre 1900 war der Gutsherrschaft und ihren Beauftragten zwar das Recht auf körperliche Züchtigung ihrer Arbeiter und deren Angehöriger genommen worden, aber sie traktierten »die Leute« weiter mit Stock und Reitpeitsche, wie sie es gewohnt waren, und kein Hahn krähte danach. Schließlich war der Gutsherr zugleich »Amtsperson« und übte die Polizeigewalt aus. Das schlimmste aber war die lange Arbeitszeit, in der Regel von vier Uhr früh bis Sonnenuntergang, im Winter, wenn der »Außendienst« gegen 17.30 Uhr endete, verlängert durch Stall- und Hausarbeit.

Da schien es eine geradezu paradiesische Verheißung, wenn die Arbeitsordnungen der meisten Ruhrzechen bis 1889 folgendes vorsahen:

»Die Schichtzeit für Grubenarbeiter beträgt einschließlich des Verlesens, des Anordnens, der Ein- und Ausfahrt zehn Stunden ... Die reine Arbeitszeit in der Grube einschließlich einer halben Stunde Pause hat acht Stunden zu dauern ... Die Schichtzeit für Tagearbeiter ist zwölfstündig und dauert von morgens 6 bis abends 6 Uhr oder umgekehrt.«

Da blieben also dem Kumpel, auch wenn die Zeit in der Waschkaue und für den Fußweg zur Zeche und zurück noch hinzukam, noch ein paar Stunden Freizeit, unbeaufsichtigt und nach Belieben auszufüllen – mit einem Schwatz am Tresen bei Bier und Korn, bei Frau und Kindern daheim in der Wohnküche oder im Stall, der zu jedem Bergmannshäuschen gehörte und wo er sich Tauben, Kaninchen, ein paar Hühner, eine Ziege oder auch ein Schwein hielt.

Gewiß, der Lohn war kärglich und die Arbeit sehr schwer. Aber zur Hälfte der Zeit konnte sich der Kumpel oder Stahlwerker als »freier Mann« fühlen, und die Frauen und Kinder brauchten nicht mehr mitzuarbeiten.

Das waren etwa die Gründe, die zur Landflucht und zur Abwanderung von den Gütern des Ostens in die Arbeiterviertel der weiter westlich gelegenen Industriezentren führten, aber auch zur ständigen Einwanderung aus anderen rückständigen Agrargebieten Europas, wo die Zustände nicht besser – und häufig noch schlechter – waren als auf den ostelbischen Rittergütern. Alljährlich strömten gegen Ende des 19. und zu Beginn des 20. Jahrhunderts je etwa 100 000 Italiener aus dem Mezzogiorno und Landarbeiter aus Russisch-Polen und der Ukraine in die Industriezentren des Deutschen Reichs, weitere 100 000 ehemalige Gutsarbeiter aus Böhmen, Mähren oder der Karpatho-Ukraine, Handwerker aus Ungarn, Galizien und Kroatien nach Sachsen und besonders nach Berlin.

Die Einwanderung von Tschechen und Slowaken nach Kursachsen und Brandenburg begann schon im 16. Jahrhundert, wobei es vor allem protestantische Glaubensflüchtlinge waren, die Zuflucht vor den grausamen Verfolgungen durch die Kirche und die Habsburgerkaiser suchten. Die erste Welle brachte vornehmlich Adlige und Bürgerliche nach Deutschland, die sich, ähnlich wie die Hugenotten, sehr rasch anpaßten und voll integriert wurden. Danach kamen, bis zum Ende des 18. Jahrhunderts, immer neue Wellen aus Böhmen und Mähren, nunmehr meist Handwerker und Bauern. In Brandenburg wurden sie in Dörfern der Umgebung Berlins – in Novaves, Böhmisch-Rixdorf, dem späteren Neukölln, sowie in Schöneberg angesiedelt, nachdem Schlesien preußisch geworden war, auch dort. Ebenfalls in Schlesien ließen sich um dieselbe Zeit italienische Flüchtlinge, meist von Adel, nieder sowie auf besonderen Wunsch Friedrichs II., der sich davon eine Belebung des Handels versprach, an die fünfzig griechische Familien, vor allem in Breslau.

Im frühen 19. Jahrhundert ließen die Protestantenverfolgungen im Habsburgerreich nach; als letzte Glaubensflüchtlinge aus Österreich kamen 1837 fast fünfhundert Gebirgsbauern und Handwerker aus dem oberen Zillertal in Tirol nach Preußen und wurden im schlesischen Riesengebirge angesiedelt. Aber dafür begann nun bald die Einwanderung von Menschen, die nicht aus religiösen Gründen, sondern aus wirtschaftlicher Not ihre Heimat verlassen mußten. Zu Hunderttausenden wanderten sie, vor allem aus Böhmen und Mähren, während des ganzen 19. und frühen 20. Jahrhunderts nach Preußen und Sachsen, in geringerem Maße auch nach Bayern ein. Berlin, wo es bis um die Jahrhundertwende eine fast geschlossene böhmische Kolonie mit eigenen Kirchen gab und wo überwiegend tschechisch gesprochen wurde, war das Hauptziel dieser Emigration.

Es waren durchweg arme Leute, einzelne Burschen oder Mädchen, oft auch kinderreiche Familien, die in den siebziger und achtziger Jahren des 19. Jahrhunderts mit der Eisenbahn vierter Klasse in Berlin ankamen. Die meisten von ihnen nahmen dann auch ein Quartier, das ihnen von den an der Sperre auf sie wartenden Schleppern angeboten wurde, ganz in der Nähe des Görlitzer Bahnhofs.

Dort hatten Berliner Bauunternehmer auf billigem Grund und in dürftigster Ausführung »Mietskasernen« errichtet, wo auf engstem Raum und mit primitivsten sanitären Einrichtungen eine unübersehbare Vielzahl von Mietern untergebracht werden konnte. In einem Haus, das bis zu fünf Hinterhöfe hatte, waren mitunter achtzig »Parteien«, durchschnittlich 450 bis 500 Personen, als »reguläre« Mieter untergebracht, unter dem Namen des jeweiligen Familienoberhaupts, außerdem eine nahezu unbegrenzte Anzahl von Untermietern, sogenannte Schlafburschen oder auch -mädchen, wobei einzelne Schlafstellen gern an Arbeiter oder Arbeiterinnen vergeben wurden, die nacheinander Schichtdienst hatten, so daß der Platz doppelt oder gar dreifach ausgenutzt werden konnte.

Nur am Rande sei erwähnt, daß die Aufnahme von Schlafburschen und -mädchen, die auch in anderen Großstädten, besonders in Hamburg und München, gang und gäbe war, mitunter weniger aus wirtschaftlichem Zwang stattfand als vielmehr aus anderen Bedürfnissen heraus. So berichtete Hermann Kurella 1899 in der »Neuen Deutschen Rundschau«, daß

in München 414 alleinstehende Männer jeweils mehrere Schlaf-
mädchen in einem Durchgangszimmer beherbergten, jüngere
Witwen drei bis sechs Fabrikschichtarbeiter in ihre Anderthalb-
zimmerwohnung aufgenommen hätten, eine gutsituierte Berliner Bäckerswitwe gar »mehr als zehn Schlafburschen«.

Doch in der großen Mehrzahl der Fälle war diese Art der
Unterbringung für alle Beteiligten in erster Linie ein Gebot der
Not, die Promiskuität nur eine fast unvermeidliche Folge. Der
größte Teil der Einwanderer rund um den Görlitzer Bahnhof
arbeitete zu sehr geringen Löhnen und äußerst hart, vor allem
in der Berliner Bekleidungsindustrie, der sogenannten Konfektion, zu der auch die Pelzverarbeitung, Litzen- und Mützen-
fabrikation gehörte.

Über die Berliner Kürschnereien berichtete Curt Rosenberg
im Jahre 1906:

»Die Arbeitszeit ist in den größeren Werkstätten, soweit sie
dem Fabrikgesetz unterstehen, bei der allgemeinen Verwendung weiblicher Arbeiter, gesetzlich normiert. Sie ist thatsächlich meist eine zehnstündige, unter Ausschluß von zwei Stunden Pausen. In den kleineren Werkstätten ist sie nicht
begrenzt, thatsächlich in der Saison mitunter sehr lang; es wird
bis in die Nacht hinein gearbeitet... Die Luft ist durch die
Überfüllung der Räume, durch die Ausdünstungen der Felle
stark verdorben; hierzu kommt noch, daß vielfach in den
Arbeitsräumen gekocht wird. In den kleinen dunklen Wohnungen der Zwischenmeister, in denen gearbeitet wird, hält sich
die Familie des Zwischenmeisters auf. Die meist ziemlich zahlreiche Nachkommenschaft spielt zwischen den Arbeitenden,
oft in recht mangelhaft bekleidetem Zustand...«

Aus dem Jahre 1899 stammt die folgende Beschreibung des
Lebens einer 33jährigen böhmischen Heimarbeiterin:

»In der Skalitzer Straße hat sie auf dem 3. Hof drei Treppen
hoch ihre Schlafstelle... Um 8 Uhr muß sie in der Werkstatt
des Meisters sein, die fünfzehn Minuten entfernt liegt..., vier
Treppen hoch, im Vorderhause. Ihrer acht sitzen sie da in einer
Stube, die 3,5 mal 4 Meter groß ist. Vor dem einen Fenster steht
die Maschine der Stepperin, vor dem anderen der Vorrichte-
tisch, an dem die Frau des Meisters zeitweilig arbeitet. Dahinter sitzen nun die sieben Arbeiterinnen, ohne Tisch, jede auf
ihren Stuhl angewiesen... Der Meister steht nebenan in der
Küche am Bügeltisch, treibend und scheltend, wenn die Mäd-

chen den mitgebrachten Kaffee am glühenden Herd wärmen. Jede Minute ist ihm kostbar, denn je flotter die Arbeit geht, je schneller er sie in seinem Konfektionsgeschäft abliefert, desto größer der Verdienst, desto gewisser die Aussicht auf neue größere Aufträge... Zu einer Pause ist keine Zeit; heute heißt es jede Minute nützen. Die Luft im Zimmer wird am Nachmittag unerträglich; es wird immer hastiger, aber auch immer unruhiger gearbeitet... Zwei Arbeiterinnen stehlen sich für einen Augenblick hinaus, schnappen auf dem Hof etwas frische Luft, müssen sich, als sie wieder hinaufgehastet sind, von der Meisterin sagen lassen, daß ›die Fräuleins ehrliche Arbeit wohl nicht nötig haben‹... So geht es weiter bis 7 Uhr. Einige verheiratete Frauen..., die nur etwas ›zuverdienen‹ wollen, sind die ersten, die sich auf den Heimweg machen. Unsere Freundin gehört zu den letzten, die fortgehen. Vorher hat der Meister ihre Arbeit durchgesehen, mancherlei getadelt, nichts gelobt. Fast jede der Abgehenden nimmt noch Arbeit mit nach Hause... Auch unsere Freundin macht sich gegen $^1/_2$ 9 Uhr mit einem Bündel auf den Heimweg. Gegen 9 Uhr kommt sie nun endlich zu ihrer ersten warmen Mahlzeit... Mit ihren Wirtsleuten sitzt sie dann noch am Tisch, bis gegen zehn Uhr einer nach dem anderen in der Küche oder auf dem Korridor seine Ruhestätte aufsucht, und sie schließlich allein in der Stube zurückbleibt, in der sie und drei andere Frauen ihr Lager haben. Bis halb zwölf Uhr ist sie noch mit der mitgebrachten Arbeit beschäftigt. Endlich sucht sie ihr Lager auf, um am anderen Tage müde und schlaff zu demselben Tagewerk zu erwachen. Seit sie vor fünf Jahren aus Leitomischl in Böhmen nach Berlin gekommen ist, hat sie noch nicht einen einzigen Arbeitstag versäumt...«

Nach der Statistik von 1907 sind etwa die Hälfte der weiblichen und dreißig Prozent der männlichen Arbeitskräfte der Hausindustrie im Bekleidungsgewerbe beschäftigt. Sie kommen aus Böhmen und Schlesien, viele Kürschner und Kürschnerinnen auch aus Österreichisch- und Russisch-Polen. In der Pelzverarbeitung und in der Schneiderei sind viele jüdische Arbeitskräfte; die Näherinnen sind vorwiegend Tschechinnen.

Über die Gesundheitsverhältnisse in der Berliner Konfektion äußerte ein Zwischenmeister gegenüber der Reichskommission für Arbeiterstatistik, daß es wirklich »gesunde und kräftige Arbeiterinnen eigentlich nicht gebe«, und die Kommission stellte dann in bezug auf die besonders gefährdeten, etwas besser bezahlten Büglerinnen und Stepperinnen fest: »Jedenfalls sind nach den Berichten der Berliner Kassenärzte chronische Gebärmutter-Erkrankungen und namentlich Fehlgeburten bei diesen Arbeiterinnen ziemlich häufig.« Drei, allerhöchstens sechs Jahre konnte nach den Feststellungen der Kommission eine Stepperin »durchhalten«. Dann mußte sie mit der Maschinenarbeit aufhören und taugte nur noch zur schlechter bezahlten Handarbeit.

Dennoch kamen sie in immer neuen Scharen nach Berlin, auf der Suche nach einem besseren Leben, als sie es in den Dörfern Böhmens, Mährens, der Karpatho-Ukraine, Galiziens oder Podoliens hatten erwarten können, und ein klein wenig besser muß es wohl auch gewesen sein, sonst wären sie nicht geblieben und hätten nicht Abertausende von Männern, Frauen und Kindern aus der alten Heimat ebenfalls nach Berlin gelockt.

Die enorm fleißigen und genügsamen Menschen aus dem unterentwickelten Ost- und Südosteuropa verhalfen der Berliner Konfektion zu immer höheren Umsätzen, immer besserer Qualität, bald auch zu internationalem Ansehen. Außerdem wurden sie innerhalb von sehr kurzer Zeit »richtige« Berlinerinnen und Berliner. Schon nach weniger als einem halben Jahr sprachen sie und benahmen sich wie ihre Umgebung, während gleichzeitig Tausende von gebürtigen Berlinern, ebenso wie ihre Altersgenossen in anderen Gegenden Deutschlands, nach Amerika auswanderten, weil sie jede Hoffnung aufgegeben hatten, in der Heimat eine menschenwürdige Existenz und ihren Fähigkeiten entsprechende Aufstiegschancen zu finden.

Diese deutschen Auswanderer der Zeit um die Jahrhundertwende kamen vorwiegend aus der bäuerlichen oder städtischen Unterschicht und dem Kleinbürgertum. Der gehobene Mittelstand und die Oberschicht waren weder in Deutschland noch in den anderen europäischen Ländern an dieser neuen Völkerwanderung beteiligt. Religiöse Verfolgungen, die auch den Adel und die reichen Bürger betroffen hätten, gab es im späten 19. und frühen 20. Jahrhundert nicht mehr – außer in Rußland, wo das Zarenregime die in seinen westlichen Provinzen sehr starke jüdische Bevölkerung hart bedrückte. Immer wieder kam es dort zu blutigen Pogromen, die von der Ochrana, der zaristischen Geheimpolizei, angezettelt und von fanatischen Geistlichen geschürt wurden, um die unzufriedenen Volksmassen abzulenken von den wahren Ursachen ihres Elends. Diese Gewalttätigkeiten, die die ohnehin verzweifelte Lage der russischen Juden unerträglich machten, führten dazu, daß Millionen von ihnen in westliche Länder flüchteten, vor allem nach Nordamerika. Es waren vorwiegend die Ärmsten, am wenigsten Zivilisierten, die Rußland verließen, zugleich diejenigen, die sich am festesten an ihren Glauben klammerten und ihn am orthodoxesten praktizierten. Sie kamen aus armseligen Dörfern und Kleinstädten und boten in ihrer Verwahrlosung den Westeuropäern, ähnlich wie die Eingesperrten der Frankfurter Judengasse dem jungen Goethe, einen »unerfreulichen Anblick«.

Nur ein kleiner Teil der jüdischen Flüchtlinge aus den übervölkerten Gettos des Zarenreichs ließ sich in Deutschland nieder, und die jüdischen Gemeinden in Berlin und anderen Großstädten des Kaiserreichs taten ihrerseits alles, was in ihrer Macht stand, ihre halbverhungerten und zerlumpten Glaubensbrüder aus dem Osten zur Weiterreise zu bewegen. Man sammelte Spenden, um ihnen die Schiffsreise nach Amerika zu bezahlen, versorgte sie mit Proviant, Kleidung und Medikamenten, redete ihnen gut zu und betete auch für sie. Nur in Deutschland behalten wollte man sie nicht. Denn die deutschen Juden – nach der Volkszählung vom 1. Dezember 1900 gab es rund 587000 Personen im Deutschen Reich, die sich als jüdischen Glaubens bezeichneten – befürchteten von einer Masseneinwanderung armer Ostjuden eine Gefährdung ihrer im 19. Jahrhundert so mühsam errungenen bürgerlichen Gleichstellung und ihrer schon fast vollständigen Integration.

Tatsächlich hatten sich die deutschen Juden nach Jahrhunderten der Absonderung und der Zwangsunterbringung in Gettos weitestgehend assimiliert. Von einer – von ihren Gegnern immer wieder behaupteten – Untauglichkeit für weite Bereiche des sich zu einer modernen Industriegesellschaft entwickelnden Gemeinwesens konnte bei den deutschen Juden wahrlich nicht die Rede sein. Eher war es umgekehrt: Die so lange an der freien Entfaltung ihrer Talente Gehinderten erwiesen sich als geradezu übertüchtig, so als wollten sie binnen eines Menschenalters alles nachholen, was ihren Vorfahren jahrhundertelang versagt geblieben war.

Auch trat etwas ein, womit niemand gerechnet hatte: Viele, zumal die nach Bildung und Wohlstand zur Oberschicht zählenden jüdischen Bürger der Großstädte, besonders Berlins, gaben nun den mehr als ein Jahrtausend lang mit äußerster Standhaftigkeit bewahrten Glauben der Väter, den hartnäckigen Widerstand gegen die Taufe und ihr bis dahin infolge ihres harten Gruppenschicksals besonders stark ausgeprägtes Zusammengehörigkeitsgefühl plötzlich auf, kaum daß der äußere Druck ganz erheblich nachgelassen hatte. Es war gefahrlos geworden, einer bislang hart bedrückten und von Ausrottung bedrohten religiösen Minderheit anzugehören, und mit dem so stark verminderten Risiko schwanden auch die Hemmungen, endlich das zu tun, was Selbstachtung und Scham vor den standhaften Leidensgenossen bislang verboten hatten: die völlige Anpassung an die Umwelt, auch im religiösen Bekenntnis, wobei es ebenfalls eine große Rolle spielte, daß die europäische Aufklärung die Religiosität ganz allgemein gemindert, die konfessionellen Bande gelockert und bei den meisten Gebildeten das Glaubensbekenntnis zu einer kaum mehr als formellen Äußerlichkeit hinuntergestuft hatte. So waren um 1900 schon mehrere hunderttausend deutsche Juden aus ihren Gemeinden ausgetreten, evangelisch oder katholisch geworden, in verhältnismäßig kleiner Zahl auch konfessionslos.

Indessen ließ auch die Konfessionsstatistik erst teilweise erkennen, wie sehr sich die einst so festen Bindungen der deutschen Juden an ihren Glauben gelockert hatten. Denn in Wirklichkeit nahm von den knapp sechshunderttausend Juden des Jahres 1900 nur ein verhältnismäßig kleiner Teil am Gemeindeleben teil. Nur wenige hielten noch alle strengen Fasten-, Speise- und sonstigen Vorschriften ein, besuchten täglich und nicht nur an den höchsten Feiertagen die Synagoge. Das Judentum der großen Mehrheit beschränkte sich auf eine gewisse Pietät, einige kulturelle Traditionsbestände sowie eine rege Wohltätigkeit, mit der man den sonstigen Mangel an Gesetzestreue vor dem eigenen Gewissen wie vor der Gemeinde auszugleichen bemüht war.

In mancher Hinsicht typisch für das aufgeklärte, gebildete und völlig – bis zur Weihnachtsfeier mit Christbaum und Krippenspiel – assimilierte jüdische Bürgertum des Deutschen Reichs um 1900 war Walther Rathenau. Er bekannte sich, wie der Hamburger Historiker Egmont Zechlin in seinem Werk »Die deutsche Politik und die Juden im Ersten Weltkrieg« anschaulich beschrieben hat, »zu einer christlichen Gesinnung und versicherte wiederholt, ›auf dem Boden der Evangelien‹ zu stehen. Nichtsdestoweniger lehnte er einen Übertritt zum Christentum beharrlich ab. Im übrigen konstatierte er ebenfalls, daß die überwältigende Mehrheit des deutschen Judentums ›nur ein einziges Nationalgefühl hätte: das deutsche‹.«

Walther Rathenau, 1867 in Berlin geboren, folgte seinem Vater Emil Rathenau, der auch ein gebürtiger Berliner war und der die Glühlampe, das Telefon, den Starkstrom und das Aluminium in Deutschland einführte, in der Leitung der Allgemeinen Elektrizitätsgesellschaft (AEG), einer Familiengründung. Als Reichsaußenminister der Weimarer Republik wurde Walther Rathenau 1922 von Rechtsextremisten ermordet. Zu Beginn des 20. Jahrhunderts beschäftigte der von ihm geleitete AEG-Konzern bereits rund 70 000 Arbeitskräfte.

Die Rathenaus, Vater und Sohn, waren beileibe nicht die einzigen Juden, die um die Jahrhundertwende zur Führungsschicht des Kaiserreichs gehörten, und die deutschen Juden waren ihrerseits nur eine der Gruppen ehemaliger »Fremder«, denen ein Aufstieg an die Spitze großer Wirtschaftsunternehmen, aber auch in führende Positionen in der Justiz, Verwaltung, Diplomatie und Armee, bei Hofe und nicht zuletzt im kulturellen und wissenschaftlichen Bereich gelungen war.

Zu den Wirtschaftsführern des Kaiserreichs um die Jahrhundertwende gehörten neben den Rathenaus auch Nachkommen von west- und südeuropäischen Einwanderern wie die Ravené, Cockerill, Guilleaume, Cassella, Merton, Passavant, Gruson, Talbot, Miquel, Guaita, Reverchon, Piedboeuf, Neven Du Mont, v. Neufville, v. Puricelli und v. Pachaly. Die Ruhrindustriellenfamilie Thyssen war aus Holland eingewandert; die Vorfahren von Friedrich Grillo, Eigentümer zahlreicher Ruhrzechen und Gründer der Schachtanlage »Konsolidation«, die zur Entstehung der Gemeinde Schalke führte, waren aus Italien nach Westfalen gekommen.

Generaldirektor der Hamburg-Amerika-Linie (HAPAG) war seit 1899 Albert Ballin, ein in Hamburg geborener Jude, den Kaiser Wilhelm II. zu seinen persönlichen Freunden rechnete. Zu den maßgebenden jüdischen Privatbankiers gehörten die Inhaber der Häuser Sal. Oppenheim jr. & Cie in Köln, gegründet 1789 (die allerdings längst getauft waren und sich mit Angehörigen des Hochadels verwandtschaftlich verbunden hatten);

Mendelssohn & Co in Berlin, gegründet 1795; S. Bleichröder, Berlin, gegründet 1803; Gebr. Arnhold in Dresden und Berlin, gegr. 1864; Hardy & Co in Berlin, und das – 1901 mit dem Tode von Wilhelm Carl v. Rothschild erloschene – Frankfurter Stammhaus der Rothschilds.

Einer Königsberger jüdischen Familie entstammte Eduard v. Simson, der sich 1823 hatte taufen lassen. 1848 wurde er Präsident der ersten deutschen Nationalversammlung, die in der Frankfurter Paulskirche tagte; 1860/61 war er Präsident des preußischen Abgeordnetenhauses, 1870–73 erster Präsident des Deutschen Reichstags, 1879–91 Präsident des Reichsgerichts in Leipzig. Sein Sohn, der Geheime Justizrat August v. Simson (1837–1927), stand lange Jahre an der Spitze der Berliner Anwaltskammer, trat bei der Umwandlung der Gußstahlfabrik Fried. Krupp in Essen in eine Aktiengesellschaft auf Wunsch Kaiser Wilhelms II. in deren Aufsichtsrat ein und war einer der engeren Berater des Kaisers.

Um die Jahrhundertwende zur Umgebung des Kaisers gehörte auch der General der Kavallerie Walter v. Mossner, 1846 in Berlin geboren und Sohn wohlhabender jüdischer Eltern. Gegen heftigen Widerstand des Offizierskorps eines feudalen Husarenregiments und nur aufgrund einer persönlichen Intervention Kaiser Wilhelms I. wurde er dort 1865 Fähnrich. Bis 1891 hatte es Mossner, einer der besten Reiter der Armee, der zweimal das Große Jagdrennen gewann, zum Kommandeur der Leib-Garde-Husaren gebracht. 1892 wurde er von Wilhelm II. zu dessen Flügeladjutanten ernannt, 1899 zum Generalleutnant und Kommandeur der Garde-Kavallerie-Division, 1903 zum Gouverneur von Straßburg. Im Ersten Weltkrieg war er der letzte preußische General, der mit dem hohen Orden vom Schwarzen Adler ausgezeichnet wurde; 1932, wenige Monate vor Hitlers Machtübernahme, starb Mossner in Heidelberg.

Schließlich seien noch drei Familien genannt, die sich im späten 19. Jahrhundert der besonderen Gunst des Kaiserhofes erfreuten: die Pourtalès, die Radziwill und die Caprivi.

Die Pourtalès, Hugenotten aus Südfrankreich, die 1682 nach Neuenburg in der Schweiz geflohen waren, einem Kanton, der 1707 preußisches Fürstentum geworden war, hatten mit einem 1753 gegründeten Handelshaus sowie zahlreichen Manufakturen großen Reichtum erworben. Friedrich II. von Preußen hatte sie geadelt, und 1815 waren sie Grafen geworden. 1856 versuchten zwei Grafen Pourtalès, den schweizerischen Kanton Neuenburg für Preußen zurückzuerobern; der Versuch scheiterte, aber die Hohenzollern erwiesen sich dankbar: Die Söhne und Enkel avancierten zu erblichen Mitgliedern des preußischen Herrenhauses, wurden Oberhofzeremonienmeister, Botschafter und Wirkliche Geheime Räte. Um die Jahrhundertwende war eine Gräfin Pourtalès erste Palastdame der Kaiserin.

Die Radziwill, ein litauisches Adelsgeschlecht, mit riesigen Besitzungen im russischen Zarenreich, aber auch in der preußischen Provinz Posen, standen den Hohenzollern noch näher. Anton Radziwill, Fürst von Nieswiesz und Olyka, hatte 1796 die Prinzessin Luise von Preußen geheiratet und war 1815 preußischer Statthalter in Posen geworden. Sein Haus in Berlin wurde im Vormärz zum Mittelpunkt der vornehmen Gesellschaft, und seine Tochter Elise war die Jugendliebe Wilhelms I. Ihr Neffe Anton Radziwill wurde preußischer General und erbliches Mitglied des preußischen Herrenhauses. Von 1885 an war er Generaladjutant der Kaiser. Er starb 1904 in Berlin.

Aus einer Offiziersfamilie norditalienischer Herkunft stammte Leo Caprivi de Caprara de Montecuculi, geboren 1831 in Charlottenburg bei Berlin. Seine Vorfahren waren im 18. Jahrhundert nach Deutschland eingewandert. Leo v. Caprivi, wie er sich nannte, wurde preußischer Offizier und stieg bis zum Kommandierenden General auf. Kaiser Wilhelm II. ernannte ihn nach Bismarcks Entlassung zum Reichskanzler, und vier Jahre lang, von 1890 bis 1894, leitete er die Regierungsgeschäfte. 1899 starb er auf seinem Landsitz bei Krossen.

Wie diese Beispiele, die sich beliebig vermehren ließen, deutlich zeigen, konnten die Nachkommen der Einwanderer bis zu den höchsten Rängen in Staat, Gesellschaft und Wirtschaft aufsteigen – vorausgesetzt, sie waren reich und anpassungsfähig. Wer arm war, und das traf auf die meisten zu, hatte es unendlich viel schwerer. Doch auch die galizischen Schneider, die slowakischen Näherinnen und Stepperinnen, die ungarischen Schuster, die italienischen Ziegelei- und Marmorarbeiter, Gärtner und Eisverkäufer, die polnischen Kumpel, die masurischen Stahlwerker und die litauischen Maurer, die in Berlin, im Ruhrgebiet, in Sachsen und anderswo im Deutschen Reich für sehr bescheidenen Lohn hart arbeiten mußten, wurden heimisch und ziemlich rasch integriert. Sie dachten gar nicht mehr an eine Rückkehr in ihre Herkunftsländer, wo es ihnen noch viel schlechter ergangen war.

Jahr für Jahr kamen neue Einwanderer, vor allem Polen, Italiener, Tschechen und russische Juden. Rund 250 000 wurden im Jahresdurchschnitt in Berlin und den anderen Industriezentren des Deutschen Reiches ansässig. Dort herrschte Frieden; 1911 feierte man den Beginn des fünften Jahrzehnts ohne Krieg. Die Wirtschaft, vor allem der Handel und die Industrie, entwickelten sich glänzend. Mit großen Hoffnungen hatte man in Deutschland das anbrechende 20. Jahrhundert begrüßt, und die optimistischen Erwartungen schienen sich zu erfüllen.

Das Unglück dieses Deutschen Reiches aber war, daß es von Preußen beherrscht wurde, wo noch immer die ostelbischen Junker im Staat und in der diesen Staat dominierenden Armee den Ton angaben. Niemand hat das schärfer beobachtet und zum Ausdruck gebracht als der große preußische Dichter und Romancier des späten 19. Jahrhunderts, Theodor Fontane.

Fontane, 1819 im märkischen Neuruppin geboren und Sproß einer französischen Hugenottenfamilie, verheiratet mit Emilie Rouanet, die ebenfalls aus einer Refugiés-Familie stammte, fühlte sich durch und durch als Märker und Preuße, auch wenn er seinen Namen halbfranzösisch aussprach, »Fontan«, mit der Betonung auf der ersten Silbe, mit Nasallaut jedoch nur, wie man in seiner Familie scherzte, »an Sonn- und Feiertagen«. Er hatte die gescheiterte Revolution von 1848/49 miterlebt und in den fünfziger Jahren beobachtet, wie das preußische Bürgertum sich mit der Monarchie arrangierte. Damals stellte, wie es Jürgen Kuczynski zutreffend beschrieben hat, die Bourgeoisie »ihre Fähigkeit, eine politische Niederlage in einen wirtschaftlichen Sieg zu verwandeln, unter Beweis«. Doch sie ordnete sich dem Machtanspruch der Junker unter, und das hatte Folgen, die Fontane 1898, kurz vor seinem Tode, in einem Brief an seinen Freund Gustav Keyßner heftig kritisiert hat.

»... Dynastie, Regierung, Adel, Armee, Gelehrtentum«, schrieb er, »alle sind ganz aufrichtig davon überzeugt, daß speziell wir Deutsche eine hohe Kultur repräsentieren; ich bestreite das. Heer und Polizei bedeuten freilich auch eine Kultur, aber doch einen niedrigeren Grad, und ein Volk- und

Staatsleben, das durch diese zwei Mächte bestimmt wird, ist weitab von einer wirklichen Hochstufe.«

Ganz in diesem Sinne hatte sich Fontane schon ein Jahr zuvor in einem Brief an seinen jüdischen Freund Friedländer geäußert, worin es hieß:

»Preußen – und mittelbar ganz Deutschland – krankt an unseren Ostelbiern. Über unseren Adel muß hinweggegangen werden; man kann ihn dann besuchen wie das Ägyptische Museum..., aber das Land *ihm* zuliebe regieren, in dem Wahn: *dieser Adel sei das Land* – das ist unser Unglück... Worin unser Kaiser die *Säule* sieht, das sind nur *tönerne Füße*. Wir brauchen einen ganz anderen Unterbau...«

Der alte Fontane sah das Unglück schon kommen, die meisten Deutschen sahen es noch nicht. Auch in der mächtig gewordenen, seit ihrer Unterdrückung durch die »Sozialistengesetze« nur noch erstarkten deutschen Arbeiterbewegung mehrten sich die Stimmen, die ein friedliches Hineinwachsen in den Junker- und Militärstaat befürworteten, während nur noch eine Minderheit diesen Staat erobern und umkrempeln, den Erfordernissen der neuen Zeit und der Mehrheit des Volkes anpassen wollte. Die Jugend der bürgerlichen Schichten aber wollte von Politik gar nichts mehr wissen. Sie flüchtete sich in einen romantischen Patriotismus, der besonders im Vortrupp der bürgerlichen Jugendbewegung, dem um die Jahrhundertwende in Berlin-Steglitz gegründeten »Wandervogel«, gepflegt wurde. Dort fanden sich auch die längst voll integrierten Enkel jener Einwanderer zusammen, die den sozialen Aufstieg bereits geschafft hatten, und sangen am abendlichen Lagerfeuer:

> Kein schöner Land in dieser Zeit,
> Als hier das unsre weit und breit,
> Wo wir uns finden
> Wohl unter Linden
> Zur Abendzeit...

Übrigens stammen Text und Melodie dieses schönen Liedes von einem Dichter, Komponisten und Sammler deutscher Volkslieder, dessen Familie aus Italien nach Deutschland eingewandert war: von Anton Florentin v. Zuccalmaglio, geboren 1803 in Waldbröl, gestorben 1869 in Nachrodt bei Altena.

10. Von Alldeutschen, Undeutschen, Beute-Deutschen und Eingedeutschten

»Aus Deutschland ist ein Weltreich geworden. Überall in fernen Teilen der Erde wohnen Tausende unserer Landsleute. Deutsche Güter, deutsches Wissen, deutsche Betriebsamkeit gehen über den Ozean. Nach Tausenden von Millionen beziffern sich die Werte, die Deutschland auf der See fahren hat. An Sie, meine Herren, tritt die ernste Pflicht heran, mir zu helfen, dieses größere Deutsche Reich auch fest an unser heimisches anzugliedern!«

So wandte sich Kaiser Wilhelm II. am 18. Januar 1896 an die deutschen Fürsten, Minister, Staatssekretäre, Generale und Admirale sowie die Wirtschaftsführer des gerade fünfundzwanzig Jahre alten Deutschen Reichs.

Zu dieser Zeit lebten allein in den USA rund 2,5 Millionen noch in Deutschland Geborene und weitere 5,7 Millionen Söhne und Töchter in Deutschland geborener Eltern. »Da die amerikanische Statistik Kinder deutscher Einwanderer im 2. und 3. Glied nicht mehr als Deutsche anführt«, bemerkte hierzu vorwurfsvoll der »Große Brockhaus«, »so ist die wirkliche Zahl der Deutschstämmigen (in USA) erheblich größer und beträgt sicherlich 15 bis 20 Millionen.«

Weitere rund 20 Millionen Deutsche, so schätzte das Lexikon, lebten anderswo in der Welt – in Kanada, Brasilien und den übrigen lateinamerikanischen Staaten, in Afrika, Australien und Asien sowie in den außerdeutschen Ländern Europas, vor allem in Rußland und auf der Balkan-Halbinsel, in Spanien, Großbritannien und Skandinavien.

Dieses annähernd 40 Millionen Menschen zählende »Deutschtum im Ausland«, wie man es seit etwa 1895, als die deutsche Führung darauf aufmerksam zu werden begann, mit Stolz und Zuversicht nannte, wurde dann immer stärker »gepflegt« und in die imperialistischen Pläne einbezogen. Man ging dabei von der – wie sich herausstellen sollte: weitgehend irrigen – Annahme aus, daß die rund 40 Millionen Nachkommen deutscher Auswanderer »treu zu Kaiser und Reich« stehen und bei der Verwirklichung der Weltherrschaftspläne der deutschen Führung wacker mithelfen würden, vor allem bei der Eroberung von neuem »Lebensraum« in Ost- und Südosteuropa, neuer Kolonien in Afrika, Asien und vielleicht sogar in Lateinamerika sowie neuer Märkte und »Einflußsphären« in der übrigen Welt.

Es störte die deutsche Führung auch nicht, daß ihr tatsächliches Herrschafts- und Einflußgebiet, also das im Jahre 1900 rund 56 Millionen Einwohner zählende Deutsche Reich, die deutschen Kolonien und »Schutzgebiete« in Afrika, Ost- und Südostasien sowie im Pazifik mit zusammen etwa 12 Millionen Einwohnern und das eng verbündete, in Berlin schon heimlich als Teil eines künftigen »Großdeutschlands« angesehene Österreich-Ungarn, ganz überwiegend *nicht* von Deutschen bewohnt war. Von den »fast 120 Millionen Einwohnern des deutschen bzw. deutsch-österreichischen Herrschaftsgebiets«, von denen um die Jahrhundertwende der Kaiser und seine Umgebung schwärmten und denen sie noch 40 Millionen »Auslandsdeutsche« hinzurechnen wollten, waren allein im Deutschen Reich knapp sechs Millionen nicht einmal der deutschen Sprache mächtig; unter dem Gesichtspunkt einer auf Abstammung beruhenden Volkszugehörigkeit, wie man ihn auf die Enkel und Urenkel der nach Amerika ausgewanderten Deutschen anwenden wollte, hätte man weitere 20 bis 25 Millionen Nachkommen von Einwanderern nach Deutschland als Nichtdeutsche bezeichnen müssen.

In den erst seit 1884 nach und nach »erworbenen« Kolonien und Schutzgebieten des Deutschen Reichs – in Togo, Kamerun, Deutsch-Südwest- und Deutsch-Ostafrika, in Deutsch-Neuguinea und auf den Salomoninseln, den Karolinen, Marianen, Marschallinseln, auf Samoa und in Kiautschou – gab es insgesamt einige Zehntausend deutsche Siedler, Kaufleute, Beamte, Missionare und Angehörige der Schutztruppe; alle übrigen Einwohner, mehr als zwölf Millionen, waren Nichtdeutsche: Afrikaner, Araber, Inder, Malayen, Papuas, Polynesier und Chinesen.

Von den Bewohnern der »deutschen« Reichshälfte Österreich-Ungarns – ingesamt 26,1 Millionen im Jahre 1900 –, galten 9,2 Millionen oder knapp 36 Prozent als Deutsche, über

6 Millionen oder 23 Prozent als Tschechen, 17 Prozent als Polen, weitere 13 Prozent als Ruthenen, 5 Prozent als Slowenen, 3 Prozent als Italiener, 3 Prozent als Serbokroaten und 1 Prozent als Rumänen. Rund 1,2 Millionen Juden (4,7 Prozent) wurden überwiegend den Deutschen zugerechnet.

In der anderen »transleithanischen« Reichshälfte lebten 19,2 Millionen Menschen, und dort waren die Deutschen nur noch eine winzige Minderheit. 51 Prozent« der Bevölkerung waren Ungarn, 15 Prozent Rumänen, 13 Prozent Serbokroaten, 10,5 Prozent Slowaken, die restlichen 10,5 waren Sorben, Slowenen, Deutsche, Armenier, Griechen und andere Minderheiten. Die rund 850 000 Juden (4,4 Prozent) wurden meist den Deutschen oder den Ungarn zugerechnet, die etwa 100 000 Sinti und Roma den Ungarn oder Rumänen.

Schließlich gab es noch die autonome österreichische Militärprovinz Bosnien-Herzegowina, wo weitere 1,6 Millionen – von Kaiser Wilhelm den Deutschen zugerechnete – »Untertanen« lebten, überwiegend Bosniaken, teils griechisch-orthodoxen, teils mohammedanischen Glaubens. Auch gab es dort knapp zehntausend jüdische Spaniolen, Nachkommen von Vertriebenen aus Spanien, ein paar tausend deutsche und holländische Siedler, kleinere Gruppen von Kroaten, Albanern und wallachischen Zinzaren, etwa zehntausend nomadisierende Sinti und Roma sowie fast dreißigtausend Mann österreichisches Militär, das gegen die bosniakischen Guerilla-Kämpfer einen schweren Stand hatte und wiederholt verstärkt werden mußte.

Großzügig gerechnet gab es also im »deutsch-österreichischen Herrschaftsgebiet« unter insgesamt rund 47 Millionen Einwohnern des Jahres 1900 knapp elf Millionen Deutsche. Von den »fast 120 Millionen« Traum-Deutschen Kaiser Wilhelms II. waren fast die Hälfte eindeutig keine Deutschen, und legte man an die knappe deutsche Mehrheit die gleichen Maßstäbe an wie der »Große Brockhaus« an das Auslandsdeutschtum, so waren nicht mehr als allenfalls 35 Prozent der Bewohner »Großdeutschlands« und seiner Besitzungen als Deutsche anzusehen, einschließlich der rund 2,6 Millionen Juden der beiden deutschen Kaiserreiche.

Aber die deutsche Führungsschicht nahm den Standpunkt ein, daß es bei den »Untertanen« auf deren Sprache, Nationalität oder Religion nicht ankäme; die Hauptsache war, sie parierten. Fremde Völker, ob in Bosnien oder Afrika, Posen oder

Lothringen, wurden unterworfen und hatten sich dann entweder, falls sie dazu fähig waren, den neuen Herren anzupassen oder als deren Diener, Arbeiter oder Soldaten »ihre verdammte Pflicht und Schuldigkeit« zu tun.

Nichtdeutsche Einwanderer, sofern sie nicht von Adel, wohlhabend oder dringend benötigte Spezialisten waren, hatten die gleiche Behandlung zu erwarten: Man verwendete sie als Arbeitssklaven in Landwirtschaft und Industrie. Erst wenn sie »eingedeutscht« waren, konnten sie auf einen sozialen Aufstieg aus der alleruntersten Schicht hoffen.

Als wichtigstes Mittel der »Eindeutschung« und zugleich als Instrument zur Unterdrückung jeder der Reichspolitik zuwiderlaufenden Strömung diente das Militär, daneben die allgemeine Schulpflicht, wobei der Volksschule die Aufgabe zufiel, jeden Schüler zu integrieren, anzupassen und auf die künftigen Pflichten, entweder als Hausfrau, Mutter und fleißige Arbeiterin oder als gehorsamer Soldat, treuer Arbeiter und strenger Hausvater vorzubereiten.

In den Volksschulen des Deutschen Reiches, erst recht Österreich-Ungarns, waren alle Nationalitäten und Konfessionen Europas vertreten, in den Großstädten und Industriezentren in buntester Mischung, in ländlichen Gegenden, je nach der Region, meist homogener zusammengesetzt.

So zeigt ein Schülerverzeichnis einer Berlin-Schöneberger Volksschule aus dem Jahre 1912, daß von 34 Erstkläßlern des Jahrgangs '06 nur elf einen deutschen Familiennamen hatten, und davon waren drei Juden. Das Verzeichnis beginnt mit »Aaron, Fritz; Abroleit, Stefan; Abbé, Theodor...« und endet mit »Wronka, Wilhelm; v.Wyszecki, Stanislaus; Ziaja, Nepomuk«. In der Parallelklasse hießen die Schulanfänger: »Achard, Marcel; Askanazy, Siegfried; Badulescu, Jan... Wygnanki, Johann; Zabienski, Josef; Zupitza, August.«

Wie in den Schulen, so in der Armee, wobei die ostpreußische Regimenter mehr litauische, masurische und polnische Namen aufwiesen, die schlesischen mehr polnische und tschechische, die rheinischen mehr wallonische, niederländische und französische und die Berliner die stärkste Mischung überhaupt.

Selbst bei den allervornehmsten Gardekavallerie-Regimentern war das nicht anders, erst recht im Großen Generalstab, für den sich ostelbische Junker vom Schlage der Köckritz, Itzenplitz, von der Goltz und von dem Knesebeck wegen ihrer notorischen Schwäche im Schreiben, Lesen und anderen Wissenschaften in der Regel nicht eigneten. So finden sich in den alten Ranglisten, gerade bei den Generalstäblern, scharenweise die Namen von Bürgerlichen nichtdeutscher Herkunft wie Czettritz, Jany, Engelien, Henoumont, Murray, Mierzinsky, Klitzkowski, Panitzki, Sellier, Dous, Lancelle, Guionneau, Brédan, Caminneci, Caracciola, Carganico, Cramolini oder Crotogino, Rosainsky, Piaschewski, Piazolo oder Rosetti Solescu – alle offenbar für schwieriges Schriftliches in korrekter deutscher Sprache besser geeignet als die alteingesessenen Krautjunker und Raubritter-Nachfahren.

Diese bunte Mischung ist um so erstaunlicher, als etwa um diese Zeit, nämlich von 1908 bis 1912, der damalige Oberst i. G. Erich Ludendorff, geboren 1865 in Kruszewnia, als Chef der Aufmarschabteilung des Großen Generalstabs dort einer der einflußreichsten Offiziere war.

Ludendorff war nicht nur der Wortführer derer, die eine noch weit größere Vermehrung der deutschen Divisionen forderten, als sie ohnehin schon im Gange war. Er setzte sich auch nachdrücklich für eine »völkische Erneuerung Deutschlands« ein und war ein entschiedener Gegner alles »Artfremden«, wozu er in erster Linie das Judentum, den Katholizismus, die Freimaurer und die Polen zählte, darüber hinaus alles »Welsche«, will heißen: alle französischen und italienischen Einflüsse, sowie alles Slawische. Denn seiner Ansicht nach bedeutete »welscher« Einfluß Verweichlichung, der von Slawen, die er für »Untermenschen« hielt, Verwahrlosung, Unordnung und Leistungsrückgang.

Dieser seltsame Offizier, der von 1916 an mit praktisch unbegrenzten Vollmachten zum Militärdiktator des Deutschen Reiches aufstieg, stand schon als Abteilungschef im Großen Generalstab dem Alldeutschen Verband nahe, einer wichtigen Propagandaorganisation der Rüstungsindustrie.

Der Alldeutsche Verband, 1891 gegründet, war eine ultrarechte Gruppe, die sich zunächst zum Ziel gesetzt hatte, das deutsche Nationalbewußtsein zu beleben, das Deutschtum im Ausland zu unterstützen und eine »tatkräftige«, sprich: offensive deutsche Interessenpolitik zu fördern, außerdem eine energische Zurückdrängung aller »fremden« Einflüsse.

»Das Embryonalstadium des Alldeutschen Verbands«, hat hierzu Jürgen Kuczynski bemerkt, »fällt in das Jahr..., in dem Bismarck ging und der ›Neue Kurs‹ des Kaisers, der ganz klar und deutlich auf den Kampf um die Weltherrschaft hinzielte, eingeleitet wurde. Die Bewegung ging von Auslandsdeutschen aus. Unter Führung des Dozenten der Augenheilkunde an der Züricher Universität Adolf Fick, der einen bedeutenden Einfluß in der deutschen Kolonie dort hatte, schlossen sich einige Männer zusammen, die anläßlich des Sansibar-Vertrags einen Aufruf an das deutsche Volk richteten. Der Sansibar-Vertrag zwischen Deutschland und England hatte England beachtlichen deutschen Besitz... in Afrika ausgehändigt im Austausch für, der Ansicht zahlreicher Nationalisten nach, schlechte andere Kolonialgebiete und Helgoland. Der Aufruf wurde im Anzeigenteil einiger deutscher Zeitungen veröffentlicht... und forderte das deutsche Volk auf, diesen ›Kolonialverzicht‹... nicht anzuerkennen. ...Die letzten Worte des Aufrufs lauten:

›Wir sind bereit, auf den Ruf unseres Kaisers in Reih und Glied zu treten und uns stumm und gehorsam den feindlichen Geschossen entgegenführen zu lassen, aber wir können dafür auch verlangen, ... einem Herrenvolk anzugehören, das seinen Anteil an der Welt sich selber nimmt... Deutschland, wach auf!‹«

»Welche knechtische Sprache!« hat Jürgen Kuczynski hierzu angemerkt. »Man beachte: Ein ›Herrenvolk‹, das ›stumm und gehorsam in Reih und Glied‹ aufmarschiert!«

Der Aufruf fand zunächst wenig Widerhall. Aber unter den paar Leuten, die sich für die neue »Bewegung« interessierten, war immerhin einer, der einige praktische Vorschläge machte, wie man sich organisieren könnte. Es handelte sich um den damaligen Regierungsassessor Alfred Hugenberg, den späteren Parteivorsitzenden der Deutschnationalen und Wegbereiter Hitlers. In Zürich sah man ein, daß die »Sache« besser in Deutschland selbst aufgehoben wäre, und so überließ man Hugenberg die weitere Arbeit. Er wurde damit, wie die »Alldeutschen Blätter« später rühmten, »zum eigentlichen Vater des Alldeutschen Verbands«.

Auf Betreiben Hugenbergs wurde der »Kolonialpionier« Carl Peters zur ersten Galionsfigur der Alldeutschen. Peters, Gründer der Kolonie Deutsch-Ostafrika und bis 1893 deren

»Reichskommissar«, war bald berüchtigt für seine Brutalität und sadistische Grausamkeit gegenüber den Afrikanern. Nachdem August Bebel, der Führer der deutschen Sozialdemokratie, die Greueltaten dieses Mannes im Reichstag detailliert geschildert und starken öffentlichen Protest hervorgerufen hatte, mußte Peters unter Aberkennung seiner Pensionsansprüche aus dem Reichsdienst entlassen werden. Er blieb »Ehrenmitglied« des Alldeutschen Verbands, beteiligte sich aber kaum noch an dessen Arbeit, die vornehmlich in der Verbreitung von Flugblättern bestand, in denen eine »deutsche Weltherrschaft« gefordert wurde. Die gewaltige Rüstung des Reiches, hieß es zur Begründung, wäre vergeudet, »hätte sie nur den Sinn, den Frieden zu wahren und den Besitzstand zu verteidigen«.

Diese Thesen fanden wenig Anklang. Die Mitgliederzahl, die zunächst rasch auf rund 20 000 gestiegen war, ging von 1892 an stark zurück. Mit nur noch 4 000 Mitgliedern im ersten Halbjahr 1893 drohte der Verband zu verkümmern.

Doch Alfred Hugenberg gelang es, mit Hilfe größerer Geldspenden aus Kreisen der westdeutschen Schwerindustrie die Alldeutschen zu reorganisieren. Emil Kirdorf, der Generaldirektor der Gelsenkirchner Bergwerks-AG, der Elberfelder Bankier Karl von der Heydt sowie der Geschäftsführer des saarländischen Unternehmensverbands wurden aktive Mitglieder. Die Unternehmensleitungen der Firma Fried. Krupp in Essen und des Stumm-Konzerns sagten weitere Unterstützung zu, und als Mitglieder wurden nun vor allem Persönlichkeiten geworben, die man heute als »Multiplikatoren« bezeichnet: Zeitungsverleger, Chefredakteure, Universitätsprofessoren, Gymnasialdirektoren, Studienräte, Rektoren, Oberlehrer, Pfarrer, Ärzte, Landräte und Bürgermeister.

In die oberste Leitung des Alldeutschen Verbands wurden Generale und Admirale, hohe Regierungsbeamte und Reichstagsabgeordnete berufen. Zeitweise gehörten mehr als dreißig Abgeordnete rechter Fraktionen, von den Nationalliberalen bis zu den Deutsch-Konservativen, dem Verband an. Vor allem aber wurden systematisch andere Vereine und Gruppen zum korporativen Beitritt geworben, beispielsweise der Flottenverein, der Deutsche Schulverein (aus dem dann der »Verein für das Deutschtum im Ausland« wurde), der Ostmarken-Verein, der Kyffhäuserbund sowie zahlreiche örtliche und regionale Krieger-, Turner-, Sänger-, Schützen- und Studenten-Vereinigungen. Schließlich zählte der Alldeutsche Verband mehr als 130 000 Mitglieder.

Seine Ziele blieben unverändert die Ausweitung des »Lebensraumes« der Deutschen durch Eroberungen und Unterwerfungen bis hin zur Weltherrschaft, ideologisch verbrämt mit der Behauptung, das deutsche Volk sei dazu bestimmt und wegen der »Überlegenheit der deutschen Rasse« auch dazu befähigt, allen anderen Völkern seinen Willen aufzuzwingen.

Zur Ideologie der Alldeutschen gehörte ferner die These, alle Nichtdeutschen, zu denen man auch die Juden zählte, seien die dauernden Feinde Deutschlands und erlaubten ihm aus Haß, Neid und Mißgunst keine friedliche Entwicklung. Also müßten sie militärisch besiegt und »gezüchtigt« werden. Der Krieg sei »kein schlimmes Mittel zu einem guten Zweck«, sondern eine an sich gute Sache, ein Ausleseprozeß, eine wichtige und notwendige Bewährungsprobe. Die Schwachen hätten keine »Existenzberechtigung«, die starken Deutschen dagegen die Pflicht, sich zu nehmen, was sie brauchten, und dabei andere Völker zu unterjochen oder »auszumerzen«.

Was die Haltung der Alldeutschen gegenüber den in Deutschland lebenden Nichtdeutschen betraf, so war sie einerseits von dem Grundsatz bestimmt, daß »Deutschland den Deutschen« gehöre und andere dort nichts zu suchen hätten. Andererseits aber mußte diese Fremdenfeindlichkeit den Bedürfnissen der schwerindustriellen Geldgeber des Verbands angepaßt und entsprechend modifiziert werden.

Von etwa 1890 bis 1914 stieg der Zuzug von Ausländern ins Deutsche Reich kontinuierlich, und die deutsche Industrie absorbierte diese Arbeitskräfte, weil sie sie dringend brauchte. Dieser Zustrom wurde auch von der Regierung gutgeheißen, weil – wie B. Bodenstein in seiner Untersuchung »Die Beschäftigung ausländischer Arbeiter in der Industrie«, Essen 1908, es ausführlich geschildert hat – »die ausländischen Arbeiter... in ihren Lebensforderungen einfacher (sind) als die einheimischen. Für Ernährung, Wohnung und Kleidung sind ihre Ansprüche so gering, daß zum Beispiel Italiener mit etwas über einer Mark pro Tag auskommen können.« Dabei »erfolgte ihr Einsatz nur bei der Verrichtung niederer Arbeiten«, bei denen »die Leistungen der Ausländer... vollkommen denen der Einheimischen entsprachen«.

Mit anderen Worten: Die Industrie verwendete ausländische Arbeiter aus rückständigen Ländern, weil diese schwere, schmutzige und gefährliche Arbeiten für weit weniger Lohn ebenso gut verrichteten wie die höher zu entlohnenden Deutschen. Die Ausländer trugen also kräftig zur Erhöhung der Unternehmergewinne bei. Sie waren ein Gegengewicht zu den nach Ansicht der Unternehmer immer dreisteren Forderungen der deutschen Arbeiter nach höherem Lohn und verkürzter Arbeitszeit, und die Arbeitgeber hofften auch, mit Hilfe der vielen ausländischen Arbeitskräfte Streiks verhindern oder brechen zu können, denn, so durften sie annehmen, bei Arbeitskämpfen würden die von sofortiger Ausweisung bedrohten Ausländer sich hüten, die Aktionen ihrer deutschen Kollegen mitzumachen.

In dieser letzten Hinsicht irrten sich die Arbeitgeber zwar, wie gleich geschildert werden wird, aber für den Alldeutschen Verband, der ja von Spenden der Industrie völlig abhängig war, verbot sich damit zunächst jede Agitation gegen die ausländischen Arbeiter in Deutschland, deren Anzahl von 1890 bis 1910 weiter anstieg. Die Alldeutschen begnügten sich damit, die Arbeitssklaven ihrer industriellen Geldgeber als »rassisch minderwertig« zu bezeichnen, aber gegen ihre Verwendung keine »nationalpolitischen Bedenken« zu erheben. Vor dem Hintergrund der Not und des Elends der miserabel bezahlten und behandelten ausländischen Arbeiter erschien das »Herrenmenschentum« der wohlgenährten Zechenbarone, Stahlfabrikanten, Konzerndirektoren und Großbankiers nur um so strahlender.

Bis 1910 stieg die Anzahl der in der Reichsstatistik ausgewiesenen ausländischen Arbeitskräfte auf 1 259 873 an, wobei man aber bedenken muß, daß rund 4,5 Millionen Nichtdeutsche – größtenteils Polen, von denen die meisten Männer, Frauen und auch Kinder ebenfalls in Landwirtschaft und Industrie arbeiteten – in der Ausländerstatistik nicht erschienen, weil es sich ja um reichsdeutsche, vorwiegend preußische Staatsangehörige handelte.

Außerdem konnte die Statistik natürlich nur diejenigen ausländischen Arbeitskräfte erfassen, die behördlich registriert worden waren, was sehr häufig nicht geschah. Die Grenzen, zumal die deutsch-österreichische, waren praktisch offen; die Behörden vertrauten auf die strenge Meldepflicht der Quartier-

171

wirte und Arbeitgeber, obwohl gerade diese beiden Gruppen meist sehr daran interessiert waren, die Ausländer *nicht* anzumelden. Illegale ließen sich eben noch mehr ausbeuten, und man sparte an ihnen Steuern, Krankenkassenbeiträge und Sozialabgaben, zahlte bis zu 50 Prozent weniger an Lohn und verzichtete sogar zur Kostenersparnis auf die vorgeschriebene Impfung der Einwanderer, was wiederholt zu Typhus- und anderen Epidemien führte.

Nach einem Bericht des Oberpräsidenten der preußischen Provinz Sachsen aus dem Jahr 1908 »beschäftigen industrielle Arbeitgeber in zunehmendem Maße nicht gemeldete russische Arbeiter... Sie hüten sich, um das behördliche Einverständnis zur Beschäftigung derselben überhaupt einzukommen...«

Aus Pommern, wo die Alldeutschen ein Einreise- und Beschäftigungsverbot für Auslands-Polen, außer als landwirtschaftliche Hilfskräfte während der Erntezeit, durchgesetzt hatten, um den »deutschen Volkstumskampf gegen das Eindringen der Polen wirksam zu unterstützen«, meldeten die Landratsämter, daß sich weder die Gutsbesitzer noch die Fabrikanten und sonstigen Unternehmer um diese Anordnung kümmerten. Zigtausende von Polen russischer und österreichischer Staatsangehörigkeit seien in pommerschen Betrieben ständig beschäftigt, außer in der Landwirtschaft auch in Ziegeleien, Düngemittelbetrieben, Zement- und Hüttenwerken, auf Werften sowie im Straßen-, Gleis- und Brückenbau. Allein bei den Ziegelwerken von Stettin-Stolzenhagen bestehe die rund 220köpfige Belegschaft zu mehr als 90 Prozent aus Polen fremder Staatsangehörigkeit. Verwarnungen nützten nichts; die Firmenleitungen bezahlten lieber Bußgelder, als auf diese billigen Arbeitskräfte zu verzichten.

Auch alle Versuche, anstelle der Polen aus Rußland und Österreich Arbeiter aus Schweden, Ungarn, Italien und Rumänien in der pommerschen Landwirtschaft und Industrie einzusetzen, scheiterten. Sie ließen sich nicht in dem Maße ausbeuten und mißhandeln wie die Polen, Ruthenen und Ukrainer aus Galizien und den angrenzenden russischen Provinzen.

Der Stettiner sozialdemokratische »Volksbote« berichtete im August 1912: »Als Wohnung dient den Arbeitern aus Galizien eine Lehmhütte, in der fünfzehn Personen untergebracht sind. Zwischen Bretterwänden auf Strohsäcken schlafen Männer, Frauen und auch Jugendliche beiderlei Geschlechts, nicht selten zu zweit auf einem Sack. Beim Regen läuft das Wasser durch das Dach...«

Ungefähre Schätzungen ergeben, daß die Anzahl der illegal im Deutschen Reich lebenden und in Landwirtschaft und Industrie beschäftigten Ausländer – vornehmlich aus Russisch-Polen, Galizien, Böhmen und Italien – im Jahre 1910 mindestens 750 000 betrug. Zusammen mit den 1,26 Millionen gemeldeten Ausländern sowie den »inländischen Erwerbstätigen nichtdeutscher Nationalität und Muttersprache« – größtenteils Polen aus den preußischen Ostprovinzen – waren also rund 5 Millionen Nichtdeutsche unter den wenig mehr als 29 Millionen Erwerbstätigen des Deutschen Reichs; etwa jeder Sechste war kein Deutscher.

Bei einer Gesamtbevölkerung des Deutschen Reichs im Jahre 1910 von rund 65 Millionen lag der Anteil der Nichtdeutschen – einschließlich der nicht erwerbstätigen Familienangehörigen rund 6,5 Millionen – bei ziemlich genau zehn Prozent. Wenn es nach den Unternehmern allein gegangen wäre, so hätte man noch weitere zwei bis drei Millionen Arbeitskräfte aus unterentwickelten Gebieten importiert, denn vor allem in der Rüstungsindustrie herrschte Hochjunktur, und es wurden immer mehr Arbeitskräfte benötigt.

So beschränkten sich die Alldeutschen und andere ultrarechte, »völkische« Gruppen darauf, gegen die »Überfremdung« der ostelbischen Agrargebiete zu wettern, während sie gegen die Einwanderung von Galiziern, Ukrainern und Slowenen ins Ruhrgebiet, von Tschechen und Slowaken nach Sachsen und Berlin sowie von Holländern und Italienern in die rheinischen Industriezentren nichts einzuwenden hatten. Ihr Anführer, Geheimrat Alfred Hugenberg, war inzwischen aus dem Staatsdienst ausgeschieden und 1909 zum Vorsitzenden des Direktoriums des Krupp-Konzerns berufen worden, und er kannte die Wünsche der westdeutschen Schwerindustrie besser als jeder andere.

An Rhein und Ruhr war man bei den Großunternehmen besonders stark daran interessiert, »Fremdarbeiter« in Massen anzuwerben, obwohl sich einige der Hoffnungen, die man früher an den Import anderssprachiger Analphabeten aus besonders rückständigen Gebieten geknüpft hatte, wie schon angedeutet, nicht erfüllt hatten. Bei dem ersten großen Streik an der Ruhr im Frühjahr 1905 legten fast eine Viertelmillion Bergleute die Arbeit nieder; mehr als sechshunderttausend Arbeiter und Arbeiterinnen anderer Industriezweige unterstützten den Ausstand der Kumpel mit Sympathiestreiks. Bei diesem Bergarbeiterstreik für höheren Lohn und bessere Arbeitsbedingungen hatten auch die meisten Ausländer, vor allem Italiener und Polen aus Rußland, die Arbeit niedergelegt und sich nicht als Streikbrecher betätigt.

Diese Solidarität der ausländischen Arbeiter, die wesentlich zu ihrer Integration beitrug, war die Frucht zäher Aufklärungsarbeit der deutschen Sozialdemokraten und der ihnen eng verbundenen Freien Gewerkschaften. Dabei ist anzumerken, daß die SPD unter Führung August Bebels zu einem ernstzunehmenden Faktor in der deutschen Politik geworden war. Sie hatte bei allen Reichtagswahlen die mit Abstand meisten Mandate erhalten und war der Hauptgegner des deutschen Imperialismus und Militarismus geworden.

Der Bergarbeiterstreik von 1905 und weitere große Streiks in anderen Industriezweigen, die folgten, ermutigten die Sozialdemokraten und ihre Gewerkschaften, nun auch in Bereichen, die sie bislang vernachlässigt hatten, den Widerstand der Ausgebeuteten zu organisiseren, nämlich in der ostelbischen Landarbeiterschaft und in der Berliner Hausindustrie. Die Solidarität der bis dahin abseitsstehenden, zudem vom katholischen Klerus stark beeinflußten polnischen, slowenischen und italienischen Kumpel an der Ruhr hatte gezeigt, daß es möglich sein mußte, auch die böhmischen und galizischen Textilarbeiterinnen und -arbeiter, ja selbst die polnischen Hilfskräfte der großen Güter zu organisieren, wie es Friedrich Engels schon 1894 gefordert hatte, als er an die deutschen Sozialdemokraten schrieb: »Werft den Samen der Sozialdemokratie unter diese Arbeiter! Gebt ihnen den Mut und den Zusammenhalt, auf ihren Rechten zu bestehen, und es ist aus mit der Junkerherrlichkeit... Hier, im ostelbischen Preußen, liegt unser entscheidendes Schlachtfeld, und deshalb wird Regierung und Junkerschaft alles aufbieten, uns hier den Zugang zu verschließen...«

Die Führung des kaiserlichen Deutschlands war sich durchaus im klaren darüber, was das Vordringen der Sozialdemokraten und ihrer Gewerkschaften in Bereiche, die bis dahin als »völlig immun« und stabil gegolten hatten, für ihre Pläne bedeutete. Sie bereiteten schließlich den großen Eroberungskrieg vor, und die Industrie wie auch die Landwirtschaft holten immer mehr ausländische Arbeitskräfte herein, um für diesen Fall gewappnet zu sein. Wenn bei einer allgemeinen Mobilmachung die zahlreichen Reservisten unter den deutschen Arbeitern zu ihren Regimentern einrückten, mußte genügend Ersatz vorhanden sein, um die Produktion auch im Kriege voll aufrechtzuerhalten.

1905, nachdem Kaiser Wilhelm II. auf einer Mittelmeerreise in Tanger gelandet war und sich dort als Beschützer Marokkos aufgespielt hatte, schien der von den alldeutschen Imperialisten und ihren industriellen Geldgebern erhoffte Krieg unvermeidlich. Doch die deutsche Führung mußte dann doch den Rückzug antreten; sie hatte sich außen- wie innenpolitisch verrechnet: England, dessen Neutralität der Kaiser erwartet hatte, stellte sich an die Seite der von Wilhelm II. bewußt provozierten Franzosen, und im Innern des Reiches war durch die Massenstreiks, an denen sich auch die ausländischen Arbeitskräfte beteiligt hatten, die – von der Regierung unterschätzte – Stärke der deutschen Sozialdemokratie sichtbar geworden.

So sah sich der deutsche Kaiser gezwungen, der Führungsschicht des Reiches zu erklären, daß zum gegenwärtigen Zeitpunkt kein Krieg geführt werden könnte, weil »wir wegen unserer Sozialisten keinen Mann aus dem Lande nehmen könnten ohne äußerste Gefahr für Leben und Besitz der Bürger«. In seinem Neujahrstelegramm an Reichskanzler v. Bülow forderte Wilhelm II. Ende 1905: »Erst die Sozialisten abschießen, köpfen und unschädlich machen, wenn nötig per Blutbad, und dann Krieg nach außen. Aber nicht vorher und nicht a tempo!«

Es kam nicht zu dem vom Kaiser gewünschten Blutbad; in der deutschen Sozialdemokratie setzte sich, zumal nachdem ihr unbestrittener Führer August Bebel nach schwerer Krankheit im August 1913 gestorben war, ein sehr gemäßigter, auf ein »Hineinwachsen« in das herrschende System gerichteter Kurs durch, der dazu führte, daß im August 1914, als das von den alldeutschen Kriegstreibern herbeigesehnte »reinigende Gewitter« losbrach, die SPD-Fraktion den von der Regierung geforderten Krediten geschlossen zustimmte; nur Karl Liebknecht hatte den Mut, sie beim zweiten Mal abzulehnen.

In den folgenden vier Jahren des Ersten Weltkriegs zeigte sich deutlich am Verhalten der verschiedenen politischen, nationalen und konfessionellen Gruppen, welche Wirkung die

Propaganda der Alldeutschen auf der einen, die der sozialistischen Internationalisten am linken Flügel der SPD auf der anderen Seite auf das deutsche Volk ausgeübt hatte, auch wie man nun, nachdem Wilhelm II. erklärt hatte, er kenne »keine Parteien mehr, sondern nur noch Deutsche«, miteinander umging, nicht zuletzt, inwieweit auf die integrierten Einwanderer und auf die deutschen Auswanderer in nunmehr feindlichen Ländern Verlaß war.

Um mit den beiden letzten Gruppen zu beginnen: Die von Einwanderern und verfolgten religiösen Minderheiten abstammenden bürgerlichen Schichten, die Hugenotten, Juden, Waldenser-Nachfahren, die Enkel der integrierten böhmischen und mährischen Protestanten und des polnischen Adels, auch die der längst germanisierten Italiener, Griechen, Türken und Portugiesen – sie alle erwiesen sich nun, da ihr deutsches Vaterland sie rief und vermeintlich in Gefahr war, fast ausnahmslos als glühende und opferbereite Patrioten.

Das wurde übrigens von niemandem, auch nicht von den fanatischsten Alldeutschen, bestritten; man erklärte sie stolz für »eingedeutscht« und wies anerkennend hin auf U-Boot- oder Jagdflieger-Helden, deren Namen auf hugenottische oder gar schottische oder irische Abstammung schließen ließen. Nur einer Gruppe, den deutschen Juden, versagte der Haß der Alldeutschen eine gerechte Beurteilung.

Wie in längst vergangenen Zeiten, als die Juden als Sündenböcke für Mißwirtschaft, Hungersnöte und Pest hatten herhalten müssen, überschüttete sie der Propagandaapparat des Geheimrats Hugenberg, gedeckt von dem immer mächtigeren General Ludendorff, mit Verleumdungen aller Art: Sie seien Drückeberger und Angsthasen, hetzten in der ganzen Welt gegen Deutschland, wollten keinerlei Opfer bringen, sondern sich im Gegenteil nur am Krieg bereichern.

Vermutlich sollte die Behauptung, die Juden seien die eigentlichen Kriegsgewinnler, von den immensen Profiten ablenken, die die deutsche Rüstungsindustrie, vor allem die Hauptgeldgeber der Alldeutschen, an der Spitze der Krupp-Konzern, in diesen Jahren einstrich. In Wahrheit verhielten sich die deutschen Juden um keine Spur weniger patriotisch als das übrige Bürgertum, und was ihre Opferbereitschaft betraf, so war die Anzahl der jüdischen Freiwilligen sogar höher, als es ihrem Anteil an der Gesamtbevölkerung Deutschlands entsprochen hätte, die Anzahl der jüdischen Frontkämpfer, Verwundeten, Gefallenen und für besondere Tapferkeit Ausgezeichneten exakt, bis auf die Stellen hinter dem Komma, so wie die der übrigen Bevölkerung deutscher Großstädte.

Als nach dem Ersten Weltkrieg die Verleumdungen nicht aufhörten, sogar noch zunahmen, begann der Reichsbund jüdischer Frontsoldaten mit der Materialsammlung für eine Dokumentation, die die Haltlosigkeit der alldeutschen und völkischen Behauptungen, die Juden hätten sich feige und verräterisch verhalten, eindeutig widerlegen sollte. Die mit größter Sorgfalt und Genauigkeit durchgeführte Untersuchung nahm einige Jahre in Anspruch, aber dann konnte der Reichsbund ein Gedenkbuch vorlegen, das »Die jüdischen Gefallenen des deutschen Heeres, der deutschen Marine und der deutschen Schutztruppen 1914–1918« erstmals nahezu vollständig aufführte.

Es verzeichnete die Kriegsverluste der jüdischen Gemeinden des Deutschen Reichs – rund zwölftausend Gefallene – namentlich für jede Stadt und jedes Dorf in alphabetischer Reihenfolge mit Angabe des Geburts- und Todestags, Truppenteils, Dienstgrads und der Nummer der amtlichen Verlustmeldung. Damit niemand mehr den geringsten Zweifel an der Richtigkeit des Verzeichnisses haben konnte, waren sämtliche Namen mit den Registern des Zentralnachweisamts für Kriegerverluste und Kriegergräber verglichen worden, und das Amt hatte die Übereinstimmung bestätigt. Ein faksimiliertes Dankschreiben des Reichspräsidenten Paul v. Hindenburg, dem das erste Exemplar des Gedenkbuchs überreicht worden war, hatten die Herausgeber den Listen vorangestellt, ebenso ein Gedicht mit der Überschrift »Den Hinterbliebenen«, das von dem Grenadier Walter Heymann aus Königsberg stammte, der als Angehöriger des Leibgrenadier-Regiments (I. Brandenburgisches) Nr. 8 in der Nacht vom 8. zum 9. Januar 1915 bei einem Sturmangriff in der Gegend von Soissons gefallen war:

> Mutter – er kommt nicht nach Haus,
> den du geboren –
> Frau – von allen
> Männern ist deiner gefallen –
> Kinder – ihr habt euren Vater verloren!
> Eine große Mutter

ist unser Land.
Heldentod
hat eine sanfte Hand.
Kinder –
werdet wie er,
macht ihm nicht Schand!

Der Vorsitzende des Reichsbunds jüdischer Frontsoldaten, der Hauptmann d. R. Dr. Leo Löwenstein, ein bedeutender Physiker, der unter anderem das Schallmeßverfahren entwickelt und im Ersten Weltkrieg an der Front organisiert hatte, schrieb in seinem Vorwort:

»Das edelste deutsche Blut ist das, welches von deutschen Soldaten für Deutschland vergossen wurde. Zu diesen gehören auch die zwölftausend Gefallenen der deutschen Judenheit, die damit wiederum ihre allein ernsthafte und achtunggebietende Blutprobe im deutschen Sinn bestanden hat...«

»In treuem und ehrfürchtigem Gedenken« an die toten jüdischen Kameraden habe sich der Reichspräsident, Generalfeldmarschall a. D. v. Hindenburg, beim Reichsbund für dessen Arbeit bedankt; das Staatsoberhaupt sei beim Durchblättern der langen Listen der jüdischen Gefallenen sichtlich ergriffen gewesen.

Vermutlich hat sich Hindenburg allenfalls gewundert, ein wie hoher Prozentsatz der gefallenen Juden bei Garderegimentern und anderen Eliteeinheiten gedient hatte, wie viele Ungetaufte zu Unteroffizieren, Vizewachtmeistern, Leutnants und Oberleutnants befördert worden waren. Das hatte es, als er 1866 als junger Gardeleutnant ins Feld zog, noch nicht gegeben... Jedenfalls hinderte den Reichspräsidenten die – am 3. Oktober 1932 schriftlich wiederholte – Beteuerung seiner »ehrfurchtsvollen Erinnerung an die ... für das Vaterland gefallenen Kameraden« jüdischen Glaubens nicht daran, genau 119 Tage später den von ihm bis dahin als »böhmischen Gefreiten« verachteten Nazi-Führer Adolf Hitler zum Reichskanzler zu ernennen und die deutschen Juden, auch die Getauften, damit zugleich schlimmster Diskriminierung und grausamster Verfolgung preiszugeben.

In den Vernichtungslagern wurden dann die greisen Mütter und Väter gefallener jüdischer Kriegsfreiwilliger ermordet,

ebenso die Söhne und Töchter der »den Heldentod fürs Vaterlands« Gestorbenen und die Witwen der hochdekorierten, auf
dem »Felde der Ehre« gebliebenen jüdischen Jagdflieger.

Von jungen SS-Angehörigen, die sich das »Heldentum der
deutschen Frontsoldaten des Weltkriegs« zum Vorbild und die
Phrase »Unsere Ehre heißt Treue« zum Motto erkoren hatten,
wurden auch schwerkriegsbeschädigte jüdische Inhaber höchster Tapferkeitsauszeichnungen mit deren eigenen Krücken
feige erschlagen und lebende Säuglinge, Enkelkinder jüdischer
Frontsoldaten, mitleidlos in die Verbrennungsöfen geworfen.

Dieser schier grenzenlose Haß, bar jeder Menschlichkeit
und Rationalität, den die aus der alldeutschen und völkischen
Bewegung hervorgegangenen Nazis an den Juden austobten,
denen sie, wenn es sich um Deutsche handelte, jedes Bürger-
und Heimatrecht, dann auch, unabhängig von Religion und
Nationalität, aus hirnrissigen »rassischen« Gründen, jede »Existenzberechtigung« absprachen, um sie schließlich als angeb-
liches »Ungeziefer« auszurotten, reichte in seinen Wurzeln
sicherlich zurück bis ins finsterste Mittelalter.

Das gänzlich Neue an der Judenverfolgung der Nazis war,
daß sie mit der Religion ihrer Opfer, dem einzigen wirklichen
Unterscheidungsmerkmal, scheinbar nichts zu tun hatte und
daß sie, erstmals in Deutschland seit den Tagen der Aufklärung, von der obersten staatlichen Führung geplant, propa-
giert, ja angeordnet und organisiert wurde. Indessen waren die
Nazis nicht die ersten, die damit begannen. Das hatte schon im
Ersten Weltkrieg angefangen.

Etwa von 1916 an hatte die Führung des Kaiserreichs damit
begonnen, den Judenhaß zu schüren, bis er, zumal in den
untersten Schichten des Kleinbürgertums, wieder aufflammte.
Damit wollten General Ludendorff, seit 1916 der allmächtige,
unter weitgehender Ausschaltung des Kaisers, des Kanzlers
und der Minister praktisch alleinregierende Militärdiktator,
seine engsten Mitarbeiter und der zum eigentlichen Leiter der
Kriegspropaganda aufgestiegene Alldeutschen-Führer und
Krupp-Generaldirektor Hugenberg, wie schon erwähnt, von
folgenschweren Fehlern und Versäumnissen, auch von den
enormen privaten Gewinnen der Rüstungsindustrie, ablenken
und rechtzeitig Sündenböcke schaffen für die schon vorausseh-
bare militärische Niederlage und deren ebenfalls absehbare
Folgen.

Wie das gemacht wurde, sei an einem Beispiel erläutert: Am 1. November 1916 wurde auf Anordnung des zwei Monate zuvor zu höchster Machtvollkommenheit gelangten Generals Ludendorff eine »Judenzählung« in Heer und Marine durchgeführt. Sie sollte beweisen, daß sich die deutschen Juden vom Militär-, vor allem vom Frontdienst, weitestgehend gedrückt hätten. Da die Zählung aber das Gegenteil des gewünschten Ergebnisses erbrachte, nahm der mit der Aktion beauftragte General v. Wrisberg eine plumpe Fälschung vor, die dann von der gesamten, von Hugenberg beherrschten »nationalen« Presse verbreitet wurde.

Der führende Soziologe des Kaiserreichs, Professor Franz Oppenheimer, ein hochangesehener Wissenschaftler und Schwager des damals gefeierten Dichters Richard Dehmel, entlarvte diese Fälschung und berichtete darüber in seinen 1931 erschienenen »Lebenserinnerungen«:

»Ich habe damals nachweisen können, daß es sich um ein Machwerk von unglaublicher Schludrigkeit und Bösartigkeit handelt. Obgleich ich Herrn v. Wrisberg durch einen ihm nahestehenden sehr hohen Offizier ein Exemplar (der Untersuchung) zugehen ließ, hat er es nicht einmal für nötig befunden, auch nur den gröbsten aller Fehler richtigzustellen: ein ›verrutschtes‹ Komma, durch das der Anteil der Juden an den Etappentruppen von 1,1 auf über 11 Prozent erhöhte wurde ...«

Zu den groben Fehleinschätzungen und den daraus resultierenden folgenschweren Fehlern der deutschen Führung, von denen durch die Schürung des Judenhasses abgelenkt werden sollte, gehörte die Beurteilung der militärischen und wirtschaftlichen Stärke der USA und ihrer voraussichtlichen Haltung gegenüber dem kriegführenden Deutschen Reich. Die Kriegsplaner in Berlin hatten fest damit gerechnet, daß die Vereinigten Staaten neutral bleiben und, falls nicht, jedenfalls viel zu spät und mit nur geringer Kraft gegen Deutschland antreten, ihm den Sieg dann nicht mehr zu entreißen vermögen würden. Das wichtigste Argument für diese Annahme war das nirgendwo sonst in der Welt so stark wie in den USA vertretene »Deutschtum im Ausland«. Die vielen Millionen Deutschamerikaner, so hoffte man in Berlin, würden »treu zu Kaiser und Reich« stehen, mit ihrem großen Einfluß die Regierung in Washington zwingen, nicht die Kriegsgegner Deutschlands, sondern Deutschland und seine Verbündeten wirtschaftlich zu unterstützen und keinesfalls etwas gegen sie zu unternehmen.

Indessen erfreuten sich weder Wilhelm II. noch das Hohenzollernreich großer Sympathie bei den deutschstämmigen Amerikanern. Eher war das Gegenteil der Fall, denn die Eltern und Großeltern der meisten waren ja gerade nach Amerika ausgewandert, um dem reaktionären Muff, dem säbelrasselnden Militarismus und der Ausbeutung durch die preußischen Junker zu entgehen. Es gab daher, trotz aller propagandistischen Bemühungen der deutschen Führung, nur schwache und letztlich wirkungslose Solidaritätsbekundungen aus deutschamerikanischen Kreisen. Die zunächst neutralen USA unterstützten sehr bald die Westmächte, vor allem England, mit Kriegsmaterial und Lebensmitteln, Krediten und nicht zuletzt auch durch moralische Rückenstärkung. Der U-Boot-Krieg, vor allem die Versenkung von amerikanischen Passagierschiffen wie der »Lusitania« durch ein deutsches Unterseeboot, heizte die deutschfeindliche Stimmung noch an. Die Kriegserklärung der USA an das Reich im April 1917 und der von Präsident Wilson proklamierte »Kreuzzug für die Demokratie« fand auch die Zustimmung der meisten deutschstämmigen Amerikaner. Als dann im Frühsommer 1918 ein hervorragend ausgerüstetes amerikanisches Millionenheer unter General Pershing die deutsche Westfront angriff, mußte auch der starrsinnigste Alldeutsche erkennen, daß an einen deutschen Sieg nicht mehr zu denken war. Und dabei trug beinahe jeder dritte amerikanische Soldat einen deutschen Namen! Die einzigen, die sich, zumindest zu Anfang des Krieges, begeistert zu Deutschland bekannten und für einen deutschen Sieg, wenigstens über das russische Zarenreich, beteten, waren die vor den Pogromen in der Ukraine geflohenen, in der New Yorker Bronx lebenden Juden.

Wie groß die Sympathien für Deutschland unter den Amerikanern ostjüdischer Herkunft noch Anfang 1916 waren, geht aus einem Beitrag aus New York hervor, den Dr. S. M. Melamed für die »Süddeutschen Monatshefte« verfaßt hatte. Darin hieß es, die amerikanischen Freunde Englands und Frankreichs wären »sehr erbost über die offen deutschfreundliche Haltung der amerikanischen Judenmassen, wie sie in der jüdischen Presse tagtäglich zum Ausdruck« käme.

Zur Erklärung heißt es weiter in Melameds Beitrag:»Sie wollen diese Gesinnung nicht unterdrücken ... Sie predigen heute eine sehr nüchterne Politik: ›Wir gehen mit den Deutschen, weil wir von ihnen Freiheit für unsere unterdrückten Brüder im Osten (Europas) erwarten; weil sie die Feinde unserer Feinde sind, und – was schließlich ein Hauptmotiv bildet – weil fünfhundertjährige kulturelle Bande uns mit Deutschland verbinden...‹ Diese kulturelle Gemeinschaft mit den Deutschen und die erwartete Befreiung der osteuropäischen Juden durch Deutschland bestimmen die ausgesprochen deutschfreundliche Haltung der amerikanischen Judenmassen.«

Wie zutreffend Dr. Melameds Bericht aus New York war, zeigte sich auch daran, daß Morris Rosenfeld, der damals berühmteste jiddische Dichter Amerikas, Anfang 1915 in der größten jiddischen Tageszeitung der USA ein langes Gedicht veröffentlichte, dessen Tenor völlig mit dem Bericht in den »Süddeutschen Monatsheften« übereinstimmte. Die letzte Zeile dieses Opus lautete: »Hurra far Daitschland! Hoch der Kejser!«

Ebenfalls als jiddischer Dichter hatte sich zu Beginn des Kriegs gegen Rußland auch der eingefleischte Judenhasser und Alldeutsche Erich Ludendorff versucht. Ausgerechnet er appellierte – in jiddischer Sprache! – an die Juden Polens, den Deutschen und ihren Verbündeten im Kampf gegen die russische Tyrannei Unterstützung zuteil werden zu lassen.

»Juden in Polen! Wir kommen als Freunde und Erlöser!« lautete der Text in hochdeutscher Übersetzung. »Unsere Fahnen bringen euch Recht und Freiheit: Gleiches, volles Bürgerrecht, wirkliche Glaubensfreiheit und Lebensfreiheit auf allen wirtschaftlichen und kulturellen Gebieten...«

General Ludendorff, der »Zu die Jiden in Paulen« auf jiddisch versichern ließ: »Wie Freind kummen wir zu eich... Die gleiche Recht far Jiden soll werin (werden) gebaut auf feste Fundamenten...!«, hatte in Wahrheit nur im Sinn, die Unterstützung der deutschen Operationen durch die Juden Rußlands für die Dauer des Kriegs zu erreichen. Beim Oberkommando Ost war man sich der Chance durchaus bewußt, zu den rund 1,8 Millionen Deutschen des Zarenreiches, deren Zuverlässigkeit vom reichsdeutschen Standpunkt aus sehr unterschiedlich und insgesamt fraglich war, noch rund sechs Millionen treue jüdische Verbündete im Feindesland zu gewinnen. Man versprach sich davon eine Verunsicherung der Russen, Hilfe bei der Verwaltung der eroberten Gebiete, Förderung des deutschen Handels mit dem Nahen und Fernen Osten auf dem Landweg, was angesichts der britischen Blockade aller Seeverbindungen von erheblicher Bedeutung war, sowie Unterstützung bei der Abwehr der Bemühungen Englands und Frankreichs, die USA an ihre Seite zu ziehen. Sobald aber Rußland besiegt wäre, sollte es mit »die gleiche Recht far Jiden in Paulen« vorbei sein.

Schon im Herbst 1914 war es – wie aus den sehr gründlichen Untersuchungen von Fritz Fischer und Imanuel Geiss zweifelsfrei hervorgeht – die erklärte Absicht der von den Alldeutschen stark beeinflußten Reichsführung, die an Deutschland grenzenden Gebiete des Zarenreiches »durch eine partielle Aussiedlung der polnischen Landbevölkerung sowie aller Juden ›frei von Menschen‹...« zu machen und dort Deutsche anzusiedeln.

Im weiteren Verlauf des Ersten Weltkriegs wurde die Führung des Reichs, nicht zuletzt auf Drängen der Konzernchefs, immer beutegieriger. Im Osten Europas wurde das geschlagene Rußland durch den Frieden von Brest-Litowsk weit zurückgedrängt. Das Kaiserreich legte sich – wie die Sowjetunion nach 1945 – einen breiten Gürtel völlig von Deutschland abhängiger Satellitenstaaten zu. Finnland, Kurland, Livland, Polen und Rumänien sollten deutsche Prinzen zu Königen bekommen, dazu deutsche Truppen ins Land, die alle Häfen und Verkehrswege, alle wichtigen Rohstoffquellen und Industrien, alle Zeitungen und Versammlungen kontrollierten. In der Ukraine installierte die deutsche Führung eine Marionettenregierung unter dem Hetman Pawel Skoropadski. Das ukrainische Parlament wurde von dessen Kosaken unter deutschem militärischen Schutz aufgelöst, alle Linken verhaftet. Skoropadski, ein Großgrundbesitzer und berüchtigter Judenfresser, der später nach Deutschland flüchtete und den »Völkischen Beobachter« mitgründete, war der besondere Günstling von Hindenburg und Ludendorff, denen er zwei Tage nach seinem Putsch seine Kabinettsliste zur Genehmigung vorlegte.

Auch in Westeuropa war die deutsche Führung annexionssüchtig. Belgien und Luxemburg sowie das nordfranzösische Bergbaugebiet, vor allem die Erzgruben von Longwy und Briey, aber auch Malta und die Azoren sollten dem Reich einverleibt werden, und in Afrika wollte man sich nicht mit der Übernahme des belgischen Kongostaats und der meisten französischen Kolonien begnügen; noch im Spätsommer 1918, als der militärische Zusammenbruch Deutschlands und seiner Verbündeten nur noch eine Frage von Wochen war, stritten sich die Interessengruppen der deutschen Industrie und deren Vertrauensleute in der Obersten Heeresleitung beispielsweise darum, ob die Kapverdischen Inseln für die deutsche Marine »unverzichtbar« seien oder ob man nicht an ihrer Stelle und der Industrie zuliebe die weit reichere Insel Madagaskar deutsch werden lassen sollte. Man einigte sich dann, indem man beides beanspruchte.

Hätte das wilhelminische Kaiserreich den Ersten Weltkrieg gewonnen und die aberwitzigen Annexionspläne seiner obersten Führung verwirklicht, dann wären annähernd 60 Millionen »Beutedeutsche« – Flamen, Wallonen, Franzosen, Polen, Ukrainer, Ruthenen, Litauer, Letten, Esten und etliche andere Völker – »heim ins Reich« geholt, annähernd 150 Millionen andere Europäer und Afrikaner zu deutschen Vasallen und Arbeitssklaven gemacht worden.

Statt dessen mußte das Deutsche Reich – in weit stärkerem Maße Österreich, dessen Vielvölkerstaat sich auflöste – nach der militärischen Niederlage Gebiets- und Bevölkerungsverluste hinnehmen: Elsaß-Lothringen wurde wieder französisch, Eupen und Malmédy fielen an Belgien; Posen, große Teile von Westpreußen sowie Ostoberschlesien wurden dem neuen polnischen Staat zugesprochen; das Memelgebiet kam zu Litauen; Danzig wurde Freie Stadt; das Hultschiner Ländchen wurde der aus Böhmen und Mähren gebildeten Tschechoslowakei zugeteilt, und Nordschleswig kam nach einer Volksabstimmung zu Dänemark.

Insgesamt verkleinerte sich das Deutsche Reich um rund 70 000 Quadratkilometer – das entspricht dem Gebiet des heutigen Freistaats Bayern –, und seine Einwohnerzahl verringerte sich durch diese Abtretungen um rund 6,5 Millionen.

Weitere starke Bevölkerungsverluste hatte der Krieg verursacht: Rund zwei Millionen Soldaten waren gefallen; die Hungersnot und die enormen Geburtenausfälle während der Kriegsjahre hatten ebenfalls einen Bevölkerungsrückgang bewirkt, und schließlich waren auch noch kurz vor Kriegsausbruch sowie während des Kriegs annähernd hunderttausend Deutsche ausgewandert oder in neutrale Länder wie die Schweiz, Holland oder Schweden geflüchtet (zuletzt übrigens einige, die nicht vor dem Krieg flohen, sondern weil sie fürchteten, für ihr Handeln zur Rechenschaft gezogen zu werden. So ließ Kaiser Wilhelm II. seine Soldaten im Stich und begab sich mit seiner Gemahlin und kleinem Gefolge nach Holland; der gestürzte Militärdiktator Erich Ludendorff desertierte, getarnt mit blauer Brille und angeklebtem Bart, nach Schweden).

Insgesamt hätte sich eine Verringerung der Einwohnerzahl des verkleinerten Deutschen Reichs auf knapp 60 Millionen ergeben müssen. Doch die junge Weimarer Republik hatte nach Durchführung aller Gebietsabtretungen rund 62 Millionen Einwohner, obwohl noch längst nicht alle kriegsgefangenen Deutschen, insgesamt mehr als eine Million, in die Heimat zurückgekehrt waren.

Der Unterschied zwischen dem zu erwartenden und dem tatsächlichen Ergebnis – ein Plus von etwa 2,1 Millionen Einwohnern – erklärt sich nur zum kleineren Teil dadurch, daß rund 800 000 Menschen aus den aufgrund des Friedensvertrags abgetretenen, vormals deutschen Gebieten ins Rest-Reich gezogen waren, vorwiegend Deutsche, aber auch Angehörige anderer Nationen. Viele der aus Posen, Memel oder Deutsch-Ostafrika nach Pommern, Breslau oder Berlin ziehenden Familien brachten den litauischen Kutscher, das polnische oder auch afrikanische Kindermädchen, den chinesischen Koch oder die malaiische Amme mit. Darüber hinaus strömten, teils schon bald nach Beginn der Krieges, teils erst nach dem Waffenstillstand, in stärkstem Maße aber im Winter 1917/18, Flüchtlinge aus Osteuropa und Vorderasien ins Reich.

Zuerst kamen Armenier, die vor den Türken geflohen waren, dann – nach der russischen Oktoberrevolution – Aristokraten, Rittergutsbesitzer, Fabrikanten und andere Angehörige der Oberschicht des Zarenreiches, schließlich Flüchtlinge aus dem Mittelstand ganz Osteuropas, vom Baltikum bis Aserbeidschan, Christen, Juden und Moslems, Baltendeutsche, Letten, Esten, Ukrainer, Donkosaken, Krimtataren, Angehörige der konterrevolutionären Armeen der Generale Wrangel, Koltschak und Denekin. Die meisten dieser »Ost-Emigranten«, wie man sie nannte, waren verarmt und mußten sich, da sie häufig keinen Beruf erlernt hatten, ihren Lebensunterhalt als Taxifahrer, Nachtportiers, Aushilfskellner oder in Nachtbars verdienen; einige hatten ihre Reichtümer mitbringen können und führten ein frivoles Müßiggängerleben wie einst die aristokratischen Emigranten, die vor der französischen Revolution an den Rhein geflohen waren. Und wie bei jenen gab es auch unter den »Ost-Emigranten« etliche politische Abenteurer, die von einer Wiedereroberung der verlorenen Macht träumten.

Unter diesen befanden sich Fürst Bermondt-Awalow, General Biskupsky, Alexander Nikuradze, auch der Chef der letzten deutschen Marionettenregierung in der Ukraine, Pawel Skoropadski, der sich in Berlin in einer Villa am Wannsee ein komfortables Exil einrichtete, und ein Deutschbalte aus kleinbürgerlichem Milieu, Alfred Rosenberg aus Reval.

Rosenberg, der als 26jähriger Diplomingenieur 1919 nach München kam, wurde dann der Chefredakteur des »Völkischen Beobachters«, des späteren Zentralorgans der Nazi-Partei, an dessen Gründung und Finanzierung die über große Geldmittel verfügenden zaristischen Generale Skoropadski und Biskupsky sowie die Großfürstin Viktoria Feodorowna beteiligt waren.

Alfred Rosenberg, der später als »Beauftragter des Führers für die Überwachung der gesamten geistigen und weltanschaulichen Schulung und Erziehung der NSDAP« zum Chefideologen der Nazi-Partei und 1941 auch zum »Reichsminister für die besetzten Ostgebiete« aufstieg, gehörte mit seinen frühen judenfeindlichen Schriften sowie mit seinem »Mythus des 20. Jahrhunderts« zu den Begründern und Hauptverfechtern der nazistischen »Rassen«theorie und des »Herrschaftsanspruchs der nordischen Rasse«. Er war indessen nicht der einzige Auslandsdeutsche unter den »Alten Kämpfern« der Nazi-Partei, der im oder kurz nach dem Ersten Weltkrieg nach Deutschland geflüchtet war.

R. Walter Darré, 1895 in Belgrano in Argentinien geboren, kam während des Kriegs nach Deutschland, schloß sich schon früh der Hitler-Bewegung an und wurde später Leiter des »Rasse- und Siedlungs-Hauptamts« der SS, 1933 auch Reichsleiter und bald darauf Reichsminister; von ihm stammt das Schlagwort vom »Blut und Boden« als der »Quelle germanischer Kraft«.

Sein engster Mitarbeiter, der spätere SS-Obergruppenführer, Staatssekretär und von 1944 an Reichsminister Herbert Backe, stammte aus Batum an der kaukasischen Schwarzmeerküste, hatte das Gymnasium in Tiflis besucht und war 1918 nach

Deutschland geflüchtet. Der 1903 in England geborene, später zum Leiter der NSDAP-Auslandsorganisation und Staatssekretär im Auswärtigen Amt aufgestiegene Ernst Wilhelm Bohle war in Südafrika beheimatet und in der ersten Nachkriegszeit nach Deutschland gekommen. Rudolf Heß, 1894 im ägyptischen Alexandria zur Welt gekommen, seit 1919 in München und als Hitlers Privatsekretär dessen Gehilfe bei der Abfassung des Buches »Mein Kampf«, wurde 1934 offiziell zum »Stellvertreter des Führers« und zum Mitglied des Reichskabinetts ernannt.

Wie Rosenberg aus dem Baltikum geflüchtet und mit ihm schon in Riga bekannt geworden war Max Erwin v. Scheubner-Richter, in der Frühzeit der Nazi-Partei Hitlers – nach dessen eigener Aussage – »wichtigster Mann«. Er wäre sicherlich in die oberste Führung des »Dritten Reiches« aufgestiegen, hätte ihn nicht am 9. November 1923 an der Münchner Feldherrnhalle eine Kugel der ersten Salve getroffen, mit der die Polizei dem sogenannten Hitler-Putsch den Garaus machte. An diesem Putsch, der die Weimarer Republik beenden und eine rechte Diktatur errichten sollte, nahm auch der wieder aus Schweden heimgekehrte Ex-General Erich Ludendorff führend teil. Ruhrindustrielle wie Fritz Thyssen, der allein 100 000 Goldmark beisteuerte, aber auch zaristische Emigranten, bayerische Unternehmer und Großgrundbesitzer, wahrscheinlich sogar mehrere ausländische Geheimdienste, finanzierten dieses Unternehmen.

Trotz seines Scheiterns war der Hitler-Ludendorff-Putsch ein großer Propagandaerfolg für die Nazis, deren Thesen Hitlers 1925 erschienenes Buch »Mein Kampf« noch bekannter machte. Darin hieß es unter anderem, die »Reinerhaltung des deutschen Blutes« sei die allerwichtigste Aufgabe des Staates, ja es gebe »nur ein heiligstes Menschenrecht, ... zugleich die heiligste Verpflichtung, nämlich: dafür zu sorgen, daß das Blut rein erhalten bleibt ... Ein völkischer Staat wird damit in erster Linie die Ehe aus dem Niveau einer dauernden Rassenschande herauszuheben haben, um ihr die Weihe jener Institution zu geben, die berufen ist, Ebenbilder des Herrn zu zeugen und nicht Mißgeburten zwischen Menschen und Affe.«

Hochstehend und als Kulturträger in Frage kommend sei, so der wahrlich nicht »nordische« Hitler, allein der »nordische Mensch«, der »arische Germane«; alle Slawen seien minderwertig, die Franzosen »vernegert«; seinen Weg in den Abgrund habe Deutschland der Vernachlässigung »eherner Gesetze der Erhaltung und des Schutzes seines Volkstums« zuzuschreiben, vor allem dem Eindringen der Juden, die »der Hauptfeind des deutschen Volkes« seien. Das »jüdische Finanzkapital« im Bunde mit dem »jüdischen Bolschewismus«, dem »jüdischen Freimaurertum« und der »internationalen jüdischen Hochfinanz« hätte es sich zum Ziel gesetzt, »das deutsche Volk zu versklaven«.

»Aus dieser inneren Erkenntnis heraus« sollten sich unter der Hakenkreuzfahne alle sammeln, die »unserer Überzeugung nach allein befähigt sind, den Niedergang des deutschen Volkes nicht nur zum Stillstand zu bringen, sondern das granitene Fundament zu schaffen, auf dem dereinst ein Staat bestehen kann, der nicht einen volksfremden Mechanismus wirtschaftlicher Belange und Interessen, sondern einen völkischen Organismus darstellt: Einen germanischen Staat deutscher Nation.«

Als Hitler diese den tatsächlichen Gegebenheiten hohnsprechenden »ehernen Gesetze« publizierte, waren bereits wieder rund 360 000 Deutsche nach Übersee ausgewandert und etwa eine Million Flüchtlinge vor dem »jüdischen Bolschewismus«, darunter auch etwa 80 000 Juden, in der Mehrzahl jedoch Russen, Balten, Ukrainer sowie Armenier, Georgier, Aserbeidschaner, Krimtataren und Donkosaken, nach Deutschland eingewandert. Die Völkermischung in dem etwas kleiner und sehr viel ärmer gewordenen Deutschen Reich war noch etwas bunter geworden.

1927 erschien ein Roman des nationalistischen Erfolgsautors Hans Grimm mit dem Titel »Volk ohne Raum«. Er prophezeite dem Reich, wo sich 136 Menschen je Quadratkilometer drängten, Hunger, Elend und Untergang, falls sich die Deutschen keinen Platz an der Sonne, in Osteuropa oder in Afrika, verschaffen würden. Das zweibändige, in einer schwülstigen, den Stil einer altisländischen Saga nachahmenden Sprache geschriebene Epos erregte in nationalistischen Kreisen großes Aufsehen. Hochschulprofessoren und Studienräte bescheinigten Hans Grimm, neben hoher dichterischer Qualität, »die Wurzel des Übels sichtbar gemacht«, »die deutsche Krankheit richtig diagnostiziert« zu haben.

Seltsamerweise machte niemand den Einwand, daß es den Deutschen ein Menschenalter früher, um 1845, als die Bevölkerungsdichte weniger als halb so groß gewesen war und das Gebiet der nunmehrigen Weimarer Republik erst 34 Millionen Einwohner hatte, wesentlich schlechter gegangen war; daß es also kaum am »Raum«mangel liegen konnte, wenn es den Bürgern an Zufriedenheit fehlte (wobei angemerkt sei, daß die alten Bundesländer der Bundesrepublik bei einem Lebensstandard der Einwohner, von dem ihre Eltern und Großeltern um 1927 nicht einmal zu träumen gewagt hätten, eine Bevölkerungsdichte von knapp 250 Einwohnern je Quadratkilometer haben – beinahe das Doppelte der »qualvollen Enge«, die Hans Grimm 1927 als »das deutsche Leid« bezeichnete).

In Wahrheit hatten die alten Führungsschichten des zusammengebrochenen Kaiserreichs ihre im ersten Anlauf gescheiterten Pläne zur Erringung der Weltherrschaft noch immer nicht aufgegeben. Viele Konzernherren, Großgrundbesitzer, Generale und Bankiers wollten keine friedliche demokratische und soziale Entwicklung; sie träumten von Wiederaufrüstung und einem neuen, diesmal siegreichen Eroberungskrieg – am besten gen Osten, wo man zugleich Rohstoffe und Arbeitssklaven in Massen gewinnen und den Kommunismus ausrotten konnte.

Deshalb ließen sie durch den noch größer und einflußreicher gewordenen Hugenberg-Presse- und -Filmkonzern die nationale Trommel rühren, die Republik schmähen und den »Wehrwillen« stärken. Deshalb schoben sie alle Schuld am verlorenen Ersten Weltkrieg anderen zu: unbekannten bösen Mächten, wobei es keine Rolle spielte, ob es die »jüdisch-bolschewistische Weltverschwörung« oder die zwischen »Rom und Juda« oder auch die von amerikanischer »Hochfinanz, Freimaurertum und jüdischem Bolschewismus« gewesen sein sollte.

Deshalb förderten sie die neue völkisch-alldeutsche Bewegung, Hitlers Nazi-Partei, die das »Herrenmenschentum« der Edel-Arier durch Diktatur, Aufrüstung und Eroberungskrieg zur Weltherrschaft zu bringen versprach.

11. ». . . und ihr werdet Deutschland nicht wiedererkennen!«

»Nun deutsches Volk, gib uns die Zeit von vier Jahren und dann urteile und richte!« forderte Hitler, kaum daß er mit Hilfe der Deutschnationalen, Konservativen und Nationalliberalen für seine – von Industriekonzernen, Banken, Großgrundbesitz, Junkertum und Reichswehrgeneralität am 30. Januar 1933 installierte – »Regierung der nationalen Konzentration« eine hauchdünne Mehrheit bei den Reichstagswahlen vom 5. März 1933 errungen hatte. Seine eigene Partei, die NSDAP, war mit 43,9 Prozent der Stimmen von der absoluten Mehrheit noch weit entfernt, und die ganze Rechtskoalition hatte neunzig Reichstagsmandate weniger, als für eine Verfassungsänderung nötig gewesen wäre. Erst durch die »Ausschaltung« von 81 kommunistischen und 26 sozialdemokratischen Abgeordneten, die in »Schutzhaft« genommen worden oder gerade noch geflüchtet waren, gelang es den Nazis, das »Ermächtigungsgesetz« durchzubringen, das Hitlers Diktatur errichtete, und nun versprach er den Deutschen, ihr Land binnen vier Jahren so zu verändern, daß sie es nicht mehr wiedererkennen würden.

Er hatte dann sogar zwölf Jahre Zeit, und die Veränderungen, die seine verbrecherische Politik bewirkte, waren tatsächlich in mancher Hinsicht größer als alles, was tausend Jahre deutscher Geschichte bis dahin verändert hatten, vor allem, was den Gebietsstand Deutschlands, den Umfang der Völkerwanderungen und die schließliche Zusammensetzung der Einwohnerschaft betrifft.

Am Umfang des Deutschen Reichs, das 1933 eine Fläche von rund 468 000 Quadratkilometern und 66 Millionen Einwohner hatte, änderte sich bis 1937 wenig; nur das Saarland kehrte nach mehr als anderthalb Jahrzehnten französischer Besetzung und Verwaltung 1935 »heim ins Reich«. Aber bis zum März 1939 hatte sich Deutschland um rund 112 000 Quadratkilometer, also um ein knappes Viertel, vergrößert; seine Einwohnerzahl war durch die »Eingliederung« des Saar- und Memelgebiets, der Republik Österreich und der westlichen Tschechoslowakei, des sogenannten »Sudetengaus«, um rund 11 Millionen gestiegen. Da auch die Bevölkerung des »Altreichs« auf über 69 Millionen angewachsen war, hatte Hitlers neues »Großdeutsches Reich« nun rund 80 Millionen Einwohner auf einem Gebiet von 580 000 Quadratkilometern, außerdem ein »Protektorat Böhmen und Mähren« mit weiteren 7,5 Millionen (größtenteils tschechischen) Bürgern und einer Ausdehnung von knapp 50 000 Quadratkilometern.

Mit diesen Annexionen vor dem Zweiten Weltkrieg erhöhte sich auch die Anzahl der Reichsbürger nichtdeutscher, zumeist slawischer Muttersprache um mindestens 200 000, außerdem wurden bis 1939 weitere etwa 350 000 ausländische Arbeitskräfte für die deutsche Rüstungsindustrie angeworben. Aber – so versicherte die Reichsregierung – die neuen nationalen Minderheiten, etwa die Slowenen der Steiermark und Kärntens, seien »gefühlsmäßig und kulturell mit den Deutschen verbunden«, die Ausländer wegen des Arbeitskräftemangels der Industrie unentbehrlich. Außerdem, so wurde über den Propagandaapparat der Partei verbreitet, seien diese »Beute«-Slowenen, -Tschechen, -Slowaken, -Litauer und -Polen letztlich – wenn auch nur »ostische« – »Arier« und durchaus »eindeutschungsfähig«; es beständen keine »rassischen Bedenken« gegen »Vermischungen«.

Um so strenger wachte die Staatsmacht über die strikte »Reinerhaltung des Blutes«, was die Beziehungen zwischen Reichsbürgern und nicht der Reichsbürgerschaft würdigen Staatsangehörigen ganz oder teilweise »nichtarischer Rasse« betraf. Diese in erster Linie gegen die deutschen und österreichischen Juden gerichteten Bestimmungen aufgrund der »Nürnberger Gesetze« von 1935 wirkten sich nicht nur dahingehend aus, daß sie annähernd zweieinhalb Millionen Deutsche, teils jüdischen Glaubens, teils evangelischer, katholischer oder keiner Konfession, aber mit jüdischen Vorfahren, weitgehend entrechteten und ihre Ausrottung vorbereiteten; sie waren gleichzeitig auch so völlig absurd, daß sie in einer Vielzahl von Fällen zu ebenso makabren wie grotesken Verwicklungen führten, mitunter sogar das Gegenteil dessen bewirkten, was die Naziführung bezweckt hatte, nämlich die Rettung von Verfolgten. Einige wenige Beispiele sollen dies verdeutlichen:

Obwohl das »Großdeutsche Reich« nach dem Willen seiner Führung einen neuen, nunmehr siegreichen Weltkrieg führen und die Deutschen den ersten Platz unter den Völkern einnehmen sollten, wurde mit der »Arier«gesetzgebung zunächst einmal ein Großteil der kulturtragenden Schicht und der wissenschaftlichen Intelligenz »ausgeschaltet«, das heißt: eingesperrt, terrorisiert, zur Flucht gezwungen, mindestens aber zur Untätigkeit verurteilt und jeder weiteren Wirkungsmöglichkeit beraubt. Offenbar glaubten die Nazi-Führer, daß kriminelle Energie und äußerste Brutalität ausreichen würden, auch moderne Kriege zu gewinnen; daß Wissenschaft und Technik für die Erringung der Weltherrschaft von allenfalls sekundärer Bedeutung oder sogar ebenso entbehrlich seien wie alles, was mit dem Begriff »Kultur« umschrieben wird.

So wurden beispielsweise, ohne Rücksicht auf die Folgen, rund ein Drittel aller Hochschullehrer davongejagt, die meisten aufgrund des »Arier«paragraphen, darunter 106 Physiker, 86 Chemiker, 85 Technologen, 412 Mediziner und mehr als 50 Mathematiker.

Diese Zahlen geben jedoch nur ein sehr unvollständiges Bild und sagen wenig aus. Schon der Verlust eines einzigen Lehrers von Weltruf kann das wissenschaftliche Niveau einer ganzen Universität erheblich senken; das Ausscheiden einer ganzen Reihe von Koryphäen vermag eine bis dahin in der ganzen Welt berühmte Fakultät zum Gespött werden oder, schlimmer noch, in Vergessenheit geraten zu lassen.

»An der Berliner Universität«, berichtet William S. Shirer, der als amerikanischer Korrespondent damals in der Reichshauptstadt lebte, »führte der neue Rektor, ein SA-Mann und von Beruf Veterinär, 25 Vorlesungsreihen in Rassenkunde ein, und nachdem es ihm gelungen war, die Universität auf den Kopf zu stellen, enthielt das Vorlesungszeichnis 86 Vorlesungen, die mit seinem eigenen Fach zusammenhingen. In der Naturwissenschaft, in der Deutschland seit Generationen eine so hervorragende Rolle gespielt hatte, trat ein rapider Verfall ein. Große Gelehrte wie die Physiker (Albert) Einstein und (James) Franck, die Chemiker wie (Fritz) Haber, (Richard) Willstätter und (Otto H.) Warburg« – sämtlich Nobelpreisträger – »... wurden davongejagt. Von denen, die blieben, fiel so mancher auf die Verirrungen der Hitler-Ideologie herein und versuchte, sie auf die Wissenschaft anzuwenden ...«

»Es war ein Akt der Prostitution«, meinte dazu Professor Wilhelm Röpke, der selbst 1933 von der Marburger Universität entlassen worden war, »ein Schandfleck auf der ehrenvollen Geschichte deutscher Bildung.« Und Julius Ebbinghaus meinte 1945 im Rückblick: »Als es noch Zeit war, versäumten es die deutschen Universitäten, sich öffentlich mit all ihrer Macht der Zerstörung der Wissenschaft... entgegenzustellen.«

Dieses Versäumnis kam sehr teuer zu stehen. Bis 1939 sank die Anzahl der Studierenden im Reich von 127 920 auf 58 325. Die Einschreibungen an den Technischen Hochschulen, aus denen einige der besten Ingenieure der Welt hervorgegangen waren, ging von 20 474 auf 9554 zurück.

Doch weit plastischer als alle Statistiken zeigt ein einziger Satz eines (»arischen«) Göttinger Mathematikers den wahrhaft katastrophalen Niedergang der deutschen wissenschaftlichen Forschung und Lehre nach der Vertreibung der »Juden und ihres Anhangs«. Auf die besorgte Frage des NS-Wissenschaftsministers Bernhard Rust anläßlich eines Banketts, das ihm die Göttinger Universität gab, ob denn das berühmte Mathematische Institut unter der »Arier«gesetzgebung wirklich, wie man mitunter höre, etwas gelitten hätte, erwiderte der aus Ostpreußen stammende greise Professor David Hilbert trocken: »Jelitten? Nee, Herr Minister, dat jibt es jar nicht mehr...«

Der Auszug der Mathematiker und Physiker aus Göttingen, unter ihnen Max Born, James Franck und fünf weitere Naturwissenschaftler, die später mit dem Nobelpreis ausgezeichnet wurden, war nur ein kleiner Teil des gesamten Verlusts, hatte aber auch schon für sich genommen negative Auswirkungen auf die Fähigkeit Deutschlands, einen Krieg zu gewinnen, die durchaus mit dem Verlust der 6. Armee bei Stalingrad verglichen werden können. Es sei hier nur kurz daran erinnert, daß es deutsche Flüchtlinge waren, die die mathematischen Grundlagen für die erste Computer-Generation legten, die angloamerikanische Radartechnik entwickelten und auch entscheidend dazu beitrugen, daß der Bau der ersten Atombomben zustande kam.

Nur weil sie in Kenntnis des hohen Standes der naturwissenschaftlichen Forschung Deutschlands vor 1933 von der – irrigen – Annahme ausgingen, die Nazis würden über kurz oder lang Atombomben haben und diese dann auch skrupellos einsetzen, gingen die deutschen Flüchtlinge mit äußerster Energie und all ihrem Können daran, die USA zur ersten Atommacht der Welt zu machen. »Sie ergriffen selbst wieder und wieder die Initiative«, hat Robert Jungk dazu bemerkt, »um diese schreckliche Waffe in die Welt zu setzen. Was viele von ihnen damals vor allem antrieb, war die ehrliche Überzeugung, daß dies der beste, ja der einzige Weg sei, den Gebrauch der Atomwaffe in diesem Krieg zu verhindern. ›Wir mußten im Fall einer deutschen Atomdrohung ein Gegenmittel in der Hand haben. Wenn dieses Gleichgewicht einmal vorhanden war, dann würde Hitler ebenso wie wir auf den Gebrauch eines solchen Monstrums verzichten‹, hieß es. Die Vorstellung aber, daß die Deutschen... bereits einen gefährlichen Vorsprung besaßen, war damals so verankert, daß sie wie eine Gewißheit gehandelt wurde...«

Indessen – und das war die vielleicht seltsamste Folge des fanatischen Judenhasses, von dem Hitler geradezu besessen war und der den Wahnsinn der »Arier«gesetzgebung bewirkt hatte – erkannte der »Führer«, der sich so gern den »größten Feldherrn aller Zeiten« nennen ließ, weder selbst die militärischen Möglichkeiten, die die Kernforschung eröffnete, noch duldeten er oder die anderen führenden Nazis, daß man dergleichen überhaupt in Erwägung zog. Hitler verlachte schon den bloßen Gedanken, daß physikalische Theoretiker, womöglich »Judenschüler«, imstande sein könnten, irgend etwas Nützliches oder gar für den Kriegsausgang Entscheidendes zu ersinnen.

Solche Fähigkeiten billigte Hitler allenfalls jenen Narren unter seinen Anhängern zu, die predigten, es gebe eine »Deutsche Physik«, und die gleich ihm die Theorien des »Relativitätsjuden« Albert Einstein als »jüdischen Bluff« abtaten, die darauf beruhenden Arbeiten des dänischen »Nichtariers« Niels Bohr als »typisch jüdische Spekulation«. Da aber die moderne Physik nun einmal vornehmlich auf den theoretischen Erkenntnissen dieser und anderer vornehmlich jüdischer Gelehrter fußte, wurden auch alle »Arier«, die sich darauf stützten, zu »Geistesjuden« erklärt. Bestätigung für solchen Unsinn fand Hitler vor allem bei dem Physiker Johannes Stark, der für seine »Verdienste um den Nationalsozialismus« nach Einsteins Entlassung zum Präsidenten der Physikalisch-technischen Reichsanstalt ernannt worden war. Stark veröffentlichte 1937 im »Schwarzen Korps«, dem offiziellen Organ der SS, einen Artikel mit der

Überschrift: »Weiße Juden in der Wissenschaft«. Darin hieß es, daß »zwar die rassejüdischen Dozenten und Assistenten 1933 aus ihren Stellungen ausscheiden (mußten); auch werden gegenwärtig die arischen Professoren, die mit Jüdinnen verheiratet sind, abgebaut; aber die große Zahl der arischen Judengenossen und Judenzöglinge, welche früher offen oder versteckt die jüdische Macht in der deutschen Wissenschaft stützten, sind in ihren Stellungen geblieben und halten den Einfluß des jüdischen Geistes an den deutschen Universitäten aufrecht...«

Dieser Artikel im offiziellen SS-Organ, worin die Nobelpreisträger Werner Heisenberg, Erwin Schrödinger und Paul Dirac als »Einstein-Jünger«, Heisenberg selbst als »Statthalter des Judentums« bezeichnet und Forderungen nach ihrem »Verschwinden« erhoben wurden, kennzeichnet die Verbohrtheit der NS-»Rasse«fanatiker, zeigt aber auch zugleich, wie unbekümmert die Nazis selbst die Pfunde, mit denen sie hätten wuchern können, achtlos beiseite warfen.

Während selbst alldeutsche Nationalisten, die durchaus bereit gewesen wären, im Nazi-Regime an verantwortlicher Stelle mitzuarbeiten, wegen eines jüdischen Vorfahren in der Großelterngeneration als »Nichtarier« geächtet und aller Ämter enthoben wurden, war man bei den »weißen Juden in der Wissenschaft« etwas vorsichtiger. Theodor Duesterberg, im Ersten Weltkrieg bei Ypern schwer verwundet, danach Generalstabsoffizier und rechte Hand Ludendorffs in der Obersten Heeresleitung, Mitgründer des deutschnationalen Frontkämpferbunds »Stahlhelm« und dessen »Zweiter Bundesführer«, mußte als Urenkel eines Paderborner Rabbiners 1933 alle Ämter niederlegen; dagegen konnten die vom »Schwarzen Korps« als »weiße Juden« diffamierten Professoren ihre Lehrstühle behalten, sonst hätte man am Ende überhaupt keine Wissenschaftler mehr gehabt, die eine solche Bezeichnung verdienten. Nur wenn sich einer, wie zum Beispiel Max Planck, gegen die »Arier«gesetzgebung offen aussprach und mutig für davon betroffene Kollegen eintrat, mußte er seine Ämter niederlegen.

Die von Professor Stark im »Schwarzen Korps« propagierte »Ausschaltung« der »weißen Juden« beschränkte sich auf wenige Fälle, wobei einige, wie der spätere Nobelpreisträger Erwin Schrödinger, aus Abneigung gegen die Nazis selber kündigten und nach Amerika auswanderten. Vielleicht scheuten die Nazis davor zurück, den Begriff des »weißen Juden« allzusehr zu strapazieren, ging er doch von der Prämisse aus, daß »eigentlich« nur »Arier« weiß, Juden hingegen schwarz seien. Nun gab es aber keine »schwarzen« Juden in Deutschland; sie sahen nicht anders aus als die angeblich »arischen« Deutschen. Sonst hätte es nicht ständig Verwechslungen gegeben, Fälle, wo zum Beispiel »rein arische« Nazis, weil sie ihr Parteiabzeichen anzustecken vergessen hatten, als vermeintliche Juden verprügelt wurden, oder gar solche, wo Plakate eingestampft werden mußten, weil das blondzöpfige, blauäugige, überaus »nordisch« wirkende Mädchen, das gläubig gen Himmel blickte und laut Unterschrift bereit war, dem Befehl des »Führers« zu folgen, eine »Volljüdin« war, wie sich zu spät herausgestellt hatte... Zum großen Kummer der Nazis gab es nur sehr wenige Menschen in Deutschland, die dem »nordisch-germanischen« Ideal äußerlich entsprachen.

Sämtliche führenden Nazis – Hitler, Heß, Göring, Goebbels, Röhm, Ley, Bormann, Himmler, Funk, Rust, Streicher, Frick, Daluege, Frank und wie sie alle hießen – konnten schwerlich von sich behaupten, »nordisch-germanisch« auszusehen, nicht einmal so »arisch« wie der »nichtarische« Meister-Regisseur und Mitbegründer der Salzburger Festspiele, Max Reinhardt, oder gar so »idealnordisch« wie »die blonde He«. So nannte man Helene Mayer, die langjährige Deutsche Meisterin in Florettfechten der Damen. Bei der Berliner Olympiade 1936 trat sie – als »rassisch« Verfolgte bereits emigriert – noch einmal für Deutschland an und gewann die Silbermedaille, im Jahr darauf, nun bereits Amerikanerin, die Weltmeisterschaft.

Nein, die deutschen Juden der Hitlerzeit sahen im Durchschnitt nicht anders aus, noch kann man sagen, daß sie wesentlich anderer Abstammung als die übrigen Bewohner Deutschlands gewesen wären. Allenfalls gab es bei ihnen durch die Vermischung mit sefardischen Einwanderern des 16. Jahrhunderts, deren Vorfahren in Spanien und Portugal ein Jahrtausend lang unter Arabern und Westgoten gelebt hatten, mehr Spuren solcher Einschläge, hie und da verstärkt infolge allzu häufiger Heiraten zwischen Verwandten, wie sie der Zwangsaufenthalt im Getto und die jahrhundertelange Absonderung von der christlichen Gemeinschaft mit sich gebracht hatten.

Aber solche Degenerationserscheinungen als Folge von Inzucht fanden sich auch bei »arischen« Deutschen in Fülle, besonders in sehr abgelegenen und früher schwer zugänglichen Gegenden, auf Halligen, Inseln, in Hochtälern der Gebirge oder in Sumpfgebieten sowie bei einer anderen »geschlossenen«, nur unter sich heiratenden Gruppe, nämlich beim Adel und vor allem bei der Hocharistokratie.

Gerade die sehr negativen Auswirkungen einer langfristigen »Reinerhaltung des Blutes« hätten den Nazis vor Augen führen müssen, wie völlig absurd ihre Thesen waren, sowohl die von der Mehr- oder Minderwertigkeit dieses oder jenes Volks oder gar bestimmter »Rassen« als auch ihr Reinrassigkeitswahn. Allerdings ist hierzu anzumerken, daß die Naziführung ihre eigenen hirnrissigen Theorien, je nach Bedarf, mal in der einen, mal in entgegengesetzter Weise auslegte und zur Anwendung brachte, vor allem gegenüber den slawischen Nationen. Einerseits galten den Nazis alle Slawen als minderwertig, ihre »Rasse« als der der Germanen weit unterlegen. Die »germanischen« Deutschen, zumal die »nordischen« Männer und Frauen unter ihnen, sollten »Herrenmenschen«, alle Slawen hingegen, wie ja schon ihre Bezeichnung assoziierte, deren Sklaven und – wie Himmler es nannte – »Arbeitstiere« sein.

Dies hinderte jedoch den »Reichsführer SS«, der sich auch gelegentlich als Hitlers »oberster Rasse- und Zuchtwart« bezeichnete, nicht daran, selbst eine Polin zu heiraten und jeden ihm geeignet erscheinenden Slawen in seine »rassehygienisch einwandfreie« SS aufzunehmen, auch Männer eindeutig slawischer Herkunft dutzendweise bis in die Generalsränge aufsteigen zu lassen. Unter den in der »Dienstaltersliste der Schutzstaffel der NSDAP« aufgeführten Inhabern hoher und höchster SS-Dienstgrade wimmelt es von Namen wie Bostunitsch, Mrugowski, Piékarski, Skorzeny, Skulavek, Sladek, Swientek, Wladar, Witiska oder Wysocki. Zu den engsten Mitarbeitern des Holocaust-Organisators Adolf Eichmann gehörten die SS-Führer Hrosinek, Novak, Stuschka und Rajakowitsch. Dagegen finden sich in den SS-Ranglisten nur ganz vereinzelt Familiennamen, die auf eine niederdeutsche, friesische oder gar skandinavische Herkunft schließen lassen; nur hier und da taucht mal ein Petersen, Reetsma oder Svendson auf.

Das änderte sich nach Ausbruch des Krieges. Im November 1940 wurde die erste SS-Freiwilligen-Division »Wiking« aufgestellt, die großenteils aus Niederländern, Friesen, Dänen, Norwegern und Finnen bestand. »Die erste vollständige nationale Einheit war die SS-Sturmbrigade ›Wallonie‹«, heißt es dazu in einer Untersuchung von Werner Präg. »Wegen der geringen Meldungen kamen die ›nationalen‹ Truppenteile jedoch erst im Dezember 1944 auf Divisionsstärke. Es wurden gebildet die Divisionen: ›Charlemagne‹ (Franzosen), ›Flandern‹, ›Wallonie‹, ›Nederland‹ und ›Nordland‹ (Skandinavier). Diese Freiwilligen kämpften ... im April 1945 zum Teil in Berlin. Auf dem Balkan wurde 1943 aus 20 000 bosnischen Moslems die 13. SS-Division ›Handschar‹ gebildet, nachdem Himmler den Gedanken an eine rein germanische SS aufgegeben hatte; hinzu kam eine albanische Division. Die Moslems ... trugen den Fez zur SS-Uniform; jedem Bataillon war ein Imam beigegeben. 1943 wurden – nicht immer freiwillig – eine lettische und eine estnische SS-Division aufgestellt; die SS-Division ›Galizien‹ bestand aus Ukrainern des Generalgouvernements ... Zuletzt organisierte die SS in völliger Abkehr von ihrem bisherigen Rassebegriff auch asiatische (u. a. turkmenische und tatarische) Einheiten ...«

Am Ende gab es mehr ausländische, zum Teil nach NS-»Rasse«begriffen sogar »nichtarische« Divisionen der Waffen-SS als deutsche, nämlich 16 von 29, ganz abgesehen davon, daß bis dahin auch die deutschen Divisionen durchsetzt waren mit »Volksdeutschen« und »Eingedeutschen«. Was darunter zu verstehen war, wird an Dokumenten deutlich, die hier auszugsweise wiedergegeben werden sollen.

Da war zunächst die Situation der Tschechen, die in dem nach Abtrennung der Sudetengebiete und der Slowakei im nunmehrigen »Reichsprotektorat Böhmen und Mähren« lebten. Wie mit diesen zu verfahren war, ist einer »Geheimen Reichssache« vom 5. Oktober 1940 zu entnehmen, die im Nürnberger Hauptkriegsverbrecherprozeß als Dokument D-739 vorgelegt wurde. Darin heißt es: » ... Zur Frage der Zukunft des Protektorats streifte der Führer drei Möglichkeiten: 1. Belassung der tschechischen Autonomie ... 2. Die Aussiedlung der Tschechen ... 3. Die Verdeutschung des böhmisch-mährischen Raumes durch Germanisierung der Tschechen ... Letztere wäre für den größten Teil des tschechischen Volkes möglich. Von der Assimilierung seien auszunehmen diejenigen Tschechen, gegen welche rassische Bedenken beständen oder welche reichsfeindlich eingestellt seien. Diese Kategorie sei auszumerzen. Der Führer entschied sich für diese dritte Möglichkeit...«

Einer zweiten »Geheimen Kommandosache« (Dokument PS-862 im Nürnberger Prozeß) ist zu entnehmen, daß etwa die Hälfte des tschechischen Volksteils im Deutschtum aufgehen sollte, »u. a. auch durch vermehrten Arbeitseinsatz von Tschechen im Reichsgebiet (ausgenommen die sudetendeutschen Grenzgebiete), also durch Zerstreuung des geschlossenen tschechischen Volksteils... Die andere Hälfte muß... entmachtet, ausgeschaltet und außer Landes gebracht werden. Dies gilt besonders für die rassisch mongoloiden Teile und den Großteil der intellektuellen Schicht... Die aufgezeigte Entwicklung setzt naturgemäß ein vermehrtes Hereinströmen Deutscher aus dem Reichsgebiet in das Protektorat voraus...«

In Polen gingen die Nazis noch wesentlich härter vor. Dort wurde sofort nach dem Einmarsch der Wehrmacht mit der Ausrottung der polnischen Intelligenz begonnen, zum Teil noch ehe man anfing, die Juden zu »liquidieren«. Die übrige polnische Bevölkerung wurde aus allen annektierten Gebieten – aus Danzig-Westpreußen und dem neuen »Warthegau«, der ehemaligen Provinz Posen nebst dem Gebiet von Lodz, in geringerem Maße aus Ostoberschlesien – rücksichtslos vertrieben und in das »Generalgouvernement« »umgesiedelt«; zurückbleiben durften nur »Volksdeutsche« unterschiedlicher Stufen, die in verschiedenen Listen zu erfassen waren und allmählich assimiliert werden sollten. Die Masse der Polen war dazu ausersehen, als kultur- und führungsloses »Arbeitsvieh« für die Deutschen zur Verfügung zu stehen. Himmler erklärte – dem Nürnberger Dokument NO-1880 zufolge – bei einer SS-Führertagung in Posen im Oktober 1943: »... Es muß in etwas längerer Zeit auch möglich sein, in unserem Gebiet die Volksbegriffe der Ukrainer, Kaschuben, Goralen und Lemken verschwinden zu lassen. Dasselbe, was für diese Splittervölker gesagt ist, gilt in entsprechend größerem Rahmen für die Polen...«

In die von Polen und Juden »gesäuberten« polnischen Westprovinzen, wo nur noch »Volksdeutsche« unterschiedlicher Listen übriggeblieben waren, wurden vom Herbst 1939 an vorwiegend »Aussiedler« aus den baltischen Staaten geschafft, Gutsbesitzer, Akademiker, Geschäftsleute, Techniker und Handwerker ganz oder teilweise deutscher Abstammung, die nach der Annexion des Baltikums durch die Sowjetunion ihre Heimat verlassen wollten oder mußten.

Diese Baltendeutschen beklagten sich dann in einer ganzen Flut von Beschwerdebriefen bei ihrem Landsmann, dem Reichsminister Alfred Rosenberg, sehr bitter über ihre schlechte Behandlung. Rosenberg wandte sich am 23. Januar 1940 an Himmler, dessen »Rasse- und Siedlungs-Hauptamt der SS« für die gesamte Umsiedlung verantwortlich war, und legte seinem Schreiben Berichte bei, aus denen der »unhaltbare Zustand« ersichtlich wurde, in den die Baltendeutschen im ehemals polnischen Gebiet geraten waren.

»... Man behandelt uns wie die jämmerlichsten Flüchtlinge. Der Ton, den die (SS-)Leute uns gegenüber anschlagen, hat der Este nicht gewagt«, hieß es an einer Stelle. »Wovon sollen wir leben? ... ›Sofort Arbeit‹, war die Parole. Nun sitzen die Menschen da und warten und warten ... Von über 200 (Familienhäuptern) haben nur 14 Stellen gefunden. Zwei sind in ihrem Beruf angekommen, einer ist hauptamtlich in die SS eingetreten ... Die Wohnungsfrage ist unmöglich ... Man hört von Tag zu Tag mehr Gefühlsausbrüche wie z. B. ›Jetzt bin ich soweit, daß ich das Haus anzünde oder mir das Leben nehme.‹ Am meisten leiden natürlich die Frauen aus gutsituierten, kulturell hochstehenden Familien. Auch sind nach Kalisch Elemente abgeschickt worden, auf die im Sinne des großdeutschen Gedankens kein Verlaß sein kann ... Ferner die Frage der sogenannten ›einheimischen Volksdeutschen‹. Im Selbstschutz von Kalisch sind etwa 100 volksdeutsche junge Leute, die kein einziges Wort Deutsch können, und es unterliegt keinem Zweifel, daß unter diesen sich Polen befinden ... Die Tatsache, daß es bereits Schlägereien zwischen Baltendeutschen und sog. Volksdeutschen ... gegeben hat, beweist, daß diese letzteren nicht immer deutsche Menschen sind ... «

Da Himmler auf diese von Rosenberg übermittelten Beschwerden nicht reagierte, wandte sich der tief empörte Ostminister und »Beauftragte des Führers für die Überwachung der gesamten weltanschaulichen Schulung und Erziehung der NSDAP« mit Schreiben vom 20. März 1940 nochmals an den »sehr geehrten Parteigenossen Himmler«: »... Die seelische Belastung und damit verbundene tiefe Depression in weitesten Kreisen der (baltischen) Rückwanderer läßt sich gar nicht beschreiben. Aus einer Volksgruppe, die in tiefer Gläubigkeit und unbändigem Einsatzwillen dem Ruf ins nationalsozialistische Deutschland gefolgt ist, hat die... Umsiedlung eine zersprengte Schar zutiefst enttäuschter, verbitterter und hoffnungsloser Menschen gemacht. ... Auch die Rücksichtslosigkeit, teils sogar Brutalität, mit der vielfach... die Alten und Kranken, die Schwangeren und Wöchnerinnen behandelt wurden, hat auf die Rückwanderer einen vernichtenden Eindruck gemacht, ebenso wie besonders die erschütternden Nachrichten von den aus dieser Behandlung sich ergebenden überaus zahlreichen Todesfällen... vernichtend für die Seele der Menschen, die man in feierlicher Weise als Nationalsozialisten aus ihrer Heimat gerufen hat...«

Ähnlich wie den Baltendeutschen erging es Hunderttausenden, die von den Nazis, »heim ins Reich« geholt wurden – aus Siebenbürgen, aus dem Banat, ja, auch aus Südtirol, das Hitler 1939 vertraglich seinem Freund Mussolini überließ, der seinerseits der Aussiedlung der Deutschsprachigen – unter Zurücklassung ihres ganzen Besitzes – begeistert zustimmte; rund 75 000 Südtiroler fielen auf die Versprechungen der Nazis herein und verließen ihre Heimat. Als sie dann erfuhren, daß man sie in der eroberten Ukraine anzusiedeln gedachte, setzte sofort die illegale Rückwanderung ein, die den meisten Südtirolern – im Gegensatz zu den »Umsiedlern« aus weit entfernten Gegenden – großes Leid ersparte.

Wie es schließlich bei der »Eindeutschung« in den besetzten Ostgebieten zuging, zeigen die Dokumente (siehe Seite 203–206), die keines Kommentars bedürfen.

Solche »Sonderbehandlung«, die in ihrer Grausamkeit an die der in früheren Jahrhunderten eingefallenen Tataren erinnerte, war allerdings die – nicht allzu häufige – Ausnahme. In der Regel ging die Aufnahme der meist von örtlichen Vertrauensleuten der Nazis Vorgeschlagenen in die verschiedenen Listen der »Volksdeutschen« und die Aushändigung entsprechender Ausweise ohne große Schwierigkeiten vor sich: Wer sich nicht sträubte, sondern Zufriedenheit zeigte oder vortäuschte, wurde »Beute-Germane«, gleich wie fremd sein Name klang, auch wenn er oder sie – wie aus den Beschwerden Rosenbergs an Himmler ja schon hervorging – kein Wort Deutsch verstand. Wer nicht allzu dunkelhaarig war und eben noch als »blond« gelten konnte, eine noch gerade als »blau« zu bezeichnende Augenfarbe hatte und keine Gesichtszüge auf-

Der Chef der Sicherheitspolizei und des SD –
Einwandererzentrale

Kommission XV
II (26/31) Tgb. Nr. 58/43   Zamosc, den 10. Februar 1943

    An den SS - und Polizeiführer
       im Distrikt Lublin, SS-Gruppenführer Globocnik
       L u b l i n

Bei der Erfassung der Deutschstämmigen sind folgende Sonderfälle besonders zu erwähnen:

1. Johanna *Achidzanjanz* aus Tomaszow:
Genannte wurde am 25. 1. 1943 geschleust. Sie ist zu
50% deutscher Abstammung und rassisch gut bewertet.
Eine Eindeutschung lehnte sie strikt ab. Sie weigerte sich
auch, die deutsche Sprache zu erlernen oder Deutsche
zu werden. Da es sich um einen Intelligenzfall – A. ist
Ärztin – handelt, dürfte eine Überstellung ins Altreich angebracht sein, da sie hier für andere Deutschstämmige
ein schlechtes Vorbild, ja sogar eine Gefahr bedeuten
würde.

2. Maria *Lambucki,* geb. 27. 4. 1903, aus Tomaszow-Lub.:
Genannte wurde mit ihren zwei Söhnen, Ignatz und Georg, am 23. 1. erfaßt. L. ist 100% deutscher Abstammung.
Ihr Ehemann, der sich in russischer Kriegsgefangenschaft befindet, ist reiner Pole. Bei der Durchschleusung
lehnte L. eine Eindeutschung ab, sie sei mit einem Polen
verheiratet und erwarte wohl seine Rückkehr und wolle
nicht, daß ihr Mann sie als Deutsche vorfinde. Ihre Söhne
hat sie polnisch erzogen. Beide lernen jedoch jetzt die
deutsche Sprache. Der Ältere zeigt zwar eine entschlos-
sene, dem Deutschtum gegenüber aber ablehnende Haltung. Er sei als Pole erzogen worden und käme sich fah-
nenflüchtig vor, wenn er jetzt Bindungen mit dem

Deutschtum einginge. Auch in diesem Falle erscheint ein Absatz im Altreich erforderlich.

3. Stanislaus *Koch* aus Gut Sitno:

Genannter war mit seiner Ehefrau und seinen beiden Töchtern Elisabeth und Christine zur Schleusung vorgeladen. Seinerzeit erschien lediglich der Ehemann. Er benahm sich während der Schleusung äußerst renitent und lehnte trotz 75%iger deutscher Abstammung jede Bindung zum Deutschtum ab. Erst nach wiederholter Aufforderung machte er die von ihm verlangten Angaben. Er bereitete der Aufnahmekraft sowie dem Volkstumssachverständigen erhebliche Schwierigkeiten. Der Vertreter des Kreishauptmanns, Kreisschulrat Gauer, der gleichzeitig als Volkstumssachverständiger fungierte, kannte Koch seit längerer Zeit und äußerte politische Bedenken gegen die Eindeutschung des K.

Seine Ehefrau und die Töchter weigerten sich seinerzeit zu erscheinen. Erst nach nochmaliger Aufforderung erschienen am 22. 1. 1943 die Töchter. Auch sie lehnten die Eindeutschung ab. Es wurde ihnen aufgetragen, ihre Mutter, die zur Zeit krank sein soll, innerhalb 14 Tagen zum Erscheinen vor der Kommission zu veranlassen bzw. ein amtsärztliches Attest vorzulegen. Da die Familie 62,5% deutschstämmig ist, wurde für die Töchter »Eindeutschungsfähig B« entschieden. Es ist untragbar, daß die Familie Koch unter diesen Verhältnissen in dem Ansiedlungsbereich verbleibt.

4. Brunhilde *Muszynski*, geb. von Wattmann:

Vorerwähnte zeigte bei der Durchschleusung eine Haltung, die als durchaus deutschfeindlich bezeichnet werden kann. Sie bestritt zunächst, deutscher Abstammung zu sein. Erst nach Vorhalt ihres Vaters, der nach Angabe des Pol-Präsidenten in Wien Reichsdeutscher ist, gab sie zu, deutscher Abstammung zu sein. Ihre Kinder wolle sie polnisch erziehen, da sie ihres polnischen Vaters wegen auf keinen Fall deutsch sein sollen. Ihr Ehemann sei im Polenfeldzug als polnischer Offizier gefallen. Sie lehne jede Bindung zum Deutschtum ab und wolle nichts damit zu tun haben. M. A. kann sie als Renegatin übelster Sorte betrachtet werden. Sie dürfte, trotzdem sie perfekt deutsch spricht und deutscher Abstammung ist, nicht im Gebiet des Generalgouvernements verbleiben. Da sie durch ihre Stellung und geistigen Fähigkeiten der Mitbevölkerung ein denkbar schlechtes Beispiel gibt, wird vorgeschlagen, ihre sofortige Abschiebung ins Altreich zu veranlassen.

5. Ingeborg *von Avenarius,* geb. Wattmann:

Genannte wurde heute im Beisein ihres Vaters geschleust. Sie zeigte dabei eine derart verstockte Haltung, daß eine Anerkennung als Volksdeutsche bzw. Deutschstämmige unter Verbleib im Generalgouvernement nicht möglich ist. Sie gab auf Vorhalt zwar zu, deutscher Abstammung zu sein, doch lehnte sie jede Erziehung zum Deutschtum ab. Ihr Ehemann sei Pole und bekenne sich zum polnischen Volkstum. Sie selbst sei durch ihre Heirat ebenfalls Polin geworden, und zwar nicht nur staatsrechtlich, sondern auch gesinnungs- und gefühlsmäßig. Sie wolle ihre Kinder auf keinen Fall deutsch erziehen, sondern sie unbedingt dem Polentum zuführen. Über den näheren Aufenthalt ihres Ehemannes konnte sie angeblich keine näheren Angaben machen.

Da es sich in diesem Falle um völlig polonisierte Intelligenz handelt, dürfte eine besondere Überprüfung bzw. eine sofortige Überstellung ins Altreich erforderlich sein.

Diese Vorgänge sind bereits dem ∦-Ansiedlungsstab, ∦-Ostuf. Hareuther, gemeldet worden.

Unterschrift (unleserlich)
-Sturmbannführer

Der Reichsführer-ⵂ
Persönlicher Stab

Tgb. Nr. 40/12/44g
Bg./Hm

Feld-Kommandostelle, den 28. Mai 1944
G e h e i m

Betr.: Unterbringung von deutschstämmigen Familien
in Schutzhaft bezw. Heimschulen
Bezug: Dort. Schr. v. 24. 4. 1944 – IV A 6b (IV C 2 alt)
5631/4415/43g

An das
Reichssicherheitshauptamt
B e r l i n

Auf Grund der Vorlage des Reichssicherheitshauptamtes vom 24. 4. 1944 hat der Reichsführer-ⵂ folgende Entscheidungen getroffen:

1. Maria L a m b u c k i und Stanislaw K o c h sollen nicht weiterhin in Schutzhaft bleiben.

2. Jachwiga K o c h soll in eine Heimschule eingewiesen werden.

3. Brunhilde M u s z y n s k i soll in Schutzhaft genommen werden. Ihre beiden 4 und 7 Jahre alten Kinder sind zu sterilisieren und irgendwo als Pflegekinder unterzubringen.

4. Ingeborg von A v e n a r i u s ist ebenfalls in Schutzhaft zu nehmen. Auch ihre Kinder sind nach der Sterilisation irgendwo als Pflegekinder unterzubringen.

gez. B r a n d t
ⵂ-Standartenführer

wies, die der Reichsführer SS als »mongoloid« zu charakterisieren pflegte (wobei er Leute meinte, die etwa so aussahen wie der spätere Bundeskanzler Konrad Adenauer), wurde auch dann zum Volksdeutschen ernannt, wenn er oder sie weder solchen Wunsch geäußert hatte noch von den Vertrauensleuten vorgeschlagen worden war. Dies ist insofern von Bedeutung, als die meisten dieser »Volksdeutschen« *zweimal,* mehr oder weniger gewaltsam, »umsiedeln« mußten. Zwischen 1939 und 1944 wurden annähernd eine Million »Volksdeutsche« ins Reich oder in besetzte Gebiete, vor allem in den »Warthegau« umgesiedelt; rund eine Million Polen und etwa 300 000 Juden mußten ihnen weichen. In der Endphase des Zweiten Weltkrieges und in der ersten Nachkriegszeit waren diese »Volksdeutschen« unter den rund 16,5 Millionen Vertriebenen, die aufgrund der Bestimmungen des Potsdamer Abkommens ihre Existenz aufgeben und ihre alte oder neue Heimat, oft unter schwierigen Umständen, verlassen mußten, wobei schätzungsweise 2,5 Millionen Menschen durch Hunger und Erschöpfung, Schiffsuntergänge und Fliegerangriffe, aber auch durch blutige Rache der bis dahin unterdrückten slawischen Völker ums Leben kamen. Die meisten dieser »Heimatvertriebenen« – das ist ihre offizielle bundesdeutsche Bezeichnung, während sie in der DDR amtlich »Umsiedler«, in Österreich »Volksdeutsche« genannt wurden – fanden in den drei westlichen Besatzungszonen Deutschlands, dem Gebiet der späteren Bundesrepublik, zunächst »Notaufnahme«. Fast 2 Millionen Menschen kamen nach Bayern, etwa 1,8 Millionen nach Niedersachsen, rund 860 000 nach Schleswig-Holstein; weitere knapp 4 Millionen verteilten sich auf die übrigen Gebiete Westdeutschlands. Die Gesamtzahl der von den Ländern der späteren Bundesrepublik in der ersten Nachkriegszeit aufgenommenen Heimatvertriebenen wurde mit 8,5 Millionen angegeben; das Statistische Bundesamt ermittelte aufgrund eines Mikrozensus vom April 1974 eine Gesamtzahl von 9 440 000 Heimatvertriebenen, die zu diesem Zeitpunkt in der Bundesrepublik lebten.

Indessen waren »Volksdeutsche«, »Umsiedler« und »Heimatvertriebene« weder die einzigen noch die größten Gruppen, die in den späten dreißiger, vor allem aber in den vierziger Jahren dieses Jahrhunderts durch die ebenso wahnwitzige wie brutale »Rasse«-, »Volkstums«- und auf Weltherrschaft gerichtete

Kriegspolitik der Nazis gezwungen wurden, an der umfangreichsten Völkerwanderung der bisherigen Weltgeschichte teilzunehmen. Da waren zunächst die annähernd zehn Millionen »Fremdarbeiter«, die zur Aufrechterhaltung der deutschen Rüstungs-, aber auch der landwirtschaftlichen Produktion nach Deutschland geholt worden waren.

Anfangs, auch schon vor Kriegsbeginn waren ausländische Arbeitskräfte angeworben worden, weil sich bereits 1938/39 ein für die Kriegswirtschaft bedrohlicher Fehlbestand, vor allem an Facharbeitern, von mindestens einer Million ergeben hatte. Zwar waren bei Kriegsbeginn rund 73 Prozent der Deutschen zwischen 14 und 65 Jahren erwerbstätig, aber durch die Verdrängung der Frauen aus dem Berufsleben, die von den Nazis systematisch (»Die deutsche Frau gehört an den heimischen Herd!«) betrieben worden war, hatte sich ein erheblicher Arbeitskräftemangel ergeben, der auch durch rund 500 000 angeworbene Ausländer nicht behoben werden konnte. So wurden »unwichtige« Berufe abgebaut, Rentner und Invalide eingestellt, Razzien auf »Arbeitsscheue« durchgeführt und alle Häftlinge zur Arbeitsleistung herangezogen.

Doch alle Bemühungen, die Produktion auf volle Touren zu bringen, scheiterten, weil immer mehr Männer zur Wehrmacht einberufen wurden – bis 1942 rund 7,8 Millionen. So verstärkte man die Anwerbung von Arbeitskräften in den besetzten Gebieten, zunächst noch auf freiwilliger Basis, zuerst in Polen, dann in Dänemark, Norwegen, Holland, Belgien und Frankreich.

Wegen der schlechten Behandlung der Polen, die übrigens auch ein »P«-Abzeichen sichtbar zu tragen hatten, führte die Freiwilligenwerbung im »Generalgouvernement« schon bald zu keinem hinreichenden Erfolg; in den anderen Ländern waren die Versuche freiwilliger Rekrutierung von Anfang an aussichtslos. So gingen die deutschen Behörden zu Zwangsmaßnahmen über. In Polen wurden beispielsweise Kirchen oder auch Kinos umstellt und die Besucher, die keine kriegswichtige Arbeit nachweisen konnten, als Zwangsarbeiter nach Deutschland deportiert. In den nord- und westeuropäischen Besatzungsgebieten versuchten es die deutschen Behörden mit Anwerbungen, Dienstverpflichtungen, in Frankreich auch mit Tauschangeboten – einen kriegsgefangenen Franzosen gegen drei französische Facharbeiter –; in den Balkanländern unternahm die SS »Bandenkampfunternehmen«, um die Bevölkerung ganzer Dörfer nach Deutschland verschleppen zu können.

Von Ende 1941 an holten sich die Nazis, trotz schwerer »rassischer und sicherheitspolitischer Bedenken«, auch Arbeitskräfte aus der Sowjetunion, anfangs Freiwillige, denen gute Verpflegung versprochen wurde, später nur noch Zwangsrekrutierte.

So gab es gegen Kriegsende, neben Freiwilligen aus Spanien, Bulgarien, Italien, der Slowakei und einigen wenigen aus Norwegen, Dänemark, Holland und Griechenland, annähernd 1,7 Millionen Deportierte aus Frankreich, außerdem rund 250 000 kriegsgefangene Franzosen; etwa 1,5 Millionen polnische Zwangsarbeiter und weitere 440 000 polnische Kriegsgefangene; rund 400 000 Ukrainer und Ukrainerinnen aus Polen; etwa 180 000 Belgier sowie mindestens 300 000 Jugoslawen. Mehr als zwei Millionen Zivilisten hatte man aus der Sowjetunion nach Deutschland verschleppt; knapp vier Millionen Angehörige der Roten Armee waren in Kriegsgefangenschaft, wovon bis 1944 die Hälfte an Hunger und Seuchen zugrunde gegangen oder ermordet worden war.

»Ende September 1944 schufteten etwa siebeneinhalb Millionen ausländische Zivilpersonen für das Dritte Reich«, heißt es dazu in dem Bericht des amerikanischen Korrespondenten William S. Shirer. »Nahezu alle waren mit Gewalt zusammengetrieben und in Güterwagen, gewöhnlich ohne Nahrung, ohne Wasser, ohne sanitäre Einrichtungen, nach Deutschland zur Arbeit in Industrie, Landwirtschaft und Bergbau deportiert worden. Sie mußten nicht nur arbeiten, sie wurden auch gedemütigt, geschlagen, dem Hunger ausgesetzt... Zwangsarbeit leisten mußten auch zwei Millionen Kriegsgefangene, von denen mindestens eine halbe Million in der Rüstungsindustrie arbeitete – eine flagrante Verletzung der Haager und der Genfer Konvention... Albert Speer gab in Nürnberg zu, daß 1944 etwa 40 Prozent aller Kriegsgefangenen in der Rüstungs- und Zubringerindustrie beschäftigt waren. Nicht enthalten in diesen Ziffern sind die Hunderttausende von Kriegsgefangenen, die im Frontgebiet zum Bau von Befestigungsanlagen, zum Transport von Munition in die Kampflinie und sogar zur Bedienung von Flugabwehrgeschützen gepreßt wurden – eine weitere Mißachtung der von Deutschland mitunterzeichneten internationalen Konventionen. Bei der Massenverschickung von Zwangsarbeitern in das Reich wurden Frauen ihren Männern, Kinder ihren Eltern entrissen... Selbst hohe Generale wirkten bei der Verschleppung von Kindern mit...«

Was diesen letzten Punkt betrifft, so wird der Sachverhalt aus einer Aktennotiz des Ost-Ministeriums vom 12. Juni 1944 deutlich:

»Die Heeresgruppe Mitte hat die Absicht... 40–50 000 Jugendliche im Alter von 10–14 Jahren... ins Reich zu bringen. Diese Maßnahme geht auf eine Anregung der 9. Armee zurück... Es ist beabsichtigt, die Jugendlichen in erster Linie dem deutschen Handwerk als Anlernlinge zuzuführen... Von seiten des deutschen Handwerks wird diese Aktion äußerst begrüßt... Es kommt bei dieser Aktion nicht nur auf die Vermeidung der direkten Stärkung der militärischen Kraft des Gegners an, sondern auch auf die Minderung seiner biologischen Kraft auf weitere Sicht.« Diese Verschleppung von Kindern, die dann tatsächlich durchgeführt wurde, hatte den Decknamen »Heuaktion«. Sie wurde ausgeführt von der Heeresgruppe Ukraine-Nord des Generalfeldmarschalls Walter Model, der bei Kriegsende Selbstmord beging. Rund zwanzigtausend sowjetische Jungen zwischen zehn und vierzehn Jahren – mehr hatte die Wehrmacht wegen des raschen Vormarschs der Roten Armee nicht mehr einfangen können – wurden nach Deutschland deportiert.

Wie die Zwangsarbeiter – Russen, Polen und jüdische Frauen – in deutschen Rüstungsbetrieben behandelt wurden, geht aus einer eidesstattlichen Aussage des Oberlagerarztes Dr. Wilhelm Jäger hervor, der die Arbeiterlager der Essener Krupp-Werke folgendermaßen geschildert hat:

»... Die Frauen hatten keine Schuhe und liefen barfuß herum. Ihre einzige Bekleidung war ein Sack, in den Löcher für die Arme und für den Kopf geschnitten waren... Das Essen in diesem Lager war äußerst knapp und schlecht...« Wenig besser als diese jüdischen Frauen waren die Bewohner des zweiten Lagers daran: »Ihre Bekleidung war vollkommen unzureichend. Sie schliefen und arbeiteten in derselben Kleidung, mit der sie aus dem Osten gekommen waren. Fast alle von ihnen hatten keine Mäntel... Die Schuhknappheit zwang viele, auch im Winter barfuß zu gehen. Die sanitären Verhältnisse waren besonders schlecht. Die Tataren und Kirgisen litten am meisten... brachen wie Fliegen zusammen. Die Gründe waren Hunger, Überarbeitung, Massen von Ungeziefer. Es kam vor, daß die Wasserversorgung der Lager für 8–14 Tage vollkommen unterbrochen war...«

Im großen und ganzen erging es den Zwangsarbeitern aus westlichen Ländern besser als denen aus dem Osten. Aber bei Krupp in Essen wurden auch französische Kriegsgefangene ebenso unmenschlich behandelt wie die von den Naziführern zu bloßen »Arbeitstieren« erklärten »Ostarbeiter«.

Über ein mit französischen Kriegsgefangenen belegtes Lager der Krupp-Werke in Essen berichtete Dr. Wilhelm Jäger in seiner eidlichen Aussage vor Gericht:

»Die Insassen wurden für fast ein halbes Jahr in Hundehütten, Pissoirs und alten Backöfen untergebracht. Die Hundehütten waren ein Meter hoch, drei Meter lang und zwei Meter breit. Die Gefangenen mußten in diese Hundehütten... kriechen... Im ganzen Lager gab es kein Wasser.«

Neben den Kriegsgefangenen und den zur Zwangsarbeit deportierten ausländischen Zivilisten wurden von 1941 an auch die Häftlinge der Konzentrationslager in die Rüstungsproduktion eingespannt. Sie hatten bei völlig unzureichender Ernährung mindestens zwölf Stunden täglich zu arbeiten. Im August 1944 befanden sich in zwanzig Konzentrationslagern mit 165 Neben- und Außenlagern 524 286 Häftlinge aus fast allen Ländern Europas, darunter 145 119 Frauen und einige zehntausend Kinder, bewacht von rund 40 000 jungen SS-Männern deutscher und anderer Nationalität; mindestens ein Drittel dieser Häftlinge kam noch bis Kriegsende um. Zuvor waren, seit 1933, annähernd 250 000 Menschen in diesen Konzentrationslagern gestorben, wobei die systematische Ausrottung der Juden und anderer Gruppen in den sogenannten Vernichtungslagern außerhalb des Reichsgebiets noch gar nicht berücksichtigt ist.

Dort – in Belzec, Chelmno, Maidanek, Sobibor, Treblinka und vor allem in Auschwitz-Birkenau – wurden annähernd vier Millionen jüdische Männer, Frauen und Kinder sowie mindestens 500 000 nichtjüdische Häftlinge umgebracht; schätzungsweise weitere zwei Millionen Juden, vor allem Polens, der Ukraine und Weißrußlands, fielen den Mordkommandos der SS und ihrer Hilfstruppen zum Opfer. Unter den Ermordeten waren auch mindestens 220 000 deutsche Juden, während sich bis 1939 rund 395 000 durch Auswanderung aus dem »Altreich«, während des Krieges nochmals knapp 25 000 durch Flucht aus Hitlers Machtbereich retten konnten. Nur etwa

20 000 meist ältere Menschen kehrten nach dem Kriege in ihre Heimat zurück. Etwa 15 000 Juden (oder von den Nazis als Juden angesehene Getaufte) überlebten die Schreckenszeit in Deutschland – in Lagern, als »Untergetauchte« oder in sogenannten »privilegierten« Ehen mit »arischen« Partnern.

Zu diesen alteingesessenen deutschen Juden kamen bei Kriegsende noch rund 90 000 überlebende jüdische Zwangsarbeiter aus Ost- und Südosteuropa, zu denen bis 1946/47 fast 300 000 jüdische Überlebende des Holocaust stießen, die aus dem sowjetischen Machtbereich, vor allem aus Ungarn, Rumänien und Rußland, nach Westen geflohen waren. Die meisten dieser nichtdeutschen Juden, die zunächst in Lagern untergebracht wurden, wanderten in den folgenden Jahren mit Unterstützung der Vereinten Nationen und jüdischer Hilfsorganisationen aus Deutschland aus, vorwiegend nach Israel und den USA; nur einige Tausend wurden in der Bundesrepublik seßhaft.

Weit größer als die Anzahl der nichtdeutschen Juden, die nach Kriegsende in Westdeutschland blieben, war die der ausländischen Zwangsarbeiter, die nicht mehr in ihre Heimat zurückkehren wollten.

Während die meisten dieser dann DPs (Displaced Persons, Verschleppte) genannten, bei Kriegsende rund 8,5 Millionen Menschen umfassenden Gruppe entweder freiwillig heimkehrten oder mit Hilfe der UNRRA, einer Hilfsorganisation der Vereinten Nationen, nach Übersee auswanderten, zumeist nach Amerika oder Australien, verblieb in den westdeutschen Notaufnahmelagern noch ein beträchtlicher Rest, der sich erfolgreich dagegen sträubte, in seine inzwischen zum sowjetischen Machtbereich gehörenden Heimatländer repatriiert zu werden und der auch nicht auswandern konnte, weil sich die Aufnahmeländer weigerten, bestimmte Kategorien von Emigranten aufzunehmen, zum Beispiel Familien, in denen ein Mitglied an offener Tuberkulose litt, aber auch wenn der Verdacht bestand, daß es sich um Kriegsverbrecher handelte. (Diesen gelang dann häufig – wie beispielsweise Klaus Barbie, dem »Schlächter von Lyon« – die Auswanderung mit Hilfe des amerikanischen Geheimdienstes CIA.)

Parallel zur Rückkehr oder Auswanderung des Großteils der wirklichen DPs, also der von den Nazis Verschleppten, hatte sich vom Mai 1945 an ein neues Problem ergeben: In den westlichen Besatzungszonen befanden sich unter den Millionen

Vertriebenen und Flüchtlingen deutscher Nationalität auch zahlreiche Ausländer, die nicht zu den Verschleppten zählten. In der deutschen Wehrmacht hatten – außer den schon erwähnten Freiwilligen der 16 »fremdvölkischen« SS-Divisionen – noch Hunderttausende von Nichtdeutschen beim Heer, bei Heimatflak-Batterien der Luftwaffe oder als deren Bodenpersonal, bei Baueinheiten der »Organisation Todt« sowie in Polizei-Bataillonen mehr oder weniger freiwillig auf deutscher Seite am Krieg teilgenommen, darunter etwa 400 000 (unbewaffnete) russische »Hilfswillige« (»Hiwis« genannt), weitere 310 000 bewaffnete Russen, ungefähr 20 000 zu einem Kavalleriekorps zusammengefaßte Kosaken, 104 000 Letten, 36 000 Litauer, etwa 10 000 Esten, rund 20 000 Turk- und 10 000 Krim-Tataren, etwa 7000 Armenier, rund 5000 Kalmücken, 19 000 Georgier, rund 15 000 Nordkaukasier. Dazu kamen noch: eine 30. SS-Division, die aus Ruthenen bestand; die im Herbst 1944 aufgelöste, mit Panzern und Geschützen ausgerüstete und für ihre Grausamkeit gegenüber Juden und staatstreuen Russen berüchtigte »Brigade Kaminsky«; die aus Russen gebildete 600. Division des Heeres unter Oberst Bunjatschenko sowie eine zweite Heeresdivision sogenannter »Wlassow-Truppen«. Alle Verbände zusammen hatten eine Stärke von ungefähr einer Million Mann.

Alle Reste dieser »fremdvölkischen« Wehrmacht-Einheiten sowie die der zahlreichen ausländischen Freiwilligen der SS mischten sich, soweit ihnen die Flucht nach Westen gelungen war und sie nicht – wie die meisten Wlassow-Truppen, Turkmenen und Kosaken – von den Briten und Amerikanern entwaffnet und an die Sowjets ausgeliefert worden waren, unter die Opfer der Nazi-Gewaltherrschaft und erreichten ihre Anerkennung als DPs.

Insgesamt schätzten die Forscher, die sich am eingehendsten mit dem Problem befaßt haben, daß zu den eigentlichen DPs noch weitere rund drei Millionen Menschen gekommen sind, allergrößtenteils aus Polen, der Ukraine und dem Baltikum, wobei aber nicht genau getrennt werden kann zwischen Resten der Hilfstruppen, zivilen Kollaborateuren und politischen Flüchtlingen, die nicht mit den Deutschen zusammengearbeitet hatten. Auf jeden Fall erhöhte sich die Anzahl der DPs in den Westzonen auf über elf Millionen Menschen.

Schätzungsweise eine bis anderthalb Millionen davon sind in den ersten zehn Nachkriegsjahren, bei ständigem weiteren

Zustrom ausländischer Flüchtlinge, vor allem aus Polen, Ungarn, der Tschechoslowakei und anderen Ostblockstaaten, in die westdeutsche Bevölkerung integriert worden; etwa 250 000 »staatenlose Ausländer«, zum Teil ungeklärter nationaler Herkunft, bildeten um 1955 den Rest der ehemaligen DPs in der Bundesrepublik und wurden entsprechend einem Vertrag mit der Weltflüchtlingsorganisation den deutschen Staatsbürgern rechtlich gleichgestellt. Damals lebte noch ein – von wachsender Asozialität bedrohter – »Bodensatz« von zirka 60 000 Menschen dieser Gruppe in Barackenlagern.

Zusammenfassend läßt sich sagen, daß kein Staat der Welt jemals in so kurzer Zeit eine im Verhältnis zu seiner ursprünglichen Bevölkerungszahl so große Anzahl von Menschen – »Umsiedlern«, Verschleppten, ehemaligen Kriegsgefangenen oder Hilfstruppen, Vertriebenen, Ausgesiedelten und Flüchtlingen – zwar überwiegend deutscher, aber auch millionenfach fremder Nationalität aufgenommen hat wie die Bundesrepublik Deutschland.

Deren Gebiet hatte bei Kriegsausbruch 43 Millionen Einwohner. Trotz der hohen Kriegsverluste – rund 4 Millionen Gefallene und Ziviltote von insgesamt nahezu 6 Millionen des Deutschen Reiches – und trotz der katastrophalen Wirtschafts-, Ernährungs- und Wohnungssituation der ersten Nachkriegsjahre entwickelte sich die Bevölkerung der aus den Westzonen hervorgegangenen Bundesrepublik zu der – neben der Schweiz – wohlhabensten Nation der Welt. In ihre bis 1989 auf 62 Millionen Menschen angewachsene Einwohnerschaft hat sie alle Neubürger, gleich welcher Konfession, Nationalität, Mundart oder Fremdsprache, sozialer Herkunft oder Profession, nahezu mühelos integriert – den baltischen Baron ebenso wie den masurischen Fischer, den kassubischen Schuhmacher, den polnischen Bergmann, den Professor aus Riga oder Prag, den Bauern aus Siebenbürgen, den Kürschner aus Podolien, den Landarbeiter aus der Karpatho-Ukraine, den Redakteur aus Budapest, den Juwelier aus Kowno oder die Volksschullehrerin aus Taschkent, erst recht natürlich die Millionen Deutschen aus anderen Gegenden des untergegangenen Deutschen Reichs.

Dabei ist die Bundesrepublik nicht ärmer, sondern ungeheuer viel reicher geworden, und dies nicht allein in wirtschaftlicher Hinsicht.

12. Fazit

»Das Land, das die Fremden nicht beschützt, geht bald unter«, heißt es in Goethes »West-östlichem Divan«. Die Deutschen, zumal ihre politisch Verantwortlichen, die sich so oft und gern in Leitartikeln und Sonntagsreden auf den »Dichterfürsten« berufen, täten gut daran, sich das eingangs zitierte Goethe-Wort zu merken und danach zu handeln. Hitlers »Großdeutschland« ist nicht zuletzt an seinem »Herrenmenschentum«, an der Mißachtung und Mißhandlung anderer Völker, vor allem an seiner gnadenlosen Ausrottung mißliebiger Minderheiten gescheitert und verdientermaßen zugrunde gegangen.

Ein Zeitgenosse und häufiger Gesprächspartner Goethes, Karl Joseph Fürst de Ligne, ein kunstsinniger und sehr gebildeter Grandseigneur und hervorragender Offizier, hat sich zu Beginn des 19. Jahrhunderts mit einer unterdrückten Minderheit des österreichisch-ungarischen Kaiserreichs befaßt und sie wie folgt geschildert:

»Soll ich ihr Bild malen? Sie triefen stets von Schweiß... Fast alle sind bucklig und tragen einen roten oder schwarzen schmutzigen Bart. Sie sind bleich, zahnlos, haben eine lange schiefe Nase, einen unsicheren ängstlichen Blick und wackeln mit dem Kopf. Ihre ungekämmten Haare sind geringelt, die entblößten Knie gerötet, ihre langen Füße einwärts gedreht, die Augen sind hohl, das Kinn ist spitz. Sie tragen durchlöcherte Strümpfe, die an ihren dürren Beinen heruntergleiten... Ich bin überzeugt, daß es nicht anders sein kann. Es wäre aber nicht so, wenn sie außer der Ungnade Gottes nicht auch noch die Ungnade jener Länder ertragen müßten, wo sie geduldet sind. Dies macht sie betrügerisch, feig, lügenhaft und niedrig gesinnt...«

Diese von de Ligne beschriebene bettelarme, verwahrloste und verängstigte, weil ständig bedrückte, gequälte und in die finstersten Winkel verbannte Minderheit hatte das volle Mitge-

fühl des aufgeklärten Fürsten, denn er schlug vor: »… Man
gebe ihnen eine ihren Neigungen entsprechende Arbeit, und
ihr Gewimmel, welches dem des Ungeziefers gleicht, das vor
unseren Augen auf ihren Bärten, ihren rötlichen Haaren und
ihren abscheulichen Gewändern umherkriecht, wird sich in
eine gesunde, reine, schöne und nützliche Bevölkerung verwandeln.«

Er hatte recht mit dieser Prognose.

Läßt man einmal alle dem Stil der Zeit entsprechenden
Übertreibungen beiseite, so wird deutlich, daß auch der Prinz
de Ligne den Schmutz, die Häßlichkeit und die behaupteten
Charakterfehler der von ihm Beschriebenen keineswegs für
»rassisch« oder »völkisch« bedingte Eigenarten hielt, sondern
für die – durchaus korrigierbaren – Resultate gesellschaftlicher
Isolierung, permanenter Rechtlosigkeit, rücksichtsloser Verdrängung aus angesehenen Berufen und menschenwürdigen
Wohnverhältnissen, drückender Armut und ständiger Demüti-
gung.

Es handelte sich übrigens bei seiner Beschreibung um die
Juden der galizischen, mährischen und karpatho-ukrainischen
Dörfer und Städtchen, und selbst der hinsichtlich ihrer Integra-
tionsfähigkeit und »Nützlichkeit« so überaus optimistische
k.u.k. Feldmarschall und Prinz wäre wohl baß erstaunt gewesen, hätte er noch erlebt, wie schon wenige Jahrzehnte später
just dieses von ihm beschriebene, ebenso erbärmliche wie
abscheuliche Milieu eine Vielzahl von Menschen hervor-
brachte, die mindestens ebenso gebildet und kultiviert waren
wie er selbst, darunter gefeierte Dichter und berühmte Maler,
Physiker von Weltruf und Medizin-Nobelpreisträger, aber auch
solche, die in der militärischen Hierarchie in höchste Ränge
aufstiegen oder sich als Sportler in den von Offizieren bevorzugten Disziplinen hervortaten.

Denn die k.u.k. Armee zählte ein Menschenalter später
bereits 2179 jüdische Offiziere, darunter sieben Feldmarschall-
leutnants, neun Generalmajore und zwei kommandierende
Generale, die vorwiegend aus jenen galizischen und karpatho-
ukrainischen Nestern kamen. Bei den dann beginnenden
Olympiaden gewannen zehn – zumeist aus Mähren und
Ungarn stammende – Juden und zwei Jüdinnen zusammen
dreizehn Gold- und drei Silbermedaillen im Florett- und Säbel-
fechten. Ein preußischer Jude, der Husarengeneral Walter

v. Mossner, von dem schon in anderem Zusammenhang die Rede war, erhielt nach seinem zweiten Sieg im Großen Armee-Jagdspringen eine der höchsten k.u.k.-Auszeichnungen, das Großkreuz des Franz-Joseph-Ordens.

Das Beispiel einer besonders hart bedrückten, diskriminierten und in schier hoffnungslosem Elend lebenden Minderheit, die sich, kaum daß sich ihr die ersten Möglichkeiten dazu boten, verblüffend schnell emanzipierte und in die Gesellschaft integrierte, sollte deutlich machen, daß *jede* »fremde« Gruppe integrationsfähig ist, zumal in Mitteleuropa, dessen Bevölkerung seit mehr als zwei Jahrtausenden immer neue Wellen von Flüchtlingen, Einwanderern und Verschleppten unterschiedlichster Herkunft, Hautfarbe, Sprache, Kultur und Religion mehr oder weniger freundlich aufgenommen und sich über kurz oder lang völlig eingegliedert hat.

Dabei gehören zu den schwersten Integrationshindernissen die aus – früher hauptsächlich religiöser, später »rassischer« – Intoleranz errichteten Schranken, mit denen eine bestehende Gesellschaft neu hinzukommende Gruppen isoliert und diskriminiert, sie von Berufen ausschließt, mit denen Wohlstand und Ansehen erworben werden können, ihnen Bildung und menschenwürdige Wohnungen verweigert und sie ins Elend treibt, um dann, wenn Not und Bedrückung zu abscheuerregender Verwahrlosung, asozialem Verhalten und Kriminalität geführt haben, selbstgerecht festzustellen: Wie recht wir hatten! Diese Leute muß man ja einfach isolieren (oder davonjagen oder auch totschlagen) – sie sind nicht integrationsfähig und zudem ein ebenso lästiger wie schädlicher Fremdkörper!

Ein Musterbeispiel für die beschriebenen Ursachen und Folgen sind die noch nicht integrierten Reste der Sinti und Roma, einer Gruppe, die von den Nazis ebenso grausam verfolgt und fast ausgerottet wurde wie die Juden, obwohl sie höchstwahrscheinlich die einzigen noch verhältnismäßig »reinen« Arier sind, die es in Europa gibt.

Die Informationen über die etwa 50 000 heute in der Bundesrepublik lebenden und »Zigeuner« genannten Roma und Sinti ist außerordentlich spärlich, und bis vor wenigen Jahren waren die Behörden und auch die Medien der Bundesrepublik, von einigen lobenswerten Ausnahmen abgesehen, vornehmlich darum bemüht, den Massenmord an diesen Menschen, dem drei- bis vierhunderttausend Männer, Frauen und Kinder zum Opfer gefallen sind, in Vergessenheit geraten zu lassen und die Überlebenden des Holocaust als eine lästige asoziale Randgruppe hinzustellen. Bezeichnenderweise ist in einem Standard-Lexikon wie dem vierzehnbändigen »Großen Brockhaus« zwar eine ganze Seite dem Stichwort »Zigeuner« gewidmet, aber von ihren Leiden und ihrer fast vollständigen Ausrottung durch das Nazi-Regime ist nicht die Rede! Auch sonst erfährt man aus diesem zeitgenössischen Lexikon so gut wie nichts über die Ursachen der Randgruppen-Existenz dieser Menschen.

Wesentlich informativer ist das »Allgemeine deutsche Conversations-Lexicon« aus dem Verlag der Gebrüder Reichenbach in Leipzig aus dem Jahre 1837, dessen über drei Seiten langer Beitrag zum Stichwort »Zigeuner« unter anderem folgendes enthält:

»Zigeuner... sind höchstwahrscheinlich Überbleibsel eines besonderen Volkes, dessen Ursprung noch nicht ganz erwiesen ist. ... Sie sind erst seit dem Anfange des 15. Jahrhunderts in Europa bekannt, indem sie in einzelnen Haufen 1416 in der Moldau erschienen, (mit)... der Behauptung, daß sie aus Ägypten vertriebene Christen wären... vom Kaiser Sigismund einen Geleitsbrief zu ihrer Wanderung durch Deutschland erhielten, worauf sie sich über ganz Europa verbreiteten und überall die sonderbarsten Meinungen erregten... (auch) machten sie sich... bald lästig, indem sie... den Verdacht der Irreligiösität auf sich luden... Aber alle strengen Maßnahmen«– sie wurden als Heiden und Ketzer verfolgt, für vogelfrei erklärt, ihrer Kinder beraubt, gebrandmarkt, gefoltert, versklavt und zu Zigtausenden ermordet –»... blieben fruchtlos... In der neueren Zeit hat man zweckmäßigere Versuche zu ihrer Civilisierung gemacht. So befahl Maria Theresia 1765, daß sie sich feste Wohnsitze wählen, bestimmte Gewerbe betreiben und ihre Kinder in die Schulen schicken sollten, und schärfte diesen Befehl 1773 wieder ein; doch fruchteten erst die milderen Maßnahmen Josephs II., während alle Versuche in anderen Ländern vergeblich waren und erst in der neuesten Zeit in Preußen und... in der englischen Grafschaft Southampton einige (positive) Resultate geliefert haben...«

Es heißt dann noch, daß »ihre Sprache indischen Ursprungs« sei. »Auch ihr Äußeres und der Name ›Sinte‹, welchen selbst beilegen, deutet ganz auf indischen Stamm hin.«»Ihre Beschäftigung ist Musik...; ferner treiben sie da, wo sie ansässig sind, Pferdehandel und Gastwirthschaft..., flicken geschickt Pfannen und Kessel, verfertigen Eisenwaaren, schnitzen Holz..., waschen Gold... Die Zigeunerinnen... stricken Netze und weben grobe Zeuche... Um Religion scheinen sie sich wenig zu kümmern und heucheln stets die religiösen Gebräuche der Völker, unter denen sie leben...«, was angesichts ihrer grausamen Behandlung, als sie für Heiden oder Ketzer gehalten wurden, begreiflich erscheint.

Wie aus dem Artikel im Lexikon von 1837 klar hervorgeht, gab es schon damals *ansässige* Zigeuner, und tatsächlich sind weit mehr Sinti und Roma in Deutschland nicht nur seßhaft geworden, sondern auch so vollständig integriert, daß weder die Nachbarn noch die regionalen Behörden etwas davon ahnen, daß es sich bei den betreffenden Familien um völlig »eingedeutschte Zigeuner« handelt. Dies ist jedoch nur dort gelungen, wo weder Zwang ausgeübt wurde noch eine Diskriminierung stattgefunden hat.

Es könnten dafür einige, zum Teil geradezu verblüffende Beispiele genannt werden – etwa der Fall eines seit den fünfziger Jahren zu einem Luftkurort wachsender Beliebtheit aufgeblühten Dorfes im Norden Bayerns, wo fast die gesamte »eingesessene« Bevölkerung von »Zigeunern« abstammt, auch der Bürgermeister und Gastwirt, der Pfarrer, der Rektor und zwei der Lehrerinnen, alle treue Anhänger der bayerischen CSU. Doch der Autor hat sich gegenüber dem Ortsgeistlichen – nach eigener Aussage selbst »mütterlicherseits ein Sinti« – zu Stillschweigen verpflichtet. Schließlich wurde erst am 31. Juli 1970 die berüchtigte, mit der »Zigeuner-Überwachung« schon zu Hitlers Zeiten betraute »Landfahrer-Zentrale« beim Bayerischen Landeskriminalamt aufgelöst, aber noch 1979 tauchten deren – angeblich vernichtete – Akten bei Behörden und Gerichtsverfahren wieder auf, stets zum Nachteil der betreffenden Roma oder Sinti. Anfragen an die bayerische Staatsregierung, diesen Sachverhalt betreffend, blieben Presseberichten zufolge unbeantwortet.

Noch immer gibt es einen schätzungsweise 18- bis 20 000 Menschen umfassenden, nicht integrierten Rest von Überlebenden der Ausrottungsaktion und deren Nachkommen, die ein Randgruppendasein an Autofriedhöfen, Müllkippen und

Abstellplätzen, in Asozialen-Siedlungen und abbruchreifen Baracken am Rande der Städte führen. Daß es auch anders sein könnte – zum Nutzen aller Beteiligten –, haben Städte wie Köln und Freiburg bewiesen, die in Zusammenarbeit mit den Sinti mustergültige Siedlungen erstellten. Wo indessen Gleichgültigkeit, Mißtrauen und nur schlecht verhüllter »Rassen«haß die Kommunalpolitik bestimmen, wachsen mit den Problemen einerseits die Sozialausgaben, andererseits die Resignation und das Abgleiten in die Kriminalität.

Dies wiederum betrifft nicht allein die verhältnismäßig einzige Gruppe der »Zigeuner«. Denn es gibt ja in der Bundesrepublik neuerdings weit größere »Fremden«probleme, deren besserem Verständnis der historische Rückblick in den vorigen Kapiteln beitragen sollte. Wir wissen inzwischen, was von der Behauptung zu halten ist, Deutschland sei kein Einwanderungsland. Wir haben feststellen können, daß bis in die jüngere Vergangenheit hinein Abermillionen Menschen aus aller Herren Länder in die Bevölkerung der heutigen Bundesrepublik Deutschland integriert worden sind, und dies gewiß nicht zum Schaden, vielmehr zum allergrößten Nutzen unserer Gesellschaft. Und es sollte dabei auch klar geworden sein, von wem und aus welchen Gründen Völker- und »Rassen«haß angefacht worden sind und mit welchen entsetzlichen Resultaten dies jeweils endete.

Seit dem Beitritt der früheren DDR leben in der Bundesrepublik Deutschland rund 78 Millionen Menschen, von denen etwa 6,2 Millionen nichtdeutscher Staatsangehörigkeit sind. Zählt man noch diejenigen hinzu, die – unabhängig von ihrer amtlichen Anerkennung als Bürgerinnen und Bürger der Bundesrepublik – im Ausland geboren und aufgewachsen oder anderer als deutscher Muttersprache sind, so erhöht sich die Anzahl der gegenwärtig in der Bundesrepublik lebenden Menschen anderer als deutscher Herkunft noch sehr beträchtlich – auf schätzungsweise neun bis zehn Millionen, und täglich kommen weitere Nichtdeutsche hinzu: Asylbewerber, Umsiedler, illegale Einwanderer, ausländische Besucher, die aus unterschiedlichsten Gründen dann in der Bundesrepublik bleiben, sowie Nachzügler ausländischer Familien, die in Deutschland heimisch geworden oder gar schon – wie alljährlich etwa hunderttausend Personen – eingebürgert worden sind. Und in wenigen Jahren, wenn alle Grenzen innerhalb der Europäischen Union weggefallen sein werden, ist damit zu rechnen, daß noch Millionen von Europäern aus ärmeren Gegenden von ihrem Recht auf Freizügigkeit Gebrauch machen und sich im hochentwickelten und reichen Deutschland ansiedeln.

Während sich die Bewohner der alten Bundesländer längst daran gewöhnt oder sich damit abgefunden haben, mit Nichtdeutschen zusammenzuleben, wohl auch ihr italienisches, griechisches oder jugoslawisches Stammlokal kaum oder gar nicht mehr als fremdländisch empfinden und etwa noch – zumal bei Ultrarechten – vorhandene Ressentiments auf nichteuropäische Ausländer beschränken, ist dies in der früheren DDR ganz anders:

In den neuen Bundesländern war und ist der Ausländeranteil weit geringer als in Westdeutschland und in West-Berlin: Unter knapp 17 Millionen Einwohnern der ehemaligen DDR gab es 1990 etwa 50 000 bis 60 000 Ausländer, überwiegend Kontraktarbeiterinnen und -arbeiter aus Nordvietnam und afrikanischen »Bruderstaaten«, sowie einige Tausend Akademiker und Künstler nichtdeutscher Herkunft, häufig mit einem deutschen Ehepartner, ferner eine seit altersher in der Ober- und Niederlausitz, in und um Cottbus und Bautzen sowie im Spreewald ansässige sorbische Minderheit mit eigener Sprache und weitgehender Kulturautonomie; die Anzahl derer, die sich zu ihrem Sorbentum bekennen, schwankt erheblich, je nach der politischen Situation und den sich daraus ergebenden Vor- oder Nachteilen, und liegt gegenwärtig bei 50 000 bis 60 000.

Selbst wenn man die Sorben, die ja Einheimische und gleichberechtigte Staatsbürger sind, hinzuzählt, ist der Anteil der Nichtdeutschen in den neuen Bundesländern verschwindend gering, weniger als ein Promille. Um so erstaunlicher war – und ist es leider noch immer –, daß nach dem Sturz des SED-Regimes im November 1989 eine Ausländerfeindlichkeit aufflammte, die niemand erwartet hatte. Viereinhalb Jahrzehnte politischer Erziehung zu Internationalismus, Völkerfreundschaft und Solidarität hatten offenbar bei beträchtlichen Teilen der DDR-Bevölkerung nichts gefruchtet, ja bei vielen, auch und gerade Jugendlichen, das Gegenteil bewirkt: Es kam zu vielfältigen Äußerungen des Hasses und sogar zu Gewalttätigkeiten, vor allem gegen die Afrikaner und Vietnamesen, aber auch gegen sowjetische Soldaten und Besucher aus Polen.

Selbst judenfeindliche Parolen wurden laut, obwohl es in der früheren DDR nur ein paar hundert Mitglieder jüdischer Gemeinden und auch bei weitherzigster Auslegung des Begriffs noch keine zweitausend Menschen gibt, die man als Juden bezeichnen könnte.

Indessen muß man diese militante Ausländerfeindlichkeit und auch die antisemitischen Parolen wohl in einem größeren Kontext sehen: Der rasche Verfall der bisherigen Staatsautorität und die plötzliche Ungültigkeit aller von dieser jahrzehntelang verkündeten Ideale hat ein Vakuum geschaffen, das eine Sogwirkung auf westdeutsche Ultrarechte und Neonazis ausgeübt hat, die das Rowdytum in den neuen Bundesländern schürten und ihm ihre politische Richtung zu geben versuchten. Eine stark verunsicherte Gesellschaft steht diesem Phänomen rat- und hilflos gegenüber, und die neuen Autoritäten, vom Bundeskanzler abwärts, haben sich von den Wogen des schwarzrotgoldenen Hurra-Patriotismus von einem Wahlsieg zum nächsten tragen lassen und sind gegen dessen Auswüchse blind. Ja, wer in der ehemaligen DDR die Bonner Ausländerpolitik des letzten Jahrzehnts verfolgt hat, kann eigentlich nur zu der Überzeugung gekommen sein, daß Ausländer generell unerwünscht und deren Ablehnung und Schikanierung legitim seien.

Die gegenwärtige Bundesregierung mit Helmut Kohl als Kanzler hat wiederholt erklärt, daß sie den weiteren Zuzug von Ausländern nicht dulden werde und auch die Familienzusammenführung drastisch einzuschränken gedenke. Von Bund und Ländern wird das grundgesetzlich verbürgte Asylrecht immer restriktiver gehandhabt. Ein Oberverwaltungsgericht hat sich kürzlich der Auffassung baden-württembergischer Behörden angeschlossen, wonach auch die begründete Annahme, ein Asylbewerber werde, falls man ihn abweise und in sein Heimatland abschiebe, dort aus politischen Gründen verhaftet und gefoltert werden, für die Ablehnung seines Antrags kein Hindernis darstelle. In manchen Ländern, wie beispielsweise beim NATO-Partner Türkei, gehöre – so das hohe Gericht – die Folter »bekanntermaßen« zur Polizei-Routine, stelle also keine *außergewöhnliche* Bedrohung dar.

Die Verwaltungsbehörden erfinden vielerorts immer neue Schikanen, um den – wie sie meinen – »viel zu hohen Ausländeranteil« an der Gesamtbevölkerung zu senken, und stets sind es die sozial Schwächsten, die ausländischen Arbeiter und Arbeiterinnen mit der wenigsten Bildung und den geringsten Sprachkenntnissen, die am meisten unter der Willkür subalterner Beamter zu leiden haben.

Neuerdings haben sich einige Ämter jedoch auch schon Tricks einfallen lassen, um längst voll integrierten Ausländern mit hervorragenden Deutschkenntnissen und untadeliger Führung selbst nach zehnjähriger harter Arbeit für die deutsche Industrie die Aufenthalts*berechtigung* – die von der nur befristeten Aufenthalts*erlaubnis* befreit – zu verweigern. Im Juli 1983 berichtete die Presse, daß in fünf Bundesländern örtlich zuständige Sachbearbeiter die ausländischen Antragsteller deutsche Diktate schreiben ließen nach dem Motto: Wer Fehler macht, fliegt! Schon ein falsches Komma, ein fehlender i-Punkt kann zum Verhängnis werden (wobei angemerkt sei, daß sich die prüfenden Beamten, selbst wohl nicht ganz sicher in Interpunktion und Rechtschreibung, ein in Massenauflage erscheinendes Boulevardblatt als Diktatvorlage nehmen, anscheinend in der Annahme, darin garantiert richtiges Deutsch zu finden).

Während so die Integrationswilligen häufig schikaniert werden, unternehmen die Behörden wenig oder nichts gegen die Diskriminierung von Ausländern noch gegen schlimmste Folgen der Ausbeutung. So deckte im August 1983 die der UN-Menschenrechtskommission angeschlossene Londoner »Anti-Sklaverei-Gesellschaft« auf, daß in der Bundesrepublik und in West-Berlin schätzungsweise 300 000 Kinder im Alter zwischen neun und vierzehn Jahren illegal als Arbeitskräfte eingesetzt seien. Trotz des gesetzlichen Verbots der Beschäftigung von Jugendlichen unter sechzehn Jahren würden diese Kinder – es handelt sich vor allem um Familienangehörige ausländischer, vorwiegend türkischer Arbeiter – in Hotels und Gaststätten, kleineren Werkstätten, in Geschäften, besonders in Lebensmittelläden, bei der Reinigung von Büroräumen und an Heimarbeitsplätzen als vollbeschäftigte Arbeitskräfte eingesetzt.

Für typisch hält der Londoner Report, daß Einwandererfamilien, die ihre Kinder in Deutschland zur Arbeit schickten, oft aus ländlichen Gebieten stammten, in denen Kinderarbeit als normaler Teil des Aufwachsens gelte. Den Eltern sei nicht klar, daß in der Industriegesellschaft nur bessere Bildung und Ausbildung den Kindern eine Zukunft eröffne. Die Kinderarbeit bewirke, heißt es weiter, »daß sie entweder die Schule ganz aufgeben oder aus Müdigkeit ... keinen Nutzen aus dem Schulangebot ziehen können«.

Die Gesellschaft hat damals ermittelt, daß auf West-Berliner Märkten täglich drei- bis fünfhundert Kinder, zumeist Jungen, beschäftigt sind, die zum Teil schon von 4.30 Uhr früh an arbeiten. Zwölf- bis Vierzehnjährige erhielten Tageslöhne von 15 bis 30 Mark, Neun- bis Elfjährige nur Essen und Trinken. Im Bericht heißt es weiter, daß in West-Berlin alljährlich im Frühherbst, in den frühen Morgenstunden eines Sonnabends oder Sonntags, ein »Markt für Kinderarbeit« stattfinde. »Dann versammeln sich Hunderte von Kindern, um von Geschäftsinhabern gemustert und ausgewählt zu werden. Anschließend durchlaufen sie eine Probezeit, die bis November dauern kann.«

»Was soll man dagegen tun?« meinte dazu ein Senatsbeamter. »Die Eltern sind auf einen Nebenverdienst der Kinder angewiesen, und es ist jedenfalls besser, sie sind nützlich beschäftigt, als daß sie auf der Straße herumlungern und Unfug anstellen. Das vermehrt dann nur noch die Ausländerfeindlichkeit ... «

Die tatsächlich damals mehrheitlich ablehnende bis feindselige Einstellung der West-Berliner und Bundesbürger, zumal der älteren Generation, gegenüber ausländischen Arbeitern und deren Familien wurde systematisch geschürt durch ultrarechte und neonazistische Propaganda, aber auch von einem Teil der konservativen Presse bis hin zu »unpolitischen« Unterhaltungsblättern und regierungsfreundlichen Illustrierten, sei es in Form spezieller »Witzseiten« wie in der »Quick« vom 14. Juli 1983, sei es im Textteil.

In einer »aktuellen Reportage« in der im Heinrich Bauer Verlag erscheinenden Zeitschrift »Wochenend« wurde zum Beispiel unter der Überschrift »Wie lange können wir uns die Ausländerflut noch leisten?« Verständnis für die »große Wut« eines »Vaters von vier Kindern« geäußert, der die Parole »Ausländer raus!« auf eine Hauswand gesprüht habe. In dieser – nach dem für die Regenbogen-Presse typischen »Dichtung-und-Wahrheit«-Rezept gefertigten – Reportage hieß es, der Mann »warte schon drei Jahre auf eine Sozialwohnung«, während »im Neubau gegenüber Gastarbeiter und Asylanten mit ihren Familien einziehen«. Seinen Arbeitsplatz als Bauschlosser habe er »an einen Türken verloren«, und seine Frau sei auch noch »kurz vor Weihnachten« von einem Ausländer vergewaltigt worden.

In der – ebenfalls im Bauer-Verlag erscheinenden – »Neuen Revue« erschien drei Wochen vor der »Wochenend«-Reportage ein Beitrag mit dem Titel »Schluß mit der Einwanderer-Flut! Ausländer nutzen unser Mitleid aus!« Darin hieß es unter anderem, auf Schulen in Berlin und München sei ein »Kampf bis aufs Blut zwischen deutschen Kindern und türkischen Kindern« entbrannt. Nur vierzig Prozent der Türkenkinder seien fleißig genug, »um den Hauptschulabschluß zu schaffen. Und Faulheit steckt an.«

Das Kinderhilfswerk »Terre des Hommes« erstattete gegen beide Bauer-Redaktionen Strafanzeige wegen Volksverhetzung und Aufstachelung zum Rassenhaß (§ 130 und § 131 StGB). Die Staatsanwaltschaft befand, in keinem der Artikel sei, »trotz der teilweise scharfen und möglicherweise unausgewogenen Kritik« ein »Angriff auf die Menschenwürde« der betroffenen Personen zu erkennen, wie ihn § 130 voraussetze; auch von Aufstachelung zum Rassenhaß könne keine Rede sein: »Denn die Ausländer in der Bundesrepublik... bilden keine Rasse...« Die Beschwerde des Kinderhilfswerks gegen die Einstellung des Strafverfahrens wurde vom Generalstaatsanwalt beim Hanseatischen Oberlandesgericht abgewiesen.

Heute, nach dem Beitritt der früheren DDR, sind es andere Gruppen, vor allem Asylbewerber aus Nahost und Südostasien, Wirtschaftsflüchtlinge aus Ost- und Südosteuropa sowie Sinti und Roma vom Balkan, die in der Bundesrepublik Deutschland »unwillkommen« sind, daneben die schon erwähnten Kontraktarbeiterinnen und -arbeiter in den neuen Bundesländern. Anfang der achtziger Jahre waren es besonders die Türken, weit weniger die anderen großen angeworbenen Ausländergruppen, die unter der damals durch Äußerungen einzelner Scharfmacher des rechten Lagers zu leiden hatten. Umgekehrt wurde von der – durch einen von der NATO unterstützten Putsch an die Macht gekommenen – türkischen Militärdiktatur ein Druck auf die in der Bundesrepublik lebenden Türken ausgeübt, allen Integrationsbemühungen der deutschen Gewerkschaften Widerstand zu leisten; rechtsextremistische türkische Organisationen und orthodoxe Koran-Schulen waren und sind darum bemüht, die Kluft zwischen Deutschen und türkischen Neubürgern zu verbreitern. Das gelang und gelingt aber nur dort, wo den in der Bundesrepublik lebenden und arbeitenden

Türken von rechten Lokalpolitikern und Subalternbeamten der Ausländerbehörden das Leben sauer gemacht wurde und noch immer wird. Wo gesunder Menschenverstand und traditionelle Solidarität noch nicht ausgestorben waren und sind, entwickelten sich die Dinge anders, und deshalb hat der folgende Bericht seine Gültigkeit behalten, auch für andere, heute am meisten verachtete Gruppen: »Dorstfeld, im Westen von Dortmund gelegen, am Knick der Emscher und des Ickebaches, hat eine lange Geschichte, geprägt von Neuankömmlingen, deren Ablehnung durch die Alteingesessenen und manchen Versuchen, trotz aller Gegensätze miteinander zu leben«, heißt es in einer Reportage von Ingrid Müller-Münch aus dem Sommer 1983 über die Lage der Türken im Herzen des Ruhrgebiets. »Hier... wo der Kumpel Anton neben dem Kumpel Ali untertage malocht, mußte man schon immer von und mit Bürgern leben, die von außen dazukamen.«

In Dorstfeld, früher »Juden-Dorstfeld« genannt, hatten bis an die Schwelle des 19. Jahrhunderts die aus Dortmund vertriebenen Juden gelebt. Nach Dorstfeld waren von etwa 1880 an immer mehr preußische und russische Polen gezogen, um die Jahrhundertwende auch ostpreußische Masuren. Seit einer Generation leben hier die »Gastarbeiter« des »Wirtschaftswunders«: Italiener, Griechen, Jugoslawen, schließlich Türken, »die dem Locken der Zechen und den Versprechungen des Stahls gefolgt sind. Aus alldem wurde ein Arbeitervorort, wie er für den Kohlenpott typisch ist: Zechen, Bergarbeitersiedlungen, verschmutzte Gesichter, Ruß, Gestank, Dreck. Dazwischen dörflicher Charakter, Fachwerkhäuser. Verwinkelte Ecken, Schrebergärten... Bis zur ›Machtergreifung‹ war es das ›rote‹ Dorstfeld...« Seit der Stillegung der Zeche, seit 1961, ist der Ort um rund viertausend Einwohner geschrumpft, auf knapp sechzehntausend. Jeder zehnte ist heute dort Ausländer.

Eine alte Frau erzählt, wie sie 1912 aus Westpreußen nach Dorstfeld kam, wie ihr Mann als Reparaturschlosser auf der Zeche arbeitete: »Das war sehr, sehr schwer, die erste Zeit. Man fühlte sich überall zurückgeschoben...« In den Zeitungen gab es Witzseiten über den Kumpel Antek oder Stacho aus Polen und über die Frauen mit den drei Unterröcken übereinander.

»Trägt Dorstfeld nun schwerer an seiner Vergangenheit?... Haben die Dorstfelder aus dem, was war, gelernt? Bei Frau Langanke, die das Neugeborene ihrer türkischen Nachbarin verwahrt, ist es ... schlicht Selbstverständlichkeit, mit jemandem umzugehen, mag er nun in Dorstfeld geboren sein oder anderswo. Sie weiß nichts von der Geschichte des Ortes ... handelt einfach so aus sich heraus. Bei Lisa ..., der Lehrerin an der Grundschule mitten im Ort, ist das anders. Ihr Unterricht ist darauf angelegt, bestehende Starrheiten über die Kinder zu durchbrechen, neue Wege zu suchen, damit die Vergangenheit sich nicht wiederholt ... Sie hat mit deutschen und türkischen Kindern einen Chor zusammengestellt, der ... auch dem gegenseitigen Kennenlernen dient. Zuerst wollten sich die Kinder nicht anfassen, hatten Angst voreinander, trauten sich nicht einmal, einen Kreis zu bilden. Heute ist Hand- und Hautkontakt kein Problem mehr ... Im Unterricht dürfen die türkischen Schüler und Schülerinnen, die nicht so gut schreiben können, Histörchen erzählen, die Deutschen notieren und korrigieren sie, und dann liest man sich gegenseitig die Geschichten laut vor. Eine Möglichkeit, so hofft Lisa, über den Umgang miteinander das Fremdeln zu verlernen ... Seitdem der türkische Lehrer Ale Dagdeviren an der Schule arbeitet, hat sich im Kleinen, aber auch im Großen in Dorstfeld viel getan. Stolz weiß er zu berichten, daß sich hier noch keine von den von rechtsgerichteten Türken so bevorzugten Koran-Schulen etablieren konnten. Daß deutsche Hausfrauen ihren türkischen Nachbarinnen bei den Gängen zum Arzt und zu den Ämtern helfen. Daß es Nachbarschaft in den Siedlungshäusern gibt, wo Türken und Deutsche miteinander und nicht nebeneinander leben – so wie in den beiden Häusern 36 und 38, nahe der Wittener Straße, zwischen Familie Tetci und Familie Rüstel. Seit Jahren lebt man zusammen, bekam den ersten Kontakt gleich nach dem Einzug der Tetcis, als die Kinder krank wurden und der Arzt geholt werden mußte. Mittlerweile trinkt man gemeinsam Tee, sitzt im Garten, während die Kinder zusammen spielen. Schwierigkeiten bereitet es manchmal nur Herrn Tetci, dem seine Landsleute verübeln, daß er soviel mit Deutschen verkehrt, die ihresgleichen doch sonst stets nur diskriminieren. Als Tetcis Frau einmal mit den Kindern für fast zwei Monate in der Türkei war, da kochte Frau Rüstel für ihn mit. Kein Gericht mit Schweinefleisch, wie sie versichert ... «

Aber nicht alle in Dorstfeld halten etwas davon, sich mit Ausländern »abzugeben«. »Kurz nach der Geburt von Cemile Dagdevirens jüngstem Kind klingelte bei Frau Langanke, der deutschen Nachbarin, das Telefon: ›Eine Freundin‹, erzählt sie, ›die ich schon seit fünfzehn Jahren kenne, rief an, als ich gerade das Neugeborene von Frau Dagdevirens verwahrte. Da wurd'se richtig giftig, als ich ihr das sagte. Ach so, meint'se, gehen jetzt die Ausländer vor? Und hat aufgelegt. Seitdem haben wir keinen Kontakt mehr.‹«

Ruß, Dreck, Gestank, aber auch Völkerhaß, Arbeitslosigkeit, Hunger und Elend haben – im Herzen des Ruhrgebiets weiß man das besser als anderswo – ein und dieselben Ursachen. Die verpesteten Bäche und Flüsse, das Fischsterben, der beschönigend »Emission« genannte tonnenweise Ausstoß von Schwefel, Blei, Kohlenstaub, giftigen Dämpfen und Abgasen ohne Rücksicht auf den nahen Tod der Wälder, wären durchaus vermeidbar, aber das würde den Profit jener schmälern, denen die Aktien der Werke gehören, deren Abwässer und in die Luft gepusteter Dreck unsere Umwelt zerstören. Einige wenige Großaktionäre haben ihren Nutzen davon; den Schaden hat die Allgemeinheit.

Der Grundsatz, nach dem der *Verursacher* für Schäden haftet, gilt offenbar nicht im Bereich der Großindustrie, vielleicht weil deren Bosse nicht nur über die Produktion und über Heere von Menschen herrschen, denen sie »Arbeit geben«, sondern auch über eine ausreichende Anzahl von gewählten Volksvertretern und verantwortlichen Ministern, die von ihnen ausgehalten werden. Zur Umweltzerstörung gehört auch die Korruption.

Vermeidbar wie die weit höhere Sterblichkeit in den Ballungsgebieten der Industrie, das »Umkippen« der Gewässer oder das Baumsterben wären auch Arbeitslosigkeit, Wohnungsnot und die riesigen Fehlinvestitionen in gigantische Projekte, von denen am Ende niemand mehr weiß, warum man sich auf sie eingelassen hat – außer denen, die glänzend daran verdient und den Schaden samt den Folgelasten längst der Allgemeinheit aufgebürdet haben, der *misera contribuens plebs,* wie schon die römischen Autoren »das elende, steuerzahlende Volk« spöttisch nannten. Vermeidbar wären auch Völkerhaß, Rüstungswahnsinn und Krieg, aber gerade daran verdienen die Rüstungsmagnaten so glänzend, daß sie die ihre Konjunktur anheizenden Hetzer ohne nennenswerte Schmälerung des eigenen Profits mit Millionenspenden bedenken können, wie es seit altersher schlechter Brauch ist. »Nützliche Ausgaben« nennt man in den Chefetagen der Panzer- und Elektronik-Konzerne die Zuwendungen an extremistische Gruppen und geschickte Scharfmacher – denn an kleinen Kriegen läßt sich gut verdienen, wenngleich es gerade die Waffenlieferungen in Krisengebiete sind, die zu jener »Asylantenflut« führen, von denen rechte Politiker ständig reden. Dazu angemerkt sei, daß die rund 200 000 Menschen, die 1990 in der vergrößerten Bundesrepublik um Asyl baten, etwa 0,3 Prozent der Gesamtbevölkerung ausmachten, das sind auf tausend Einheimische eine dreiköpfige Familie! Wie christlich, wie sozial mögen diejenigen sein, die eine solche »Flut« für »unzumutbar« halten?

Bleibt die Frage, was dies alles mit dem sogenannten »Ausländerproblem« zu tun hat, das nach Meinung vieler, wenn nicht gar der meisten Bürgerinnen und Bürger der alten und neuen Bundesländer dringend einer Lösung bedarf, damit Deutschland nicht »überfremdet« werde. Nun, da sollten wir uns zunächst daran erinnern, daß alle, die heute Deutschland als ihre angestammte Heimat ansehen, von Menschen abstammen, die aus fremden Ländern hierher gekommen sind – als Flüchtlinge, als Vertriebene, als umworbene Einwanderer, mitunter auch als Feinde und Eroberer, die einen schon vor vielen, die anderen erst vor wenigen Jahrhunderten und nicht wenige erst in den letzten fünfzig Jahren.

Sodann sollten wir uns fragen, was die vielen Menschen aus fernen Ländern eigentlich zu uns gebracht hat – ihr Wandertrieb? Ihr Wunsch, das Land zwischen Eifel und Oder, Meer und Alpen kennenzulernen? Und was hat sie dazu bewogen, in Deutschland zu bleiben und es als ihre neue Heimat anzusehen?

Niemand verläßt ohne zwingende Gründe seine gewohnte Umgebung und zieht in ein fremdes, unbekanntes Land, und was die Masse der heutigen ausländischen Mitbürger angeht, so hat man sie angeworben mit allerlei Lockungen und Versprechungen, weil die deutsche Unternehmerschaft nach billigen und willigen Arbeitskräften geradezu gierte und noch immer giert.

So wie die Industrie des Kaiserreichs, aber auch die Junker für ihre ostelbischen Güter, gar nicht genug fleißige Polen bekommen konnte, Leute, die sich alles gefallen lassen mußten; wie sie dann kreuzbrave Slowenen nahmen, als die Polen nicht mehr reichten und auch chinesische Kulis importiert hätten, zum günstigen Engrospreis, franko Bremen, wenn es nicht doch zu unprofitlich gewesen wäre, sie durch den Winter zu füttern, wo man sie nur im Sommer brauchte; wie in den für die deutsche Industrie so goldenen Zeiten der von der Hitlerdiktatur betriebenen Wiederaufrüstung und des beginnenden Zweiten Weltkriegs, als man in den Ländern des befreundeten »Duce« und des »Caudillo« Hunderttausende für die deutschen Panzer-, Flugzeug- und Munitionsfabriken rekrutierte; wie man schließlich Abermillionen zwangsweise ins »Großdeutsche Reich« deportierte, sie weit schlimmer als Vieh behandelte und am Ende einfach verhungern ließ, alles aus rücksichtsloser Macht- und Profitgier und ohne einen einzigen Gedanken an die Folgen – genauso holte sich die Wirtschaft der zur Demokratie umerzogenen Bundesrepublik, kaum daß die Schornsteine wieder rauchten, die ihr fehlenden Arbeitskräfte aus dem Ausland, nun nicht mehr mit der Peitsche und unter SS-Bewachung, sondern mit dem Zuckerbrot des Anwerbevertrags für regelmäßige, gutbezahlte Arbeit im Wirtschaftswunderland.

In zwei wichtigen Punkten aber blieb man den alten Gepflogenheiten treu: Es mußten lammfromme, äußerst genügsame Beinahe-Analphabeten sein, aus je ärmeren Gegenden, desto besser, und unter keinen Umständen wollte man irgend etwas mit dem sozialen Folgen des millionenfachen Menschenimports zu tun haben; das sollte Sache der Allgemeinheit sein und ist es ja nun auch. Daß zu Arbeitern auch Familien, zu Familien menschenwürdige Wohnungen, Schulen, Lehrer und vieles andere gehören, ging sie, die Bosse, nichts an, ebensowenig die Frage, was aus den Menschen werden sollte, wenn man sie eines Tages nicht mehr brauchte.

An uns ist es nun, mit den Problemen fertig zu werden, so wie wir mit den Launen und Egoismen unserer Fürsten und den verheerenden Folgen zweier von unseren Herrschenden angezettelter Welteroberungskriege fertig zu werden hatten. Dabei werden wir die Einsicht, Freundlichkeit und Solidarität unserer ausländischen Mitbürger wohl bald ebenso dringend brauchen wie sie schon jetzt die unsere, denn »das Land, das die Fremden nicht beschützt, geht bald unter«.

13. Professor Koyo
bestellt eine »Fallstudie«

»Danke sehr! Vielen Dank!« sagt Professor Koyo und verbeugt sich zum Abschied höflich vor dem jungen Institutsleiter, der ihm das bestellte Gutachten – er hat es »Fallstudie« genannt – in verblüffend kurzer Zeit angefertigt und selbst ins Hotel gebracht hat.

»Wir konnten bei unserem Planspiel nicht alle Faktoren berücksichtigen«, hat ihm der Wissenschaftler vorhin noch erklärt, als er ihm das Gutachten überreichte. »Es ließ sich in der kurzen Zeit nicht exakt ermitteln, wie sich der Ausfall von annähernd zwölf Prozent der Einzelhandelsumsätze auf Großhandel, Produktion und Staatsfinanzen auswirken würde – aber vielleicht reichen Ihnen schon die jetzigen Ergebnisse für Ihre Zwecke...«

Nachdem Professor Koyo die vielen Tabellen, Schaubilder und Kurven sowie die knappen Zwischentexte kurz überflogen hat, kann er dem Wissenschaftler nur beipflichten: Es reicht völlig aus.

Professor Koyo will ja nur wissen, ob seine eigenen Vermutungen richtig sind; ob das, was ihm sein Verstand von Anfang an gesagt hat, einer wissenschaftlichen Prüfung standhält. Kurz, er wollte erfahren, wie sich eine bestimmte Maßnahme, die – wie er seit 48 Stunden weiß – von rund zwei Dritteln der erwachsenen Bevölkerung der Bundesrepublik befürwortet, von nicht eben wenigen sogar energisch gefordert wird, voraussichtlich auswirken würde, nämlich die Ausweisung von Ausländern aus Westdeutschland und West-Berlin*, aber beileibe nicht von allen!

---

* Die Umfrage vom Sommer 1990 war auf die alten Bundesländer beschränkt, ebenso die »Fallstudie«. In der damaligen DDR war die Ausländerfeindlichkeit eher noch größer, die Folgen einer Ausweisung wären aber nicht annähernd so hart gewesen.

Ausgenommen sollten alle touristischen oder geschäftlichen Besucher sein, auch alle auf eigene Kosten studierenden oder als Künstler nur gastierenden Ausländer sowie alle Diplomaten und Konsuln nebst Angehörigen und Personal, ebenfalls alle ausländischen NATO-Truppen samt deren Familien und Zivilangestellten. Grundlage der von ihm bestellten »Fallstudie« ist lediglich die Annahme, sämtliche angeworbenen ausländischen Arbeitskräfte und deren Familien, alle »hängengebliebenen«, inzwischen meist selbständig gewordenen ehemaligen Gastarbeiter und deren Angehörige, soweit sie nicht naturalisiert sind, sowie alle Staatenlosen, Asylanten und illegalen Einwanderer müßten bis zum Jahresende die Bundesrepublik verlassen.

Welche Folgen hätte das für die Deutschen?

Wie funktionierte dann ihre Wirtschaft?

Schon die Vorbemerkung, die der Fallstudie beigegeben ist, läßt Professor Koyo erkennen, daß seine schlimmsten Erwartungen noch übertroffen werden.

»Die Annahme, daß die Ausgewiesenen bis Jahresende der Anordnung Folge leisten könnten, ist falsch. Die knapp 20 000 ausländischen Eisenbahner werden mit Sicherheit nicht bis zum Stichtag, 0.00 Uhr, arbeiten; infolgedessen wird die Bundesbahn schon spätestens am Tag X minus 60 den Fernverkehr einstellen müssen. Eine Urlaubssperre für alle deutschen Bundesbahn-Mitarbeiter wird nur zur Aufrechterhaltung des Nahverkehrs ausreichen. Zwei Drittel der zur Ausreise auf Fernzüge angewiesenen Ausländer, 1,4 Millionen Männer, Frauen und Kinder, bleiben zunächst, meist auf den Bahnhöfen, zurück. Stromausfälle sowie die vom Tag X minus 35 an aussetzende Reinigung der Züge und Bahnhöfe führen noch vor dem Stichtag zu örtlichen, in Ballungsgebieten auch regionalen Notständen.

Weitere 1,4 – nach einer zweiten Hochrechnung mit zusätzlichen Fakten sogar 1,7 – Milllionen Ausgewiesene werden zwischen dem Tag X minus 21 und X plus 58 mit Bussen und Pkw die Fernstraßen und Autobahnen in Richtung Süden sowie die Zubringer blockieren. Bei durchschnittlicher Unfallquote werden sie vom Frankfurter Kreuz bis zur Grenzübergangsstelle Salzburg 28–34 Tage benötigen.

Die Abfertigung auf allen bundesdeutschen Flughäfen, außer Saarbrücken, sowie in West-Berlin wird vom Tag X minus 21 bis zum Tag X plus 38 zum Erliegen kommen; die Gepäck- und Frachtbeförderung kann auf den Flughäfen auch mittelfristig nicht wieder aufgenommen werden, da 70 Prozent des Personals ersetzt werden muß. Die Werte für Saarbrücken liegen um etwa 30 Prozent günstiger, weil im Saarland weniger Ausländer beschäftigt sind.«

Gefaßt widmet sich Professor Koyo nun der eigentlichen Fallstudie, der er entnehmen kann, daß nicht nur Personalmangel die Bundesbahn lahmlegen wird: »Die Bahn bezieht ihren Strombedarf zu 60 Prozent aus der Ruhrkohle, deren Förderung jedoch (siehe Ziffer 7 – Bergbau) drastisch zurückgeht, weil unter Tage etwa die Hälfte der Bergleute fehlt...«

Er liest, daß Hochöfen stillgelegt und in der gesamten Stahlindustrie Produktionseinschränkungen zwischen 48 und 85 Prozent vorgenommen werden müssen, die sich mittelfristig bei einer durchschnittlichen Produktionsminderung um 33 Prozent einpendeln werden.

Er erfährt, daß in den meisten Kommunen nach etwa sechswöchigem Chaos ein Notdienst der Müllabfuhr in Gang kommt und daß dann bis zu viermal im Quartal der Haushaltsmüll beseitigt werden kann. Mit Hilfe von Bundeswehr-Pioniereinheiten werden Industrieabfälle schon vom Tag X plus 7 an nach und nach abgefahren. Bereitschaftspolizei und Bundesgrenzschutz werden auch mittelfristig die Straßen- und Kanalreinigung sowie andere unerläßliche Kommunalaufgaben (Friedhofsarbeiten, Reinigungsdienst in Krankenhäusern, öffentlichen WCs usw.) übernehmen müssen.

Die Automobilindustrie, die gerade einen kräftigen Boom erlebt, wird nach vorübergehender Stillegung aller Betriebe die Produktion auf insgesamt etwa 62 Prozent drosseln. Bei Ford, wo von 49 000 Beschäftigten nur rund 14 000 Ausländer gearbeitet haben, wird die Lage mittelfristig etwas besser, bei VW erheblich schlechter sein.

Katastrophale Auswirkungen ergeben sich im Hotel- und Gaststättengewerbe und im gesamten übrigen Dienstleistungsbereich, weil dort die meisten Fachkräfte fehlen.

»Im ersten Jahr nach der Ausweisung werden 85 Prozent aller Hotels und Gaststätten geschlossen bleiben oder zusammen mit den Gästen einen ›Do-it-yourself‹-Notdienst einrichten. Allein in Nordrhein-Westfalen sind 75 000 eingearbeitete Kräfte zu ersetzen...«

Mit besonderem Interesse nimmt Professor Koyo zur Kenntnis, welche indirekten Auswirkungen sich noch ergeben:

»Weil ausländische Touristen nicht transportiert, beherbergt und beköstigt werden können, ergibt sich auf diesem Sektor ein Ausfall an Deviseneinnahmen, der im ersten Jahr auf 58 Milliarden Mark geschätzt werden kann; mittelfristig werden die Ausfälle sich vermindern... Für etwa 340 000 – meist hochbezahlte – Bundesbürger, die in den Herkunftsländern der Ausgewiesenen gearbeitet haben und von dort im Gegenzug ausgewiesen worden sind, müssen Schadenserstattungen, Umzugskosten und Arbeitslosenunterstützung – im ersten Jahr zusammen 2,3 Milliarden Mark – veranschlagt werden... Der zu erwartende Boykott bundesdeutscher Produkte in allen Ländern des Mittelmeerraums und Vorderasiens sowie bei den Landsleuten der Ausgewiesenen, die in den übrigen EG-Staaten beschäftigt sind, kann zu Deviseneinbußen in der Größenordnung von 25 bis 30 Milliarden Mark jährlich führen...«

Und so geht es weiter, Seite um Seite.

Unter Ziffer 17 findet Professor Koyo schließlich noch etwas, das er nicht einmal geahnt hat und das ihn sehr nachdenklich macht:

»Gegenwärtig sind etwa 510 000 deutsche Frauen und 180 000 deutsche Männer mit Ausländern verheiratet. Rechnet man für diese 690 000 meist noch jungen Ehen einen Durchschnitt von auch nur 0,5 Kindern, so handelt es sich um einen Personenkreis von etwas mehr als einer Million Menschen.

Wir haben bei unserer Fallstudie angenommen, daß zwei Drittel dieser ›gemischten‹ Familien die Bundesrepublik selbst dann verlassen werden, wenn keines ihrer Mitglieder von der Ausweisung direkt betroffen ist. Das ausländerfeindliche Klima, das dann hier herrscht, veranlaßt sie, auszuwandern. Das bewirkt eine zusätzliche Abnahme der gegenwärtigen *deutschen* Bevölkerung der Bundesrepublik um ziemlich genau 0,3 Prozent (um 0,2 Prozent, wenn man nicht nur die ausländischen Ehepartner, sondern auch die Kinder von ausländischen Männern außer Betracht läßt). Diese scheinbar minimale Verminderung spielt indessen eine sehr beträchtliche Rolle angesichts der gesamten deutschen Bevölkerungsentwicklung in der Bundesrepublik, zumal es sich bei den auswandernden Deutschen um im Durchschnitt 25jährige handelt.

Modellrechnungen zeigen, daß sich die gegenwärtige deutsche Bevölkerung der Bundesrepublik – ohne den angenommenen Auswanderungsverlust – bis zum Jahre 2000 von gegenwärtig 57 Millionen auf dann nur noch 50,4 Millionen verringert haben wird, und dies bei einer deutlichen Veränderung des Altersaufbaus zu Lasten der berufstätigen Jahrgänge, denen eine vermehrte Anzahl von Rentnern gegenüberstehen wird.

Die eingangs angenommene Auswanderung von 0,2 bis 0,3 Prozent der gegenwärtigen Bevölkerung, zumal aus der Altersgruppe 25, würde nicht nur zu einer weiteren Verminderung der deutschen Einwohner der Bundesrepublik im Jahre 2000 führen, nämlich auf deutlich unter 49 Millionen, sondern auch den Altersaufbau beträchtlich verschlechtern.

Zweierlei wäre die Folge: Der Wegfall von rund 2,5 Millionen Beitragszahlern infolge Ausweisung oder Auswanderung läßt für das gesamte Sozialversicherungssystem der Bundesrepublik in den kommenden anderthalb Jahrzehnten nur sehr pessimistische Prognosen zu. Die angedeutete deutsche Bevölkerungsentwicklung bis zum Jahre 2000, die eine Verminderung gegenüber 1989 um mehr als 8 Millionen Menschen und eine Erhöhung des Rentneranteils an der Gesamtbevölkerung auf rund 25 Prozent erwarten läßt, führt zu einem überaus starken Arbeitskräftemangel bei etwa 2 bis 3 Millionen offenen Stellen; der restliche Fehlbedarf wird durch Roboter zu beheben sein.

Führt man die Modellrechnung fort bis ins Jahr 2030, geht die Einwohnerzahl der Bundesrepublik auf 33,6 Millionen zurück, der Anteil der über 60jährigen Männer und Frauen steigt auf 40 Prozent. Die gegenüber 1989 fehlenden 24 Millionen Menschen in der Bundesrepublik, die dann ein ›Raum ohne Volk‹ zu werden beginnt, werden sich – zumal es sich vorwiegend um Ausfälle in den Altersgruppen 18 bis 50 handelt – auch durch weitestgehende Automatisierung nicht hinreichend ersetzen lassen. Ein Zusammenbruch von Wirtschaft und Gesellschaft der Bundesrepublik, wahrscheinlich schon vor 2010, wäre unvermeidlich – es sei denn, man hätte sich, etwa von 1992 an, wieder zur Anwerbung von ausländischen Arbeitskräften entschlossen und dabei den Unternehmen strenge Auflagen erteilt, die eine menschenwürdige Unterbringung von Anfang an und alle anderen Voraussetzungen völliger Gleichstellung mit einheimischen Arbeitskräften garantieren. Dazu gehört auch eine von Grund auf andere Ausländerpolitik von Bund, Ländern und Gemeinden mit erleichterter und durch Prämien zu fördernder Familienzusammenführung, einer mindestens dreijährigen Kampagne zur Aufklärung sowohl der deutschen wie der nichtdeutschen Bürger und zur Einübung von Toleranz, ferner die Gewährung des kommunalen aktiven Wahlrechts nach einjährigem, die automatische Einbürgerung nach spätestens fünfjährigem Aufenthalt...«

Der Fallstudie war in Fotokopie ein im Nachrichtenmagazin »Der Spiegel« ein paar Jahre zuvor erschienener Beitrag von Michael mit dem Titel »Türken rein!« beigeheftet. Darin hieß es unter anderem: »... Ausländische Minderheiten sind... keine Integrationsmasse. Im Gegenteil, ihr gesellschaftlicher Segen liegt in ihrer störenden Anwesenheit: Im Land der faulen Kompromisse stehen sie für die Einübung von Toleranz ein... Nicht in der Gemütlichkeit der Nation, sondern in der Freiheit ihrer Minderheit bewährt sich die republikanische Substanz unserer Verfassung... Die Ausländer in Deutschland sind die Bewährungsprobe, an der die Beschränktheit nationaler Sitten zu zerbrechen hätte. Bürgerrechtsgesetze zum Schutz von Minderheiten schärfen den Blick für soziales Unrecht auch in anderen, in deutschen Quartieren der Nation...«

Professor Koyo las es mit hochgezogenen Brauen. Dann sah er, daß der Ablichtung des »Spiegel«-Artikels ein Zettel beilag: »Auch diese Beurteilung wollten wir Ihnen nicht vorenthalten. Sie trifft den Nagel genau auf den Kopf.«

Da er als Stockkonservativer an sozialem Unrecht, gleich in welchen Quartieren, nicht sonderlich interessiert war, legte er die Anlage beiseite und widmete sich noch einmal der Modellrechnung, die einen Schwund von 24 Millionen deutschen Bewohnern der Bundesrepublik bis 2030 prognostizierte. Da schwand also ein wichtiger Absatzmarkt seines Heimatlandes dahin, überlegte er, aber andererseits würde damit auch eine Industriegesellschaft untergehen, die mit ihrem Export bislang noch den ersten Platz der Weltrangliste, vor den USA und Japan, einnahm – ein, wie er fand, faszinierender Gedanke.

Anmerkungen

Seite 19: »*... Der sitzt nur in Discos herum!...*« Es handelt sich gewiß um ein bösartiges Gerücht, das hier mit allem Vorbehalt wiedergegeben sein soll.

Seite 48: »*Diese nicht zu den Ariern...*« Übrigens, auch die Germanen waren keineswegs Arier; sie gehörten aber zu den Völkern der indoeuropäischen Sprachengruppe, zu der auch Arier, z. B. Perser und indische Völker rechnen.

Seite 78: »*... die von den Reformierten Entsetzliches befürchteten: ›Synkretismus...‹* Synkretismus bedeutet hier die Gefahr, daß sich durch Verschmelzung der Ideen, durch Abschwächung der gegensätzlichen Gedanken sowie durch unterschiedliche Auslegung gemeinschaftlich aufgestellter Lehrsätze die reine Lehre verwischen könnte.

»*... Libertinismus...*« Libertinismus bedeutet hier eine freie Geistesrichtung, die jede Einmischung der Amtskirche in öffentliche, erst recht in Privatangelegenheiten ablehnt.

Seite 84: »*... auch Emden und Stade, den Marranen...*« Marranen = Juden Spaniens und Portugals, die – meist aus Furcht vor der Inquisition und dem drohenden Tod auf dem Scheiterhaufen – mehr oder weniger zum Schein Christen geworden waren.

Seite 84: »*... Sephardim an der unteren Elbe...*« veröffentl. in Vierteljahrsschrift f. Sozial- u. Wirtschaftsgeschichte, Nr. 40, Wiesbaden 1958. – Sephardim = Bezeichnung der Juden der iberischen Halbinsel, im Gegensatz zu Aschkenasim, den Juden Deutschlands und Osteuropas.

Seite 112: »*... keine Spur anders als ihre christlichen Nachbarn...*« Eine ausführliche Darstellung findet sich in: Bernt Engelmann, »Deutschland ohne Juden – eine Bilanz«, Pahl-Rugenstein Nachf. Verlag, Köln 1990.

Seite 121: »*... von Amerika des 19. Jahrhunderts ähnlich...*« Ausführlich dargestellt in: Bernt Engelmann, »Preußen – Land der unbegrenzten Möglichkeiten«, C. Bertelsmann, München 1979; Goldmann-Taschenbuch Nr. 11300.

Seite 134: »*... die verschiedene Zeiten betreffen. Huber schreibt...*« zit. nach E. R. Huber, »Heer und Staat in der deutschen Geschichte«, Hamburg 1938, S. 88 f.

Seite 135: »*... Der noch immer wirksame ›Tatarenschrecken‹...*« Bis ins frühe 18. Jahrhundert hinein war die Provinz Ostpreußen immer wieder von Tataren verwüstet worden. Beim Tatareneinfall des Jahres 1656 waren mehr als 34 000 Einwohner der dünn besiedelten Provinz von den räuberischen Eindringlingen verschleppt und in türkische Sklaverei verkauft, über 23 000 erschlagen worden. Über die versklavten Männer, Frauen und Kinder erfuhr man Erschreckendes: Die Knaben sind »von Tataren beschnitten, die Männer... auf die Galeeren geschmiedet, die Weiber und Jungfrauen zur viehischen Unzucht behalten worden...«

Seite 144: »*... sank die Anzahl der nach Übersee...*« Bei allen Angaben, die Auswanderung aus Deutschland in den ersten sieben Jahrzehnten des 19. Jahrhunderts betreffend, handelt es sich um Auswanderer nach Übersee, soweit sie von deutschen Seehäfen aus das Land verlassen haben. Für Auswanderer über die Landgrenzen gibt es keine statistischen Unterlagen. Es muß außerdem berücksichtigt werden, daß viele heimlich ausgewandert sind, denn in den deutschen Staaten gab es teils generelle Auswanderungsverbote, teils Auflagen, das Militärverhältnis und die Steuerpflicht betreffend. Grundsätzlich handelt es sich daher bei allen Auswandererzahlen um grobe Schätzungen, die eher erheblich zu niedrig als zu hoch gegriffen sind.

Seite 152: »*... berichtete Curt Rosenberg im Jahre 1906:...*« »Bilder aus der deutschen Heimarbeit«, Leipzig 1906. ... Beschreibung des Lebens einer 33jährigen böhmischen Heimarbeiterin: Schriften des Vereins für Sozialpolitik. Bd. 85, Leipzig 1899, S. 112 f.

Literaturhinweise

Rosemarie Künzler-Behncke, »Entstehung und Entwicklung fremdvölkischer Eigenviertel im Stadtorganismus«, in: *Frankfurter Geographische Hefte,* 33.-34. Jg., Einziges Heft, 1960.

George v. Soest, *Zigeuner zwischen Verfolgung und Integration,* Weinheim/Basel, 1979.

Thomas Bargatzky, *Die Rolle des Fremden beim Kulturwandel,* Hohenschäftlarn, 1978.

Ostermann, A./Nicklas H. (Hrsg.), *Vorurteile und Feindbilder,* München, 1976.

Hermann Arnold, *Vaganten, Komödianten, Fieranten und Briganten,* Stuttgart, 1958.

Hundsalz, Andreas, »Stand der Forschung über Zigeuner und Landfahrer«, Stuttgart, 1978, *Schriftenreihe des Bundesministeriums f. Jugend, Familie u. Gesundheit,* Band 64.

Hans Harmsen u. a., »Die Integration heimatloser Ausländer und nichtdeutscher Flüchtlinge in Westdeutschland«, *Schriftenreihe der Deutschen Nansen-Gesellschaft,* Heft I, 1958.

Angelika Schildmeier, »Integration und Wohnen«, GEWOS-Schriftenreihe, Neue Folge 14, Hamburg, o.J.

Günther Franz, *Der Dreißigjährige Krieg und das deutsche Volk, Untersuchungen zur Bevölkerungs- und Agrargeschichte,* Stuttgart, 1961.

Johannes E. Bischoff (Hrsg.), *Hugenotten in Franken,* Flensburg, 1969.

Wilhelm Beuleke, *Die Hugenotten in Niedersachsen,* Hildesheim, 1960.

Alfred Giebel, *Geschichte der ehemaligen Hugenottensiedlung Frankenhain bei Treyla, 1701-1951,* Flensburg, 1951.

Oskar Wolfsberg-Aviad u. a., *Die Drei-Gemeinde. Aus der Geschichte der jüdischen Gemeinde Altona–Hamburg–Wandsbek,* München, 1960.

Karl Spengler, *Münchner Straßenbummel,* München, 1960/1977.

H. G. Steinberg, »Bevölkerungsentwicklung des Ruhrgebiets im 19. und 20. Jahrhundert«, *Düsseldorfer Geographische Schriften,* Heft 11 Düsseldorf, 1978.

Gerhard Köhn, »Die Bevölkerung der Residenz, Festung und Exulantenstadt Glückstadt von der Gründung 1616 bis zum Endausbau 1652«, Neumünster, 1974, *Quellen u. Forschungen zur Geschichte Schleswig-Holsteins,* Band 65.

Alfonso Cassuto, *Gedenkschrift anläßlich des 275jährigen Bestehens der Portugiesisch-Jüdischen Gemeinde in Hamburg,* Amsterdam, 1927.

Manfred Lasch, »Untersuchungen über Bevölkerung und Wirtschaft der Landgrafschaft Hessen-Kassel und der Stadt Kassel vom 30jäh- rigen Krieg bis 1730«, Kassel, 1969, *Hessische Forschungen zur geschichtlichen Landes- u. Volkskunde,* Heft 9.

Ulrich O. Ringsdorf, »Der Eisenbahnbau südlich Nürnbergs 1841- 1849«, Nürnberg, 1978, *Nürnberger Werkstücke zur Stadt- u. Landesgeschichte,* Band 24.

Horst Wagenblass, »Der Eisenbahnbau und das Wachstum der deutschen Eisen- und Maschinenbauindustrie 1835-1860«, Stuttgart 1973, *Forschungen zur Sozial- und Wirtschaftsgeschichte,* Band 18.

Fritz Terveen, »Gesamtstaat und Retablissement, Der Wiederaufbau des nördlichen Ostpreußen unter Friedrich Wilhelm I«, *Göttinger Bausteine zur Geschichtswissenschaft,* Band 16, Göttingen.

Ernst Drumm, »Die Einwanderung Tiroler Bauhandwerker in das linke Rheingebiet 1660–1730«, Zweibrücken, 1950, *Schriften zur Zweibrücker Landesgeschichte,* Bd. 6.

Johannes Augel, »Italienische Einwanderung und Wirtschaftstätigkeit in rheinischen Städten des 17. und 18. Jahrhunderts«, Bonn, 1971, *Rheinisches Archiv,* Bd. 78.

Fritz Wolff, *Hugenotten in Hessen,* Ausstellung zum Hessentag 1978, Marburg, 1978.

Eduard Winter, »Die tschechische und slowakische Emigration in Deutschland im 17. und 18. Jahrhundert«, Berlin 1955, *Deutsche Akademie der Wissenschaften* zu Berlin, Nr. 7.

Jürgen Kuczynski, *Geschichte der Lage der Arbeiter in Deutschland von 1933-1945,* Berlin, 1964.

Christel Heinrich, »Saisonarbeiter im Blickfeld der Volkskunde« in: *Fremdarbeiterpolitik des Imperialismus,* Heft 7, Wilh.-Pieck-Universität Rostock, 1980.

I. Britschgi-Sommer, *Die wirtschaftliche und soziale Lage der italienischen Arbeiter in Deutschland,* Karlsruhe, 1916.

J. Nichtweiß, »Die ausländischen Saisonarbeiter in der Landwirtschaft der östlichen und mittleren Gebiete des Deutschen Reiches von 1890 bis 1914, Berlin o. J. (1959); *Schriftenreihe Fremdarbeiterpolitik des Imperialismus,* Heft 1-4, Wilh.-Pieck-Universität Rostock, 1974, 1977, 1978.

Lorenz Pieper, *Die Lage der Bergarbeiter im Ruhrrevier,* Inaugural-Dissertation, Stuttgart, 1903

Siegmund Kaznelson (Hrsg.), *Juden im deutschen Kulturbereich,* Berlin, 1962.

Selma Stern, »Der preußische Staat und die Juden«, Teil 1 und 2, Tübingen, 1962, *Schriftenreihe wissenschaftlicher Abhandlungen des Leo-Baeck-Instituts 7/1+2*

Horst Fischer, »Judentum, Staat und Heer in Preußen im frühen 19. Jahrhundert«, Tübingen, 1968; Schriftenreihe wissenschaftlicher Abhandlungen des Leo-Baeck-Instituts, 20.

Fritz Fischer, *Griff nach der Weltmacht,* Düsseldorf, 1964.

Rudolf Martin, *Jahrbücher des Vermögens und Einkommens der Millionäre in Deutschland,* 21 Bände, Berlin 1912-14.

E. Silberner, *Johann Jacoby, Briefwechsel 1816-1849,* Hannover, 1974.

Stefi Jersch-Wenzel, *Juden und ›Franzosen‹ in der Wirtschaft des Raumes Berlin/Brandenburg zur Zeit des Merkantilismus,* Habilitationsschrift, Berlin, 1975.

Max Beheim-Schwarzbach, *Hohenzollernsche Colonisationen,* Leipzig, 1874.

Bernt Engelmann, *Preußen,* München, 1979.

Bernt Engelmann, *Deutschland ohne Juden.* Eine Bilanz, Bonn, 1990.

Bernt Engelmann im Steidl Verlag

Werkausgabe im Taschenbuch

Wenn Sie zukünftig Informationen über unsere Bernt-Engelmann-Edition
erhalten wollen, schreiben Sie bitte an
Steidl Verlag, Düstere Straße 4, D-37073 Göttingen